高等院校公共基础课规划教材

大学生心理健康教育

（第二版）

刘　梅　刘静洋　主　编

赵　楠　万　超　王　芳　副主编

清華大學出版社

北　京

内容简介

本书系统地介绍了当代大学生心理健康的现状、容易出现的心理问题及其应对策略，涵盖大学生心理与心理健康、大学生活的适应、大学生学习心理及学习能力的提升、大学生交往技巧的训练、大学生恋爱与性心理的特点、大学生情绪智能的开发、大学生心理压力管理及心理危机的干预策略、大学生网络成瘾的预防、大学生的生涯发展与规划、大学生的自我完善与幸福感的提升等内容，以通俗易懂的语言、经典的案例，将深奥晦涩的心理学知识呈现出来，使读者能在阅读案例的过程中，获得心理健康水平的提升，不仅适合大学生使用，也适合其他有需求的人群阅读。

本书对应的电子课件和习题答案可以到http://www.tupwk.com.cn/downpage 网站下载。

图书在版编目(CIP)数据

大学生心理健康教育 / 刘梅，刘静洋　主编. —2 版. —北京：清华大学出版社，2018 (2023.1 重印)
(高等院校公共基础课规划教材)
ISBN 978-7-302-50541-9

Ⅰ. ①大…　Ⅱ. ①刘…　②刘…　Ⅲ. ①大学生－心理健康－健康教育－高等学校－教材　Ⅳ. ①G444

中国版本图书馆 CIP 数据核字(2018)第 141931 号

责任编辑：胡辰浩　高晓晴
封面设计：孔祥峰
版式设计：思创景点
责任校对：牛艳敏
责任印制：丛怀宇

出版发行：清华大学出版社
网　址：http://www.tup.com.cn，http://www.wqbook.com
地　址：北京清华大学学研大厦 A 座　　邮　编：100084
社 总 机：010-83470000　　邮　购：010-62786544
投稿与读者服务：010-62776969，c-service@tup.tsinghua.edu.cn
质 量 反 馈：010-62772015，zhiliang@tup.tsinghua.edu.cn
印 装 者：北京国马印刷厂
经　销：全国新华书店
开　本：185mm×260mm　　**印　张**：12.25　　**字　数**：362 千字
版　次：2018 年 8 月第 2 版　　**印　次**：2023 年 1 月第 2 次印刷
定　价：69.00 元

产品编号：078440-02

第二版前言

随着社会的飞速发展，信息化程度逐渐提高，社会对人才水平的要求也不断提升。在巨大的精神冲击和沉重的心理负荷下，自我调整能力和自我减压能力对人们来说越来越重要。

2000年后出生的大学生，经过紧张的高考进入大学校园，面对陌生的环境、新的学习氛围、略显复杂的人际关系以及激烈的社会竞争，他们会表现出比以往大学生更多的困惑和迷茫。这些让我们意识到加强大学生心理健康教育，增加学生抗挫折能力已十分重要。那么如何帮助新生代大学生正确解决学习生活中的困惑，发展良好的人际关系，树立正确的婚恋观，科学地运用网络，提高学习效率，培养健康的心理品质、健全的人格，以及如何进行职业生涯规划等问题，则成为我们心理学工作者的当务之急。

本书的写作目的，就是要大学生更加了解心理健康知识，提高他们解决心理问题和预防心理疾病的能力；同时也为家长和教师们提供一个认识大学生心理特点的机会，让他们及时有效地做到因材施教、因材管理、因材开发。

本书主要围绕大学生在大学生涯中经常遇到的各种心理问题和实际问题，运用心理学的理论和知识加以深入解释，帮助大学生提高自身的心理承受能力，真正成为符合社会需求、身心健康的人才。

作为第二版，本书既忠实于第一版教材的基本内容，又不拘泥于原教材。在原有的“心理辞典”“案例链接”“心理测试”等栏目的基础上，增添了“心理学知识之窗”“资料卡”“心理自助训练”等新的栏目，特别是“心理自助训练”栏目的增加，能使大学生通过模拟生活中的实际场景，将理论知识付诸实践，提高自己解决心理问题的能力。

本书由刘梅教授、刘静洋副教授主编。全书共计十章，由刘梅教授总体策划，各章编写人员及分工如下：第一章、第二章、第三章由刘梅、杨力、费騋闯编写；第四章、第五章、第六章由刘静洋、赵楠编写；第七章、第八章由邹茹莲、万超、王芳编写；第九章、第十章由邹茹莲、国云玲、刘东莉、宋见欢编写。王芳、杨力、宋见欢等在课件制作、资料收集等方面做了大量的基础性工作。全书最终由刘梅教授总纂。

本书在编写过程中，参考了很多同类教材、著作和期刊等，限于篇幅，恕不一一列出，特此说明并表示感谢。

由于受时间、资料、编者水平及其他条件限制，书中难免存在一些不足之处，恳请同行专家及读者指正。我们的邮箱：huchenhao@263.net；电话：010-62796045。

本书对应的电子课件和习题答案可以到http://www.tupwk.com.cn/downpage 网站下载。

编　者

2018年8月

目　录

第一章

大学生心理与心理健康

健康是人生的第一笔财富。大学生是社会中的一个特殊群体，大学阶段也是个体发展中的一个特殊时期，所以，对大学生来说，心理健康更是学业成就、事业发展、生活快乐的基础。可有时，我们依赖青春的身体形成自我神化，认为自己无所不能；有时，我们会忘记了身体的存在而过度依赖精神力量，挑灯夜战、通宵上网；有时，我们又会在挫折面前失去自我，看不到自己的力量在哪里……这都是青春的特征、青春的激情。然而激情之后我们需要思考：如何将激情引向理想的彼岸，带来持久的幸福？我们的激情如何转变成心灵的力量，指引我们成就学业、开拓事业、收获幸福？这种思考将使我们面对“什么样的心理是有力量的”以及“什么样的心理能够完成这样的引领”等问题。我们认为，健康的心理最有力！只有健康的心理才能引领我们获得持久的快乐和幸福！

第一节　心理与心理发展

一、心理概述

所谓心理是指一种客观存在于自然界、人世间和每一个人身上的特殊现象——心理现象。动物有心理现象，人之间有心理现象，甚至从人类产品中也可以看到心理现象。但更直接、更典型的心理现象是表现在每个具体的人身上的。因此，我们这里所说的心理现象，是指在个体身上表现出来的可以感觉、能够观察的受内在心理活动支配的行为活动及其内在的心理过程。

在个体身上，是什么主导我们的心理活动呢？是我们的神经系统及其主管——“脑”，所以，心理是神经活动的产物，是脑的机能。但它又不是脑本身，而是在脑活动的基础上对各种刺激的主观反映并对其进行加工的结果。所以我们说，心理是脑的机能，是客观世界在人脑中反映的结果。

心理现象作为脑的机能是以活动的形式存在的。它以脑的神经活动为物质基础。脑的神经活动是生理的、生化的过程，而心理活动则是在这些过程中发生的对现实外界刺激作用的反映活动，是对外界信息的加工。

环境刺激事件是心理的源泉和内容。神经过程对它们的加工和处理就是心理活动。因此，一切心理活动都是由神经活动过程携带的对现实刺激的反映，也就是通过神经系统的感觉、知觉、想象或思考的加工过程，最终以映像、观念或情绪的形式保存在大脑中，形成我们的记忆、体验和观念。当我们能够觉察到这一过程时，便形成了我们的意识活动。当这一过程通过外部活动显现出来，就是我们的行为活动，例如表情、说话、动作等。当某个个体经常性地以某种心理过程及其外部行为应对生活刺激，就形成了该个体的独特的习惯化心理反映形式，称为个性或人格，这包含了个体的气质、性格、能力等结构化心理特征。所有这些心理活动过程和结构化心理特征及其外部表现行为，就是我们所说的心理现象。

所谓感觉与知觉是关于事物的外部属性的反映，它们以映像的形式发生。在一定条件下，存储的映像可在观念中再现，这就是记忆。在记忆中存储和再现的映像，称为表象。脑中映像在人的经验中得到积累和丰富，并在另外的条件下被重新组合而呈现出与原来不同的或全新的映像，这就是想象。想象是比表象更高一级的脑的功能。

对于某些事物，对那些不能直接感知的属性，可通过对它们的分析与综合、抽象与概括，揭示它们的内在属性和规律以及事物之间的联系和关系，这就是思维过程。思维是人类认识世界和创造新事物的高级心理工具。

上述感觉、知觉、记忆、表象和思维的活动过程，统称为认识过程或认知过程。认识是人的基本心理活动，也是首要的心理功能。

除认识活动之外，还有意志活动和情绪活动。意志活动是思维决策见之于行动的心理过程；情绪活动是伴随认知与意志过程而生的独特体验。意志和情绪各有其独特的表现形式和发生规律。认知、情绪和意志是组成人的心理活动或心理过程的主要形式。

所谓个性或人格是指随着实践经验的积累，在不知不觉中，心理活动的某些特点就恒定地贯注在个体的心理世界，也就是将个体的各种心理要素以不同的方式联系和组织起来，以一定的结构形式表现在行为之中，形成人的个性心理特征。其中主要包括才能、气质和性格等心理要素。才能主要是由人的认识能力和解决问题的实践能力所组成。凡认识活动以及操作实践的某些方面的最优特性的组合集中在某人身上，他就被标定为才能较高的人。气质与性格所涉及的心理特性比才能更加广泛，它们不仅包括认识特性，而且包括意志和情绪特性。人的认知、意志和情绪在强弱程度、延续程度、灵敏程度、强力坚韧程度、激活程度等多维量的组合，就构成了个体的气质特征和性格特性。例如可把个体的性格特性标定为坚强而稳定、活泼而热情、独立而果断等。由于人的心理活动特征的多样性，其多维量、多层次的叠加与组合，就形成多种多样的能力、气质与性格，这些心理活动特征在具体人身上所形成的个性，标志着具有个体差异的心理世界和精神面貌。

心理知识之窗：心理学的研究对象

有人会问，心理学家每天都在干什么？用三两句话很难说清楚。临床心理学家也许在设计新的治疗方案，使病人摆脱痛苦的睡眠障碍；教育心理学家在努力使一些儿童克服阅读障碍，因为不及时帮助这些孩子就会给他们的一生带来不利影响；人事心理学家在进行个性测试，为警官学校选拔学员；实验心理学家在做实验，深入探查人的记忆系统是怎样工作的。

由此可见，心理学中包含着极其辽阔的研究领域，涉及记忆、应激、心理治疗、爱情、说服、催眠、知觉、死亡、顺从、创造力、学习、个性、衰老、智力、性行为、情绪等问题，此外还有很多没有提及。心理学的内容如此丰富多彩，不是简单几句话可以描述清楚的。

概括地说，心理学既是一门科学也是一个职业。一些心理学家是研究者，他们通过运用心理学知识去解决心理卫生、教育、工作、体育运动、法律、医疗等各方面的问题。当然，也有许多心理学家一面从事科学研究一面进行心理治疗工作。心理学家需要经过良好的系统训练，除了学习心理学专业知识外，还要掌握许多基本的方法和技术，如心理咨询和心理治疗方法、测量和测试方法、统计方法、研究和实验方法，以及许多其他方面的专业技术。

一般来说，人们习惯把心理学的研究对象界定为心理学是研究心理现象的科学。心理现象包括：心理过程和人格(个性)两部分。其中，心理过程包括认知过程、情绪(感)过程和意志过程。人格包括人格倾向性(需要、动机、理想、信念、价值观等)和人格心理特征(能力、气质和性格)。不同的心理学科研究的侧重点会有所不同，但基本上都是围绕着这些内容来进行的。

二、心理的特点

心理现象非常复杂，但是在各种复杂的背后，却有着共同的特点。

1. 心理是观念性的反映

心理的反映形式是非物质的、观念的反映。刺激物的意义通过脑的过程在动物的行为应答中表现出来。我们的感知、记忆、理解等，就是非物质的、观念的反映。这种观念的反映，在人的思维加工阶段，可以产生这些观念的主体——人的知觉，这就是人的意识。观念的反映构成了人的精神世界，它使人认识世界、存储知识、制定计划、调节行为；它还使人适应环境、改造环境、组织社会生活、创造新的世界，这就是以心理活动为依据的人的精神力量。

2. 心理是客观世界的主观映像

由于人在生活经历中除了直观地认识现实事件之外，在头脑里还存储了个人所获得的知识和经验。每次在新事件作用下所产生的反映，均经过已有的知识、经验以及个人特性的折射，带有很大的主观性和个体性。

3. 心理是以活动的形式存在的

从感觉到思维的过程，正如计算机一样，是信息加工的过程，是心理的运算活动。感觉，如对光产生的视觉映像，只在反映的过程中存在；思维，更明显的是在某一主题上进行的脑的操作。思维或其他心理过程，都是在脑外显的或内隐的交替操作中进行的。我们的脑似乎可以呈现出思维或知觉的产品，如设计的图样或知觉的图形，但它们绝不是静止的，图样呈现本身就是心理操作。

4. 情绪也是心理的操作

鉴于情绪具有一种独特的主观体验的色彩，无论是短暂的或持久的，均可被人体验为一种状态，这种状态也是脑的操作活动并参与到当时的认知活动中。个性特征似乎是一种稳定的特征，一种心理结构形式，但它们只有在人的活动或行为方式中存在，离开了人的活动和行为，个性也就不存在了。

三、心理发展的特性

(一) 心理发展的含义

心理发展有广义和狭义之分。

广义的心理发展包括：心理的种系发展、心理的种族发展和个体心理发展。

狭义的心理发展是指个体的心理发展，是个体从出生，到成熟，至衰老的整个生命历程中的心理发展。发展意味着生长，从简到繁、从低级到高级。

(二) 心理发展的特性

心理发展具有如下四个基本特性：

1. 心理发展的整体性

个体心理是由各种心理过程和现象有机联系的整体。心理发展是在各种心理过程和相互作用中实现的。理解心理发展的整体性需要把握两个要点：其一，作为整体心理活动有其独特的质的规定性，它不等同于各种心理现象特征相加的集合；其二，心理的发展是在各种心理过程紧密联系、相互制约、相互作用的互动关系中进行的。

2. 心理发展的社会性

人的心理发展受到人类社会环境的制约，并在社会生活条件下及人际交往过程中得以实现。有学者(维果斯基)指出，人的高级心理机能的发展由社会文化所决定，是通过语言符号的中介作用而不断内化的结果。语言符号的运用本质上就是人与人之间交往的体现。可见，个体的心理发展是受社会制约的。

3. 心理发展的活动性

个体心理的发展是主体与客体之间相互作用的结果，而主客体相互作用的桥梁就是活动。心理发展不能简单地以先天排定的发展程序展开，也不能机械地归结为后天环境所决定。对心理发展起决定作用的是主体与客体之间的相互作用(皮亚杰)。两者的相互作用是指：外界环境对个体的刺激和要求；主体对客观环境采取的一系列活动；动作和活动是主客体相互作用的中介。

这里的动作和活动包括外部动作和内化活动两个方面。“活动的内化，也就是外部的活动逐步改造内部智力的活动”。(列昂捷夫)。这就是说，内化是一种过程，一种特殊的转化过程。内化过程表现为概括化、语言化、简约化和超越化。在这里，超越是指能够超出外部活动的界限而转化为内部的智力活动。

4. 心理发展的规律性

心理发展的规律性表现在心理发展的普遍性和特殊性的统一、心理发展的方向性和顺序性、心理发展的不平衡性等方面。

(1) 心理发展的普遍性和特殊性的统一。人的个体心理都具有独特性，不可能存在两个人心理特征完全相同的现象，这是心理的个性。心理发展又具有共性，共性是寓于个性之中，又从个性中抽象出来的共同特征。个体的心理活动，是共性和个性的统一体，即遵循着普遍性和特殊性统一的规律。

(2) 心理发展的方向性和顺序性。心理发展的方向性是指心理发展的指向，一般来说，发展的趋向是从简单到复杂、从低级向高级发展。心理发展的顺序性是指心理发展遵循着确定的序列，如从婴儿期、幼儿期、童年期、少年期、青年期到中老年期的发展变化。这个发展次序是固定的，不能颠倒的。心理发展的方向性和顺序性是先天排定的。

(3) 心理发展的不平衡性。心理发展的不平衡性是指个体一生的心理发展并不是随年龄的增长而匀速前进的，它是按不均衡的速率向前进展的，即一生的发展历程中，有的时期发展速度快，有的时期发展速度慢，呈现发展的快速期和缓慢期。

心理发展过程中，婴幼儿期属第一发展加速期；童年期是发展速度较快的缓慢发展期；少年期是第二个加速发展期；青年期结束，心理发展达到高峰，进入成熟期；中年期处于平稳发展变化期；老年期的心理变化呈下降趋势。这呈现出了心理发展的不平衡性。

心理知识之窗：心理学重要贡献者

维果斯基

列夫·维果斯基(Lev Vygotsky)，苏联心理学家，“文化—历史”理论的创始人。著有多篇论述教学与发展的关系的论文，提出了“最近发展区”“教学要走在发展的前面”等观点。

皮 亚 杰

让·皮亚杰(Jean Piaget)，瑞士人，近代最有名的儿童心理学家之一。他的认知发展理论成为这个学科的典范。皮亚杰早年接受生物学的训练，大学时期学习哲学。但他在大学读书时就已经对心理学产生了浓厚的兴趣，曾涉猎心理学早期发展的各个学派，如病理心理学、弗洛伊德和荣格的精神分析学说。皮亚杰对心理学最重要的贡献是他把弗洛伊德的那种随意、缺乏系统性的临床观察，发展得更为科学化和系统化，使日后的临床心理学有长足的发展。

列 昂 捷 夫

列克谢·列昂捷夫(Alexei Leontyev)，苏联心理学家。20 世纪 30 年代末，从活动观察出发，开始着手研究心理反应的起源问题。他作为维果斯基的助手，接受了维果斯基提出的关于高级人类心理过程的文化历史学说，用马克思主义的理论作为人类发展理论的基础。

列昂捷夫与维果斯基和鲁利亚由于共同研究高级心理机能的社会历史的起源，从而创立了苏联最大的心理学派——社会文化历史学派。该学派除了说明人类心理的过程外，还认为人与人之间的相互影响导致了心理发展的过程。

第二节　当代大学生的心理发展特点

一、当代大学生的基本心理特征

(一) 当代大学生的积极心理特征

现在的大学生其年龄一般在 18 岁左右，大多数出生在 1999 年左右。当代大学生的心理具有很多的积极特征。

1. 脑重及脑的展开面积大幅度提高

1999 年左右出生的人，个体脑重平均为 1 400 克左右，其中男生平均脑重 1 425 克，女生平均脑重 1 375 克，达到了世界人类的平均水平；脑的展开面积也达到 2 200cm^2。而 1999 年之前出生的个体，其脑重平均为 1 350 克，其中男性脑重为 1 375 克，女性脑重为 1 325 克；脑的展开面积约 2 000cm^2。即当代青少年的平均脑重要比以前重 50 克左右，脑的展开面积也比以前的学生多出 200cm^2。脑重及脑的展开面积的变化，主要与改革开放四十多年来的营养、卫生等条件有直接关系。

2. IQ 值提高

1999 年以前出生的个体智商平均为 97 左右，大学生平均智商在 104 左右。当代学生的

IQ 值平均在 120 以上，要比过去提高了 10 个单位。

3. 双性化水平提高

双性化个体是指既具有男性心理特征也有女性心理特征的人。双性化的个体更容易成功，更能够适应社会。当代学生双性化水平都较高，而且越是重点高校的学生，双性化水平越高。

心理知识之窗：性别角色

性别角色(gender role)又称性别作用，是指由于人的性别差异而带来的不同的心理特点或行为模式。男性与女性在姿势、神态、声调、举止等许多方面各有不同的特点。在任何社会或民族中，对男性与女性各自扮演不同的角色、起的不同的作用怀有一种普遍的期待。

双性化是指一个人兼有男性化与女性化的气质，兼有男性和女性较为优良的品质，往往具有更强的社会适应能力，与平常人们所说的“变性”不是一个概念。

4. 抽象思维日臻完善

抽象思维也称抽象逻辑思维，是运用概念、判断、推理来解决问题的思维。抽象思维代表一个人的智力水平。过去，个体抽象思维一般在初中二年级才开始形成。当代人的抽象思维一般在小学高年级和初中时就已经基本形成了。到了高中阶段，抽象思维已达到成熟水平。进入大学以后，经过相应的学科训练，抽象思维已呈日臻完善的状态。

5. 价值观和人生观的完善化和系统化

过去人的人生观和价值观一般在高中阶段才初步形成，到了大学阶段开始完善。经调查，当代人的人生观和价值观基本上是在初中阶段完成的，进入大学以后就已经十分完善化和系统化了。

6. 社会角色完全形成

社会角色的形成是社会化的最高水平，一个人的成熟主要体现在成功地扮演社会角色方面。过去，人的社会角色一般要进入社会后才能完全形成，大致在 30 岁左右。现在通过对大多数学生的人格分析发现，社会角色形成时间一般是在大三、大四和进入社会一年左右的 时间里。

7. 职业意识成熟

职业定向也是社会化的一个重要内容。过去的人所选专业往往是父母的意愿和社会潮流的体现，并不代表学生自我的认知意向和水平。现在许多学生在选择专业时，往往都考虑以下几个问题：“这个专业我喜欢学吗？”“这个专业我学得了吗？”“学这个专业我能干得了吗？”可以这样说，当代大学生的职业意识已比较成熟。

8. 综合素质大幅度攀升

当代大学生除了专业课的基本素质以外，外语、计算机甚至一些艺术特长都非常优秀，这可能与当代的独生子女家庭及早期教育有重要关系。

虽然当代大学生拥有上述的积极的人格特征，但表现却参差不齐，个体差异十分明显。

(二) 当代大学生的消极心理特征

当代大学生虽有其前辈没有的积极心理特征，但也有其前辈所没有的消极心理特征。

1. 心理健康水平低下

近几年来，国内许多专家对当代人进行心理调查，结果发现，当代大学生心理健康水平普遍偏低。据北京师范大学郑日昌教授的研究，目前我国的小学生中，13%存在心理问题；初中生中，15%存在心理问题；高中生中，18%存在心理问题；大学生中，25%存在心理问题。大学生的心理问题集中在一、二、三年级，一年级主要是学习和适应问题，二、三年级主要是人际关系、性、恋爱及各种心理障碍问题。尽管大学生中存在如此普遍的问题，但其中只有极少部分人接受了心理咨询方面的专业性帮助，而且在接受帮助的学生中，尤以三年级学生最多，二年级其次，四年级再次，一年级最少。这种寻求帮助的年级差异一方面反映了当代大学生心理健康的一般状况，但同时也可能预示着一个更重要的问题，即对当代大学生心理咨询服务的策略问题。

2. 心理障碍患者比率上升

心理障碍是有一定强度，作用时间较长，而且可能导致人格异常的心理紊乱。在求询的人们中，神经症性障碍问题(包括自卑、抑郁、恐怖、交往障碍、睡眠、强迫、焦虑)占69.4%，人际关系和环境适应问题(包括恋爱问题、人际关系问题和适应环境问题)占 14.5%，重性精神病和心身障碍占 12.1%。因此，人际关系、环境适应以及神经性症状仍是求询人中的主要问题，占 83.9%。

3. 自杀率较高

根据统计数据，世界上的自杀率成人为 18 人 / 10 万人，而我国为 20 人 / 10 万人，高于世界平均水平。当代大学生的自杀率又高于成人，为 22 人 / 10 万人。自杀既遂者数量逐年上升，而有自杀意念的人比率也在上升。

4. 犯罪率居高不下

近几年来，当代大学生的犯罪与成人犯罪比例逐渐增长，已达到总犯罪率的 25%。在校大学生犯罪率也呈上升状态。大学生犯罪的主要类型有盗窃、性犯罪、暴力犯罪等。

5. 人格异常

人格异常主要有以下几种类型：①偏执性人格，以猜疑和偏执为特点；②分裂性人格，以观念、行为、外貌、装饰的奇特，情感淡漠，人际关系明显缺陷为特点；③反社会性人格，以行为不符合社会规范，经常违法乱纪，对人冷酷无情为特点；④冲动性人格，以阵发型情感爆发，伴有明显冲动性行为为特征，又称攻击性人格；⑤强迫性人格，以过分要求严格与完美无缺为特征。

人格异常是指在“认知、情绪反应、人际关系与冲动控制”四个方面中，起码有两个以上出现长时间持续存在的执拗与功能损害，且与文化背景所预期的偏离甚远。这些偏离现象也出现在个人所有相关的社会情境中，譬如家庭、学校、工作、亲友间，造成对自己与他人相当的苦恼与伤害。患者执拗、无法变通，难以适应生活上的变迁或压力，加上不觉得自己的行为有异，常会诿过他人，甚至做出害人害己的行为。“长时间持续存在”，是人格异常疾患的特征之一。人格异常被归纳于精神疾病中的第二轴向。

6. 心理生理障碍增多

心理生理障碍又称心理因素相关生理障碍，是指一组与心理社会因素有关的以进食、睡眠及性行为异常为主的精神障碍，包括进食性障碍(神经性厌食、神经性贪食、神经性呕吐)、睡眠障碍(失眠症、嗜睡症和发作性睡眠障碍)等。

二、当代大学生的认知发展特征

大学生正处于从儿童期到成年期之间的过渡期——青年期。

大学生的感知觉在少年期发展的基础上，获得进一步提高，已发展到成熟的水平。视觉感受性有了很大的提高，听觉感受性增强。15 岁左右的青少年，听觉感受性可以超过成年人。关节肌肉感觉获得高度发展，空间知觉与时间知觉已成熟。总之，大学生的感知觉在内容上更丰富，在范围上更复杂，在感受性方面更敏锐。大学生是记忆发展的黄金时代，青年识记速度快，保持时间长，回忆准确。

在认知方面的发展，主要表现为思维的发展，大学生的思维已达到了较高的成熟的程度。其发展的主要特点是：

1. 形式逻辑思维继续发展的同时辩证逻辑思维趋向成熟和完善

形式逻辑思维，是指在感性认识的基础上对事物本质联系的抽象统一的反映。它所反映的是事物的相对的静止性和不同事物间的确定界限。所谓辩证思维，是指对客观现实的本质联系的对立统一的反映，它不仅反映事物之间的相互区别，而且反映它们之间的相互联系；不仅反映事物的相对静止，而且反映它们的绝对运动。它承认事物自身的同一性，但认定这种同一只存在于差异和对立之中。

2. 再造性思维继续发展的同时创造性思维也有明显发展

大学生学习的主要任务，是继承人类认识已经积累起来的知识经验，因此，他们的思维活动基本上是属于再造性思维。但是，大学生再造性思维在继续发展的同时，创造性思维也有明显的发展。

思维的创造性主要表现在求异思维、发散思维上。由于知识领域的扩大，加上上大学后受到更多自由思考和表达独特思路的鼓励，大学生的发散性思维有了迅速发展。这种特点表现在知识概念的掌握与理解上，不仅能将新知识、新概念同化到已有的旧概念和旧知识系统中去，而且能运用新知识、新概念去改造、修正、扩展旧概念。他们在求知的过程中，思维的触角常常延伸到未知的知识领域，大学生求知已不仅仅是被动地接受，而是富于批判地吸收，带有一定的探求性和研究性。

3. 思维的独立性和批判性有显著提高

思维的独立性是指善于独立地发现问题、思考问题、分析问题和解决问题，不依赖他人，不迷信权威，不盲从领导，但不武断，不一意孤行。思维的批判性是指善于冷静地思考问题，有主见地评价思维的结果。在这两方面大学生的思维品质都有很显著的提高。大学生思维的独立性和批判性表现是多方面、多层次、多维度的，从政治到经济，从日常生活小事到社会问题、国家大事，从群体关系到个人评价，从社会现象到自然现象，他们都有了自己的独立见解和看法，都有着自己认为是合乎理性的标准。

4. 思维的灵活性和敏捷性达到最佳状态

思维的灵活性是指思考和解决问题时，思路灵活，善于发散思维，没有习惯程序，不固执己见，能够随机应变。思维的敏捷性是指思路来得快，解决问题迅速，能当机立断，但不轻率行事。大学生抽象的思维能力达到了相当高的程度，可以用各种概念进行思维，他们感觉事物十分敏锐，大脑细胞处于最活跃时期，分析、概括、综合、推理运行的速度最快，加之他们又少于固定程序的束缚，没有固有成见的左右和干扰，因此，他们的思维具有高度的灵活性和敏捷性。

三、当代大学生的情绪和情感发展特征

“青年心理学之父”霍尔将青年期形容为“疾风怒涛”时期，主要是针对大学生时期情绪、情感的发展特点而提出的，而当代大学生正处于青年期。

（一）大学生情绪、情感发展的一般特点

1. 情绪、情感丰富

大学生情感上热烈、奔放，充满春天一般的活力，也最富于创造性，易激动、不稳定。大学生所处的成长阶段决定了他们精力充沛、对事务充满好奇，他们的情绪容易激动，主要表现为心境变换比较频繁，易产生激情，易冲动、兴奋、激昂。有时盲目狂热，做出蠢事甚至是破坏性的事。

2. 大学生的情绪具有多变性、不稳定性

情绪好时，精神振奋；情绪差时，垂头丧气；有时因失意或其他什么不如意的事情而感到情绪压抑，有时又会因为如愿以偿而感到欣然自得。这些都与大学生生理发展的急剧变化，自我意识的变化，以及对社会、对人生看法的变化有关。

3. 体验强烈，不易外露

大学生对外部刺激反应迅速、敏感，喜、怒、哀、乐都表现得比较具体。在感情上，大学生对自己的行为举止极易产生强烈的内心体验，又对周围人对他们的分析和评价非常敏感、反应强烈。同时，大学生情绪的外部表现与内心体验有时并不一致，甚至相反，经常有意识地掩饰自己的真实情绪，这是由于大学生自我意识增强，心理闭锁性增强引起的。大学生再也不像童年时期那样天真直爽、心口如一，也不同于少年时期容易冲动。他们一般不肯轻易吐露真情，对于心中的秘密、内心的真实想法，以及对事物的看法都不会轻易表露。

4. 情绪的两极性特别突出

情绪的两极性是指情绪中的肯定与否定、积极与消极、紧张与轻松、活动与静止等的两极。大学生情绪的两极性特别突出，他们容易出现高强度兴奋、激动、热情或是极端的发怒、泄气和绝望。这说明大学生既有活泼愉快、奋发向上等积极倾向，又有低沉悲观、颓废等消极倾向。

5. 感染性、弥散性较强

人的情绪主要是在社会生活、人际关系及其需要中产生的。大学生的特殊性在于他们是多群体行动，辨别能力和自我控制能力又相对不足。因此，容易不分青红皂白地卷入情绪的旋涡。这种卷入可能会加大积极情绪，产生有利于社会的群体行为，也可能带来偏激甚至破坏性群体行为。一方面，随着生活、学习、知识及活动范围的扩大，具有一定意义的各种不同情况可能影响学生的情绪状态，易受客观现实和各种方式的影响；另一方面，大学生的情绪还具有较强的弥散性，容易发生泛化。

6. 具有一定的可控性

大学生具有较高的文化修养，随着社会经验和知识的积累，思想逐渐成熟，具备了一定的反省自身弱点和控制自己情绪变化的能力。一个理智性很强的大学生面对不良的情绪波动时，能主动寻找引起情绪波动的原因，并不断地调整自己的情绪状态，以理智驾驭情绪，利用情绪的积极方面，克服其消极方面，扩大它的积极作用，尽量减少它的不利影响，使情绪与理性思维和规范行动相协调。

（二）大学生道德感、理智感、美感的发展

道德感、理智感、美感属于人的高级情感，在大学生时期，这些情感都会得到大幅度发展。

1. 道德感

道德感是人所特有的一种高级情感，是道德品质的一个重要组成部分。它是一个人对自己或他人的动机、言行是否符合社会一定的道德行为准则而产生的一种内心体验。例如对符合道德行为准则的行为，就会产生满意、愉快、心安理得等内心体验；反之，则会产生愤怒、厌恶、羞愧等内心体验。

在道德感方面，少年期的学生已经能够较好地理解集体主义情感、爱国主义情感，但由于知识的局限，往往比青年初期显得肤浅和表面。他们热爱集体生活，非常重视自己所属群体的荣誉，能以集体的生活要求来对待自己。

道德感的核心是人对幸福的本质以及获得幸福方式的认识。在理智感方面，大学生时期是其发展的重要时期。

2. 理智感

理智感是在认知和评价事物过程中所产生的情感。它是人们学习科学知识、认识和掌握事物发展规律的动力。人的理想、世界观对理智感有重要的作用。例如求知欲、好奇心都属于理智感的范畴。

国内心理学家将求知欲的发展划分为三级水平：第一阶段，表现为对所学知识中新事物、有趣的现象的直接兴趣。这种兴趣是不稳定的，随情境的消失而消失或下降，范围不明确，内容杂乱，属于初级水平。第二阶段，表现为对事物现象和本质属性的学习兴趣。兴趣已不停留在个别事物的表面，但又尚未深入到足以规律的认识程度。兴趣常常与解决问题相联系，相对比较稳定，但还主要受外界刺激的影响，属于中级水平。第三阶段，表现为对事物现象的因果关系，对规律及原理的兴趣，强度高且稳定，属于高级水平。

3. 美感

美感是人们审美需要是否得到满足时而产生的主观体验，是对事物美的体验。当人接触到美的事物时，就会产生一种赏心悦目、怡情悦性的心理体验。美感不是人的自然禀赋，而是在人的自然禀赋的基础上经由社会历史事件的产物。

在美感方面，大学时期学生的发展也非常迅速。这主要表现在对美的追求更加广泛，美感体验也逐渐深刻。

(三) 大学生友谊的发展

友谊是一种来自双向(或交互)关系的情感，即双方共同凝结的情感，必须共同维系，任何单方面地示好或背离，都不能称为友谊。

大学时期，友谊的发展是一个非常突出的现象。心理学家认为，大学时期人生有四个梦：寻找友谊、追求爱情、选择职业、获得知识。而寻找友谊和追求爱情则尤为明显。

友谊对大学生的心理发展具有重要价值，可以满足大学生相互理解和自我意识发展 的需要。大学生在发展友谊的交往中，发现自己、认识自己、完善自己，同时，认识他人、理解他人。但大学生的朋友关系与幼儿、少儿时期不同，表现为开始重视心灵深处的沟通。

四、当代大学生的意志发展特点

随着心理独立性和社会的发展、自我意识控制力的增强，大学生的意志品质迅速提高，大部分学生到达了较好的或自己满意的品质。

(一) 意志概述

意志是指决定达到某种目的而产生的心理状态，常以语音或行动表现出来。

(二) 意志品质的特点

意志品质是指构成人意志的诸因素的总和，主要包括独立性(自觉性)、果断性、自制性和坚持性(坚韧性)。

1. 自觉性普遍有所提高

随着大学生独立性的增强，生活空间的不断扩大，自我意识有了新的发展，因而行动的目的性、自觉性比中学生有了明显的提高。大学生意志的自觉性特征，首先表现为对生活有明确的目的和追求，在生活中确立恰当的奋斗目标，并为之而努力。对行为的动机、目的及其后果的认识较儿童、少年时更自觉，能用头脑冷静地思考、能制定学习和生活计划，自觉考虑问题。

2. 果断性不断增强

大学生果断性比起初中生、高中生来说要强得多。其意志品质的果断性的特征，首先表现为能在紧急情况下当机立断，迅速做出决定，采取行动。不迷信权威、不因循守旧，富有开拓精神。在决定阶段，对明确目的、制定计划、选择方式方法都具有明显的独立性。

3. 克服困难的毅力明显增强

大学生克服困难的毅力比儿童、少年期有很大进步。克服困难的毅力表现在坚持性方面。一般来说，大部分学生在执行决定时，能专心致志，排除外因的诱惑，能够想办法克服各种困难，善始善终完成既定任务。责任感提高，不论克服学习困难还是战胜疾病，都表现出坚强的信心和毅力，对学习上的一些难题有一股穷追不舍的精神。

4. 自制力普遍增强

大学生的自制力主要表现在能正确处理专业学习中兴趣与需要的矛盾，当自己的兴趣与所学专业不相符时，能够适当地调整、改变自己的兴趣，将专业知识学好。同时也表现在对自己的行为的控制方面，有较好的修养与较强的自控力。

5. 动机斗争的复杂性

大学生意志行动的动机斗争较初中、高中生复杂得多，而且不轻易显露，动机斗争更显得内在、隐蔽。在进行动机斗争时，往往心情比较紧张，行动比较犹豫。表现为焦躁不安，坐立不定，丢三落四，甚至发火。

6. 稳定性不断提高

大学生在执行决定的过程中，其稳定性较少年儿童有显著的提高。一般来说，大学生由于抽象思维比较成熟，认识客观事物的发展规律的能力也随之提高，情感也较强烈和稳定，学到的知识更丰富，因此，对意志行动的认识能够更加清楚、深刻。可对自己所采取的行动进行全面综合的分析考虑，在执行决定阶段，也能排除各方面的干扰，使计划稳步实行，表现出较大的稳定性。

五、当代大学生个性的特征

大学生个性的发展主要体现在需要、理想、价值观、性格和自我意识等方面。

(一) 大学生需要的特点

心理辞典：需要

需要是指有机体内部的一种不平衡状态，表现为有机体对内外环境条件的欲求。需要都有对象，没有对象的需要是不存在的。动物也有需要，因为动物也要满足自己的生理要求。人除了生理的需要之外，还有社会性的需要，而且人的需要受到社会的制约，带有社会性。需要又是不断发展的，人的需要永远不会停留在一个水平上，当旧的需要得到满足，不平衡消除之后，新的不平衡又会产生，人们又会为满足新的需要去追求新的对象。所以，需要是推动有机体活动的动力和源泉。

按不同的标准，需要可以分为：自然需要和社会需要、物质需要和精神需要。

大学阶段，随着生活环境的扩大，知识水平的提高，以及心理水平的发展，需要也有了新的变化。物质需要较中学生更多一些，开始对服饰、学习用品有了更高的要求。安全需要开始产生，大学生对前途充满了忧虑和烦恼，开始为自己的未来而思考。大学生独立性增强，“成人感”的产生使他们产生自尊和获得他人尊重的需要。尊重的需要是大学生的优势需要，其满足程度及方式如何，对大学生的心理发展具有重要意义。创造性的需要在大学时期逐渐增强。从总体上看，大学生的发展还存在着水平、倾向、数量等方面的个别差异。

(二) 大学生理想的特点

理想是社会生活的产物，大学生理想的发展实际上也是其认知的发展过程，受其思维发展水平的制约。心理学家将大学生的理想划分为三种水平：第一，具体形象理想，即以具体人物、社会职业和外部特征为自己向往的理想；第二，综合形象理想，即与具体形象相联系的具有社会意义的初步概括性理想；第三，概括性理想，即能清晰地认识到人生的社会意义和社会发展的理想。大学生理想的发展是从具体形象理想向综合形象理想发展，最后出现概括性理想，即遵循着从具体向抽象发展的规律。

(三) 大学生人生观和价值观的特点

心理辞典：人生观与价值观

人生观是人们对于人生目的和意义的根本看法和态度。人生的目的是指究竟为什么活着；人生的态度是指人怎样对待人生。

价值观是指人体以自己的需要为基础对事物的重要性进行评价时所持的内部尺度。人们对于人生的看法和认知，归根结底凝聚在一个人的价值观上。

人生观和价值观的发展过程是青少年期开始萌芽，到高中阶段的青年期得以迅速发展；在大学阶段达到高峰，并逐步走向稳定和成熟。

据有关专家研究，中学生的最重要价值观念是“智慧”“真正的友谊”“世界和平”和“成就感”。而对于大学生来说，“舒适的生活”“刺激性的生活”“快乐”“幸福”“超然”“真正的爱情”等都不是重要的价值观念。大学生的最重要的价值观念是“智慧”“成就感”“真正的友谊”和“自尊”。

(四) 大学生性格的特点

性格是人的个性心理特征的核心，是一个多侧面的、十分复杂的心理构成物。根据我国心理学家的研究，个体性格的发展有两个骤变期，其一是由童年期转入少年期，其二是由少年期转入青年期。每进入一个时期，个体的性格将会产生一个较迅速的发展，其中少年期是性格发展的关键期。在性格的四个特征方面，每个特征的发展规律都是不同的。情绪特征在刚进入少年期时出现一个高峰，表现为行为较多地受情绪影响。

(五) 大学生自我意识的特点

心理辞典：自我意识

自我意识是个体作为主体的我，对自己以及对自己与他人关系的认知，包括认知自己的生理状况、心理特征以及自己与他人的关系(如自己与周围人们相处的关系，自己在集体中的位置与作用等)。自我意识具有意识性、社会性、能动性、同一性等特点。自我意识的结构包括三个部分：自我认知(或自我评价)、自我体验和自我调节(或自我控制)。

自我意识是大学生个性发展的核心。大学生自我评价发展水平逐渐提高，主要表现在自我评价逐渐由具体向抽象的发展，由重视外部评价向重视内心世界的评价发展。自我评价的独立性、稳定性也在逐渐发展。但青年和少年的自我评价仍有差异。

少年的自我评价有下列几个特点：第一，对人的评价开始指向人的内心世界和个性品质方面，而小学生主要是对人的外部行为和具体表现来评价；第二，少年开始把成人评价和同龄人的评价看得同等重要，而后则越来越重视和依赖同龄人的评价，而小学生则非常重视成人的评价，不大重视同龄人的评价；第三，少年对周围人给他的评价非常重视且敏感；第四，少年的评价带有主观性和片面性，“想当然”或“攻其一点不及其余”在少年身上表现得尤为突出；第五，少年的自我评价是在与别人比照情况下进行的，而不会用社会的一般标准来评价自己。

大学生自我评价的特点有：第一，能够独立地运用一定的准则来评价自己；第二，能够全面地评价自己，不但能对自己的智能做出评价，对自己的个性、品德和人际关系也能做出评价；第三，能够更多地从内部特征方面评价自己。

六、当代大学生的心理矛盾

(一) 大学生思想上的开放性与内心的闭锁性之间的矛盾

当代大学生的思想开放，表现在很多方面。在道德上，他们表现出打破传统观念的勇气，有时甚至超越了道德和法律的界限；在行为上，他们穿着打扮、行为方式表现得更为自由化和现代化。在思想开放的同时，他们的内心世界又不愿向别人开放，表现为闭锁性。他们有些人不相信父母，不相信老师，不相信朋友，不相信社会，沉溺在个人的内心世界里。

开放性与闭锁性交织在一起，构成了一对矛盾，但开放性是他们的主导方面。

(二) 大学生思想上的独立性与行为上的依赖性之间的矛盾

思想上的独立性，表现为有个人观点和思想，对什么问题都能独立去认识和分析，而不愿和别人雷同，这是个性成熟的表现。但除此之外，其行为依赖性又很严重，这表现在大学生缺乏一定的生活能力，不会管理自己，无法在经济上独立。在很多学生中，一切经济开销完全依仗父母。

(三) 大学生思考问题的敏感性与分析问题的偏激性之间的矛盾

当代大学生对社会问题极为敏感，反应极为迅速。一旦社会出现一种新事物，马上就会引起他们的思考；一旦社会出现了于他们有利的风潮，马上就义无反顾地参与。但同时，他们对某些问题的认识，往往又会走极端，看到事物的正面，就看不到事物的反面；看到事物的静止现状，就看不到事物的发展，缺乏辩证、全面认识事物的能力。

(四) 大学生认识的自觉性与情感上的自卑性之间的矛盾

在对社会、人生的认识上，当代大学生往往坚信自我观念的真理性，即使对某些书本、权威和专家的看法也毫不犹豫地否定，这表现了其认识上的自负性。但有时，他们的内心世界又极为自卑，缺乏自信心，很多人对自己的未来没有长远规划。他们有时觉得自己在社会中没有地位，没有力量，哀叹自身的渺小。这是典型的情感自卑性的表现。

(五) 大学生无所羁绊的“自我”与整体认同的矛盾感之间的矛盾

当代大学生“自我”的意识非常突出，在考虑社会、集体利益时，从没忘记个人的利益。他们追求的是个人与社会同时发展的本位主义，而不是单纯的个人本位主义和社会本位主义，这是自我的表现。另一方面，当代大学生整体认同又较强，凡是大多数同龄人的行为和观点，有时不符合其个人价值观，他们也会表示支持和附和。在无意识中，将自己与同龄人认同为社会一个独立的阶层。

(六)大学生切中社会的实际作风与媚世流俗的实用主义之间的矛盾

当代大学生比较不务虚名，做事、想问题都从现实出发，这为他们自我的真实发展提供了有利条件。比如，在选择专业、职业、交友等方面，都能把个人发展和需要联系起来，这是现实主义的体现。但有时他们又过于实际，以至于走向实用主义的泥坑。

(七) 大学生价值的多元化取向与无所归宿的精神流浪之间的矛盾

当代大学生信仰多元化、价值观念多元化、行为方式多元化，表现了他们丰富的个性世界。但另一方面，他们的一些信仰、价值观又经常在变化，不能建立永恒的道德和生活信念，完全沉浸于社会变迁的汪洋中。

多元化和精神流浪构成一对相互关联的矛盾。

(八) 大学生超然怡情的出世哲学与玩世心态之间的矛盾

当代大学生思维灵活，视野开阔，不拘于一事一时的得失。对于一时的胜利不会过度狂喜，对于某时的失败也不会耿耿于怀，这些都表明了他们超然的性格。另一方面，他们又有玩世不恭的心态，一些人不珍惜大学宝贵的求学机会，对考试成绩不在乎；对失恋也不放在心上……这些形形色色的人生态度，无不是玩世不恭心态的表现。

综上所述，当代大学生的性格既有积极的一面，也有消极的一面。如果教育者和受教育者都忽视了消极方面的因素，而没有及时地矫正与克服，那么当代大学生对社会的负面力和破坏力则是很大的；如果教育者和他们自身有效地激发了积极因素，克服消极因素，那么，当代大学生对世界的贡献与影响将是史无前例的。

第三节　当代大学生的心理健康

一、健康的含义

健康的心理是当代人必须具备的素质。一个有心理问题的人，不仅不能适应社会，还会对其日常的生活造成许多麻烦。健康，联合国世界卫生组织的定义是：“健康，不但是没有身体缺陷和残疾，还要有完整的生理、心理状态和社会适应能力。”这就是说，健康不但是生理机体健康，还包括人的心理精神健康以及人的社会适应能力。

二、心理健康的定义和标准

(一) 心理健康概述

心理健康是指个体的各种心理状态保持正常或良好水平，且自我内部以及自我与环境之间保持和谐一致的良好状态。

关于正常状态，有四种含义：①正常及健康状态，以有无心理疾病为判断标准；②正常即平均状态，从统计学角度强调正常或异常之间的程度变化，处于正态分布中间范围的属正常；③正常即理想状态，用以平均行为而非描述行为；④正常即适应过程，将正常视为不断发展进步的过程，心理健康者能不断学习有效的技巧应对紧张状态。

符合下列标准者可视为心理健康：①情绪稳定，无长期焦虑，少心理冲突；②乐于工作，能在工作中表现自己的能力；③能与他人建立和谐的关系，且乐于和他人交往；④对自己有适当的了解，且有自我悦纳的态度；⑤对生活的环境有适当的认识，能切实地面对问题、解决问题，而不是回避问题。以罗杰斯为代表的自我理论学者认为，心理健康指在各种自我之间，即主观自我、社会自我、理想自我之间获得和谐关系。

(二) 心理健康与生理健康的关系

随着科学的发展与普及，以及人们认识水平的提高，关于心理健康的道理越来越被更多的人所接受。所以生活在现代社会的人，不仅要注重自己的生理健康，同时也要注重自己的心理健康以及精神质量。那么，人的生理健康与心理健康的标准是什么呢？

1. “五快三良好”

世界卫生组织提出了“五快三良好”的健康标准。

“五快”标准是针对人的生理健康而言的，内容如下：

(1) 吃得快。指人在进食吃饭时，有良好的胃口，不挑剔食物，能快速吃完一顿饭。

(2) 便得快。指人有便欲，能很快排完大小便，而且感觉良好。

(3) 睡得快。指人有睡意，上床即能很快入睡，而且睡得很好，醒后精神饱满，头脑清楚。

(4) 说得快。指人的思维敏捷，语言运用准确，言语表达流畅。

(5) 走得快。指人在步行时，脚步自如，活动灵敏。

“三良好”的标准是针对人的心理健康而言，内容如下：

(1) 良好的个人性格。这一标准包括个人情绪稳定，性格温和，意志坚强，感情丰富，胸怀坦荡，豁达乐观。

(2) 良好的处事能力。这一标准包括个人观察问题所在，具有较好的自控能力，能适应复杂的社会环境。

(3) 良好的人际关系。这一标准包括个人在人际交往和待人接物时，能助人为乐，与人为善，对人充满热情。

2. 生理健康标准

世界卫生组织规定的生理健康标准如下：

(1) 足够充沛的精力，能从容不迫地应付日常生活和工作压力，而不感到过分紧张；

(2) 态度积极，乐于承担责任，不论事情大小都不挑剔；

(3) 善于休息，睡眠良好；

(4) 能适应外界环境的各种变化，应变能力强；

(5) 能够抵抗一般性感冒和传染病；

(6) 体重得当，身体匀称，站立时头、肩、臂的位置协调；

(7) 反应敏锐，眼睛明亮，眼睑不发炎；

(8) 牙齿清洁，无空洞、无病感、无出血现象，齿龈颜色正常；

(9) 头发有光泽，无头屑；

(10) 肌肉和皮肤富有弹性，走路轻松自如。

这十条标准中除了(3)(8)(9)条是纯粹的身体健康要求外，(5)(6)(7)(10)条都或多或少包含了心理健康的要求，(1)(2)(4)条则更是纯粹的心理健康标准。

心理知识之窗：维护健康的四大基石

国际卫生组织(WHO)曾提出，维护健康的四大基石是：合理饮食，戒烟限酒，适量运动，心理平衡。

人的生理状况与心理状况，虽说分属于人的两个不同的方面，但是这两个方面对个人的整体生命却有相互影响和相互制约的作用。生理方面的病变会造成人的心理功能异常；而心理方面的疾病或障碍也会导致人的生理器官或机能异常，所以真正健康的人，应该是生理健康与心理健康完美的统一。

(三) 心理健康的标准

我国学者对心理健康的标准进行了如下界定。

1. 心理健康的七标准论

全国大学生心理咨询专业委员会副主任马建青(1992 年)从临床表现方面考察，提出了心理健康的七条基本标准：

(1) 智力正常。智力是人的观察力、注意力、想象力、思维力和实践活动能力等的综合体现。智力正常是人能够正常生活最基本的心理条件，是心理健康的首要标准。无论是国际疾病分类体系，美国精神疾病诊断手册，还是中国精神疾病分类，都把智力发育不全或阻滞视为一种心理障碍和异常行为。事实上，智力的异常，常导致其他心理功能出现异常。

(2) 情绪协调，心境良好。情绪在心理活动中起着核心的作用。心理健康者能经常保持愉快、开朗、自信、满足的心情，善于从生活中寻求乐趣，对生活充满希望。更重要的是，情绪稳定性好，具有调节控制自己的情绪以保持与周围环境动态平衡的能力。

(3) 具备一定的意志品质。意志是一个人能动性的集中体现，是个体重要的精神支柱。健康的意志品质往往具有如下特点：目的明确合理，自觉性高；善于分析情况，意志果断；意志坚韧，有毅力，心理承受能力强；自制力好，既有实现目标的坚定性，又能克制干扰目标实现的愿望、动机、情绪和行为，不放纵任性。

(4) 人际关系和谐。个体的心理健康状况主要是在与他人的交往中表现出来的。和谐的人际关系既是心理健康不可缺少的条件，也是获得心理健康的重要途径，其表现为：一是乐于与人交往；二是在交往中保持独立而完整的人格；三是能够客观评价别人，友好相处，乐于助人；四是交往中积极态度多于消极态度。

(5) 能动地适应环境。不能有效处理与周围现实环境的关系，是导致心理障碍乃至心理疾病的重要原因。个体在适应环境的过程中，应尽量做到：对现实环境的能动适应和改造，有积极的处世态度，与社会广泛接触，对社会现状有较清晰正确的认识，其心理行为能顺应社会文化的进步趋势，勇于改造现实环境，以达到自我实现与社会奉献的协调统一。

(6) 保持人格完整。人格是个人比较稳定的心理特征的总和。心理健康的最终目标是使人保持人格的完整性，培养健全人格。

(7) 符合年龄特征。与人生各阶段生理发展相对应的是心理行为表现，从而形成不同年龄阶段独特的心理行为模式。心理健康者应具有与同龄多数人相符合的心理行为特征。如果一个人的心理行为，经常严重偏离自己的年龄特征，这意味着心理发育有问题，要进行自我调节。人们的环境适应能力，往往标志着一个人的精神活动的健康水平。

这七条衡量标准，均大致可取，但有一条，即智力的高低能否作为健康水平的评估标准，似乎值得商榷。因为尽管智力不正常的人伴有心理问题与障碍，但很多有心理问题和心理障碍的人，往往智力商数在正常值以上甚至很高。可见心理健康水平与智力商数各有自己的评估条件和方法，属于两类不同性质的、在逻辑上不能彼此包容的概念。我们不能证明智力水平越高，心理健康水平就越高，也不能证明智力水平越低，心理健康水平就越低，这就意味着在正常情况下，心理健康水平与智力水平是两个不相关的概念，为此用一个与心理健康无关的因素去衡量心理健康，则不足取。

2. 心理健康十标准论

中国心理卫生协会副理事长郭念锋(1986 年)在《临床心理学概论》一书中提出十条标准：

(1) 周期节律性。人的心理活动在形式和效率上都有着自己的内在节律性。比如，人的注意力水平就有一种自然的起伏。不只是注意状态，人的所有心理过程都有节律性。一般可以用心理活动的效率做指标去探察这种客观节律的变化。有的人白天工作效率不太高，但一到晚上就很有效率，有的人则相反。如果一个人的心理活动的固有节律经常处在紊乱状态，不管是什么原因造成的，我们都可以说他的心理健康水平下降了。

(2) 意识水平。意识水平的高低，往往以注意力水平为客观标准。如果一个人不能专注于某种工作，不能专注于思考问题，思想经常开小差或者因注意力分散而出现工作上的差错，我们就要警惕他的心理健康问题了。因为注意水平的降低会影响到意识活动的有效水平。思想不能集中的程度越高，心理健康水平就越低，由此而造成的其他后果如记忆水平下降等也越严重。

(3) 暗示性。易受暗示的人，往往容易被周围环境的无关因素引起情绪的波动和思维的动摇，有时表现为意志力薄弱。他们的情绪和思维很容易随环境变化，给精神活动带来不太稳定的状态。当然，受暗示性这种特点在每个人身上都多少存在着，但水平和程度差别是较大的，女性比男性更易受暗示的影响。

(4) 心理活动强度。这是指对于精神刺激的抵抗能力。一种强烈的精神打击出现在面前，不同的人对于同一类精神刺激的反应是各不相同的，这就能看出不同人对于精神刺激的抵抗力。抵抗力低的人往往容易遗留后患，可能因为一次精神刺激而导致反应性精神病或癔症，而抵抗力强的人虽有反应但不致病。这种抵抗力主要是和人的认识水平有关，一个人对外部事件有充分理智的认可时，就可以相对地减弱刺激的程度。另外，人的生活经验以及固有的性格特征和先天神经系统的素质也会影响到这种抵抗能力。

(5) 心理活动耐受力。前面说的是对突然的强大精神刺激的抵抗能力。但现实生活中还有另外一类精神刺激，它长期反复地在生活中出现，久久不消失，几乎每日每时都要缠绕着人的心灵。这种慢性的、长期的精神刺激可以折磨一个人整整一生，也可以使一个人痛苦很久。有的人在这种慢性精神刺激下出现心理异常，个性改变，精神不振，甚至产生严重的躯体疾病。但是，也有人虽然被这些不良刺激缠绕，却不会在精神上出现严重问题，甚至把不断克服这种精神刺激当作生活斗争的乐趣，当作一种标志自己是一个强者的象征。他们可以在别人无法忍受的逆境中做出光辉成绩。我们把对长期精神刺激的抵抗能力看作一个人的心理健康水平的指标，称它为耐受力。

(6) 心理康复能力。在人的一生中，谁也不可避免遭受精神创伤，在精神创伤之后，情绪的极大波动，行为的暂时改变，甚至某些躯体症状都是可能出现的。但是，由于人们各自的认识能力不同、经验不同，从一次打击中恢复过来所需要的时间也会有所不同，恢复的程度也会有所差别。这种从创伤刺激中恢复到往常水平的能力，称为心理康复能力。康复水平高的人恢复得较快，每当再次回忆起这次创伤时，他们表现得较为平静，原有的情绪色彩也很平淡。

(7) 心理自控力。情绪的强度、情感的表达、思维的方向和过程都是在人的自觉控制下实现的。所谓不随意的情绪、情感和思维只是相对而言的，它们都有随意性，只是水平不高以致难以察觉罢了。精神活动和过程的随意性程度以及自觉控制水平的高低，是与自控能力相关的，当一个人身心十分健康时，他的心理活动会十分自如，情感的表达恰如其分，词语通畅、仪态大方，既不拘谨也不放肆，这就是说，我们观察一个人的心理健康水平时，可以从他的自我控制能力得出某种印象，为此，精神活动的自控能力不失为一个健康指标。

(8) 自信心。当一个人面对某种生活事件或工作任务时，必然会首先估计一下自己的应付能力。这种自我评估有两种倾向，一种是估计过高，一种是估计过低。前者是盲目的自信，后者是盲目的不自信，这种自信心的偏差所导致的后果都是不好的。前者很可能由于自信心过高导致失败，从而产生失落感或抑郁情绪；后者可因力不从心，害怕失败而产生寝食不安的情绪。为此，一个人是否有恰当的自信心是精神健康的一条标准。自信心实质上是一种自我认知和思维的分析综合能力，这种能力可以在生活实践中逐步提高。

(9) 社会交往。人类的精神活动得以产生和维持，其重要的支柱是充分的社会交往。社会交往的剥夺，必然导致精神崩溃，出现种种心理异常。因此，一个人与社会中其他人的交往，也往往标志着一个人的精神健康水平。当一个人严重地、毫无理由地与亲友和社会中其他成员断绝来往，或者变得十分冷漠时，即构成了精神病症状，这种情况通常被称为“接触不良”。如果过分地进行社会交往，与素不相识的人也可以十分热情地倾谈并表现得十分兴奋，也可能是处于一种躁狂状态。

(10) 环境适应能力。从某种意义上说，心理是适应环境的工具，人为了个体保存和种族延续，就必须适应环境。人不仅能适应环境，而且可以通过实践和认识去改造环境。但是，人尽管有积极主动性，但终究是不能脱离开自己的生存环境，包括工作环境、生活环境、工作性质、人际关系等。

在人的一生中，这些环境条件是在变化着的，有时变动很大。人虽有主动性，但有时对生存环境的变化仍然是无能为力的，在这时，所谓消极适应也是很重要的，起码在某一时期或某一阶段上有现实意义。当生活环境条件突然变化时，一个人能否很快地适应下来以保持心理平衡，这就是人们的环境适应能力，往往标志着一个人的心理活动的健康水平。

总之，一个健康的人应是生理正常、心理健康和良好社会适应能力三个方面的有机统一。

三、区分心理正常与异常的标准

区分心理健康与不健康的具体标准一时难以确定，但基本原则是可以说清楚的。从心理学对人类心理活动的定义出发，区分心理正常与异常主要包括以下几个原则。

(一) 主观世界与客观世界的统一性原则

因为心理是客观现实的反映，所以任何正常心理活动和行为，必须在形式和内容上与客观环境保持一致性。不管是谁，也不管是在怎样的社会历史条件和文化背景中，如果一个人说他看到或听到了什么，而客观世界中当时并不存在引起他这种感觉的刺激物，那么，我们必须肯定，这个人的精神活动不正常了，他产生了幻觉。另外，一个人的思维内容脱离现实，或思维逻辑背离客观事物的规定性时便形成妄想。这些都是我们观察和评价人的精神与行为的关键，我们称它为统一性(或同一性)标准。人的精神或行为只要与外界环境失去同一，必然不能被人理解。

在精神科临床上，常把自知力作为是否有精神病的指标，其实这一指标已涵盖在上述标准之中。所谓无自知力或自知力不完整，是一种患者对身体状态的反应错误或称为自我认知统一性原则的丧失。

(二) 心理活动的内在一致性原则

人类的精神活动虽然可以被分为知、情、意等部分，但它自身确是一个完整的统一体，各种心理过程之间具有协调一致的关系，这种协调一致性保证人在反映客观世界过程中的高度准确和有效。比如一个人遇到令人愉快的事，会产生愉快的情绪，手舞足蹈，欢快地向别人述说自己内心的体验。这样，我们就可以说他有正常的精神与行为。如果相反，用低沉的语调向别人述说令人愉快的事，或者对痛苦的事做出快乐的反应，我们就可以说他的心理过程失去了协调一致性，称为异常状态。

(三) 人格的相对稳定性原则

每个人在自己长期的生活道路上都会形成自己独特的人格心理特征。这种人格特征形成之后具有相对的稳定性，在没有重大外界变革的情况下，一般是不易改变的。它总是以自己的相对稳定性来区别一个人与其他人的不同。如果在没有明显外部原因的情况下，这种个性的相对稳定性出现问题，我们也要怀疑一个人的心理活动是否出现异常。这就是说，我们可以把人格的相对稳定性作为区分心理活动正常与异常的标准之一。比如，一个用钱很吝啬的人突然挥金如土，或者一个待人接物很热情的人突然变得很冷淡，如果我们在他的生活环境中找不到足以促使他发生如此重大改变的原因时，我们就可以说他的精神活动已经偏离了正常轨道。

四、大学生心理健康的标准

（一）大学生心理健康标准的研究

结合对大学生特殊心理的研究，我国学者黄希庭教授将大学生心理健康的标准概括为：①智力正常；②情绪健康；③意志健全；④人格完善；⑤自我意识正确；⑥人际关系协调；⑦适应能力强；⑧心理行为符合大学生的能力特征。

樊富民教授提出大学生心理健康的七个标准：①能保持对学习较浓厚的兴趣和求知欲望；②能保持正确的自我意识，接纳自我；③能协调与控制情绪，保持良好的心境；④能保持和谐的人际关系，乐于交往；⑤能保持完整统一的人格品质；⑥能保持良好的环境适应能力；⑦心理行为符合能力特征。

（二）大学生心理健康水平的基本标准

综合上述研究，大学生的心理健康水平应达到如下基本标准：

1. 接纳自我

正确的自我评价是大学生心理健康的重要条件。大学生在进行自我观察、自我认识、自我判断和自我评价时，能做到恰如其分地认识自己，摆正自己的位置，既不以自己在某些方面高于别人而自傲，也不以某些方面低于别人而自卑。面对挫折与困境，能够自我悦纳，自尊、自强、自制、自爱适度，正视现实，积极进取。

2. 情绪分化度较高，积极稳定

个体的成长在情绪层面通常显现为从混沌、边界不清发展到分化、各种情绪情感表达适宜。因此，情绪分化度是衡量人格成熟、心理健康的重要指标。个体从母子一体，分化成独立的人；情绪情感也从母子一体、易受他人影响分化到自我调控的水平。从自我情绪体验混沌不分，分化到能够区分不同情绪而且相互不干扰，不再因小事而勃然大怒，不再因某时某事的波折而影响自己的整体情绪，形成自我调控的、自我稳定的情绪情感体验特征。

情绪分化较好的主要表现就是情绪稳定、积极，在心理健康者身上，往往是积极情绪多于消极情绪，积极情绪占主导地位，这是因为只有当一个人经常保持愉快积极的情绪时，他才能善于从生活中寻找乐趣，对生活充满希望。诚然，一个人在其生活、学习及工作中难免因遭受挫折而心情不快。心理健康不健康的主要区别，不在于是否产生消极情绪，而在于这种消极情绪持续时间的长短，以及它是否较长时间影响到积极情绪的发展。心理不健康者只

一味地陷入消极情绪中不能自拔，而心理健康者则能主动调整自己的不良情绪以保持积极情绪的主动地位，这就是情绪稳定性的表现。情绪的稳定性还表现在情绪的表现强度和持续时间上，心理健康者情绪反应与客观刺激相适应，“当喜则喜，当忧则忧”，且能做到适度表现，适可而止。

3. 意志品质健全

所谓意志是一种有意识、有目的地行动并克服内外困难的心理过程，是人意识能动性的集中体现，是个性的重要精神支柱。意志品质健全的主要标志是坚持性与弹性的统一。具体表现如下：

(1) 行动目的明确，独立性强，即善于按照自己的创见提出行动的目的、方法并将其实现，对行为结果敢于负责。独立性以强烈的批判意识为主要特征，并与理智地分析和吸取他人合理意见相联系。

(2) 善于当机立断，果断性强。即指在复杂的情况中能迅速有效地采取决定，及时、勇敢地投入行动，而不是优柔寡断、草率莽撞。

(3) 行动不屈不挠，坚持性强。即一方面表现为坚定的意志，在任何时候、任何条件下都不动摇对既定目标的执着追求；另一方面表现为意志的毅力，即善于长期维持与目标相符合的行动，克服困难，坚持到底。

(4) 心理承受力强，自制力好。自制力强的人，一方面能控制与现实目标不一致的思想情绪，保证坚持已经采取的、有充分依据的决定；另一方面，为了崇高的目标，能够从挫折中吸取教训，不断调节自己的具体行为以适应具体情境的需求，具有一定的灵活性、弹性，待度过一时的困难，绕过暂时的阻碍，最终实现理想的目标。

4. 行为协调、适度

人与动物的根本不同之处在于，人的行为有自觉的目的并受意识的支配。在正常情况下，对一个有自我意识的人来说，他总是知道自己在做什么，也知道自己为什么做，并能预见行为的过程和结果，使自己的行为服从于一定的目的和要求。人的心理活动的各个方面都会在人的行为中得到反映。所以，人的行为像是心理的镜子，通过它可以反映出人的心理是否正常。一个心理健康者，其行为应有如下特点：①行为方式须与年龄特点相一致；②行为方式须与社会角色相一致；③行为反应强度须与刺激强度相一致；④行为的一贯和统一。

5. 人际关系协调

人际关系是人与人之间由于交往而产生的一种心理关系。和谐的人际关系既是心理健康不可或缺的条件，也是增进心理健康的重要途径。人际关系和谐的表现是：①乐于与人交往，既有广泛而稳定的人际关系，又有知己的朋友；②在交往中能保持独立而完整的人格，知人知己，不卑不亢；③能客观地评价别人，取人之长，补己之短，严于律己，宽以待人；④在交往中能用尊重、信任、友爱、宽容和理解的态度与人友好相处，能接受和给予爱与友谊；⑤与集体能保持协调的关系，能与他人同心协力、合作共事，并乐于助人。

6. 人格发展协调，热爱生活

人格也称个性，它是一个人与另一个人区别开来的独特的心理特性的总和。心理健康发展的最终目标是使人保持人格的独立完整性，形成协调的人格。人格协调的主要标志是：①人格结构的各个要素都不存在明显的缺陷与偏差；②具有正确的自我意识，能了解自己、接受自己、客观评价自己，既不妄自尊大做力所不能及的工作，也不妄自菲薄放弃可能的发展机会，生活目标与理想切合实际，不产生自我同一性的混乱；③以积极进取的、符合社会进步方向的人生观和价值观作为人格的核心，具有高度的社会义务感和责任感，希望通过对自己身心潜能和创造力的开发来体现自身的价值并贡献于社会；④有生活热情和追求，乐享生活。

在理解上述心理健康标准时，还需要注意以下几点：①心理健康是一个相对的概念。所谓相对性，是指心理健康只有与同龄人的心理发展水平相比较，才能显现其价值。而人与人之间的个别差异、地域与地域之间、民族与民族之间、国与国之间的社会文化背景差异，又决定了心理健康标准不能绝对化，只能在相应的范围内使用。②人的心理健康水平可分为不同的等级，是一个从健康到不健康的连续体，两端之间难以分出明显的界限，一些学者曾指出心理健康“灰色区”概念，既非疾病又非健康的状态，称为“亚健康状态”或者“第三状态”。

心理辞典：亚健康状态

在现代社会，心理健康对于我们每一个人来说都非常重要。事实上，对心理健康的重要性怎么高估也不过分，因为心理健康所能带给现代人的，不但是心理健康本身，而是更大的潜能实现、更高的生活质量与更多的身心幸福感！过去一般将心理健康状态正常与不正常与否划分为心理健康与心理障碍两种状态，但完全的心理健康者和真正的心理障碍者毕竟是少数，绝大多数人都处于中间状态。如果我们把健康的心理比作白色，不健康的心理比作黑色，那么介于白色和黑色之间的灰色心理即所谓的心理亚健康状态。由于它处于心理健康与心理疾病两种状态之间，因而又被人们称为“第三心理状态”。

概言之，心理健康不是一种固定不变的状态，而是一个不断发展的过程。健康是没有止境的，每一个人都应该追求心理健康和心理发展的更高层次，以充分发挥自身潜能，不断完善自我人格。

五、心理健康对大学生的意义

（一）心理健康对于人的意义

对于一个人来说，心理健康有着重大的意义。概括起来，主要有以下几点：

1. 心理健康是健康的一半

人的全面健康包括身体健康和心理健康两个方面。这两个方面密切相关，互相依存，不可分割。身体健康是心理健康的前提和基础，心理健康是身体健康的动力和保证。一个人只有具备心理健康的基本条件，才能保证人体处于完整统一的全面健康，才能维护身心功能的协调稳定，免除各种情绪压力。因此，我们说健康的一半是心理健康。

2. 实现心理健康，才能顺利地适应社会

我们所处的社会环境是复杂多变的。心理不健康的人，在复杂多变的情况面前，往往显得不太坦然，甚至惊慌失措，一筹莫展。而心理健康的人能与现实保持良好的接触，对周围的事物常有清醒的、客观的认识；既有高于现实的理想，又不沉湎于幻想；对生活中的各方面的问题、各种困难和矛盾，能以切实的方法加以处理，而不回避，处处表现出积极进取的精神面貌，从而能较顺利地适应社会环境的变化。

3. 健康的心理有助于学习和工作

实现心理健康，有利于学习和工作，并能把自己的聪明才智在学习和工作中发挥出来，能从中得到满足感。对这些人来说，学习和工作已不是负担而是乐趣。

4. 实现心理健康，有助于培养良好的人际关系

所谓人际关系是一个人心理素质水平的集中体现，也是衡量心理健康水平的重要标志之一。一个人只有具备了健康的心理品质，才能与领导、同事、同学、亲人、朋友建立良好的人际关系，而这种人际关系，会直接影响到一个人的工作成败和自己所处的社会地位。

案例链接

俞敏洪成功的秘密

在北大当学生的时候，俞敏洪一直秉着为同学服务的精神。他的学习成绩并不突出，但从小就热爱劳动，他希望通过勤奋的劳动来引起老师和同学们的注意。他手脚灵活，在劳动中表现突出。在北大读书时，他每天都为宿舍打扫卫生，而且一直做了四年。另外，他每天都给宿舍的同学打开水，他不觉得这是吃亏的事，反而当作一种体育锻炼。

1995 年底，新东方寻找合作者时，他在美国的几个同学义无反顾地决定回国与他一起创业。而且他们给俞敏洪的理由是："我们回去是冲着你过去为我们打了四年的开水。""我们知道，你有饭吃肯定不会给我们粥喝，所以我们一起回中国，共同干新东方。"

俞敏洪的成功，和他勤于助人、积极乐观的心理状态是分不开的，这也正是俞敏洪一直提倡的人生信念："天下没有白付的努力！"

（二）心理健康对大学生的重要性

心理健康是成功的重要基础。尤其对当代大学生来说，心理健康的价值更大。心理健康对大学生的重要性，还体现在以下两个方面。

1. 心理健康是大学生更好地适应大学生活的重要条件

大学生虽是同龄人中的幸运者，但是其在学习和生活中遇到挫折、冲突和烦恼等也在所难免。因为在大学阶段，大学生们正处于青年期，生理已发育成熟，但心理尚未成熟，自我调节和自我控制能力还不强，再加上学校和社会环境的复杂，所以，这一时期大学生所面临的各种冲突较多。大学生在处理这些矛盾冲突时，往往会遇到挫折和障碍，产生忧虑和烦恼，造成心理紧张乃至失调。

大学生活中的矛盾冲突和困难挫折虽说是不可避免的，但并非不能解决。心理健康的大学生能正视这些冲突和挫折，在对冲突和挫折的反应上能更多地表现出积极的适应倾向，及时地进行自我调节，克服心理障碍，战胜心理挫折，更好地适应大学生活。

2. 大学生心理健康是教育质量构成的要素之一

教育质量的内涵是多方面的，其中心理素质是其构成要素之一。大学生如果没有良好的心理素质，缺乏必要的心理承受能力和耐挫力，便无法适应社会对人才的需要。

第四节　大学生应具备的心理素质及理想的人格特征

一、当代大学生应具备的心理素质

(一) 双是人格

对双是人格研究比较系统的是美国心理学家汤姆斯·哈里斯(Thomas Harris)。他在《我好，你好》一书中按照人格的发展，将其分为四种类型：我不好，你好，否定自己，肯定别人，具有强烈的自卑心理，这是典型的儿童人格；我不好，你也不好，否定自己，也否定别人，这是典型的少年人格；我好，你不好，肯定自己，否定别人，具有强烈的自负心理，这是典型的青年人格；我好，你也好，这是成熟的成人人格，即“双是人格”。

心理知识之窗：《我好，你好》

《我好，你好》这本书的主题为人际沟通分析，就是利用人际关系的技巧，帮助了解自我，协调个人与个人之间的关系，从而探索自我的成长和摆脱生活的束缚，解决生活团体和国家的沟通问题。这是一种很实用的理论，是一种严谨教与学的治疗工具，并且训练我们如何去分析自己的行为。它强调，不管发生什么事，人应该对自己的未来负责，所以，人应主动改变，而非被动适应。掌握了人际沟通的技巧，让我们有力量去改变，促使我们达到自我控制和自我导向，只要愿意，人便能控制自己的未来。

(二) 调适能力

调适能力，认知心理学家罗伯特·斯腾伯格(Robert Sternberg)也将其叫作“背景能力”。它有三种形式：一是适应，指人们通过发展有用的技能和行为使自己适应环境的能力；二是选择，指人们在环境中找到自己适当位置的能力；三是塑造，是人们运用自己的能力、知识和技能去改造环境的能力。

(三) 双性化性格

双性化性格是指个体不但具有与自己本身性别相符合的心理特征，也具有不同于自己性别的异性的心理特征。即一个男人在具备男性性格的同时，也具备一些相应的女性性格，一个女人在具备女性性格的同时，也具备一些相应的男性性格。

(四) 约·哈里之窗

美国著名的社会心理学家约瑟夫·卢夫特(Joseph Luft)和哈里·英汉姆(Harry Ingham)，对于提高当代人社会适应能力，提出了一个名叫“约·哈里之窗”的理论。

他们认为，对每一个人来说，其心理都存在着四个区域。其一是自己了解，别人也了解的“开放区域”或“公知区域”；其二是别人了解而自己却并不了解的“盲目区域”或“他知区域”；其三是仅仅自己了解，而却从不向别人透露的“秘密区域”或“已知区域”；其四是自己和别人都不了解的“未知区域”。

作为一个当代人，其心灵的公知区域越大越好，已知区域越小越好，未知区域和他知区域没有最好。而公知区域，即为“约·哈里之窗”。

心理知识之窗：“约·哈里之窗”

“约·哈里之窗”(Johari window)是由美国心理学家约瑟夫·卢夫特(Joseph Luft)和哈里·英汉姆(Harry Ingham)在20世纪50年代提出的，故以他们的名字合并为这个概念命名。

当时他们正在从事一项组织动力学的研究。发展至今，“约·哈里之窗”与组织发展更为相关，因为它现在的研究重点主要落在人的软技能、行为习惯、移情作用、人际合作、人际发展以及组织间发展等。现在，“约·哈里之窗”已经成了一个广泛使用的管理模型，用来分析以及训练个人发展的自我意识，增强沟通信心、人际关系、团队发展、组织动力以及组织间关系。

(五) 目标意识

目标意识应有三方面表现：其一是选择目标，即知道自己能够做什么，不能做什么；其二是抱负水平，即知道自己能做到什么程度和什么水平；其三是手段使用，即知道实现目标的最有效、最佳的途径和方法。

(六) 全本位主义价值观

全本位主义价值观是将个人本位主义和社会主义统一起来的价值观。其特征如下：第一，个人利益与社会利益统一，二者并非矛盾也并非必有一者为先；第二，个性与共性统一，求异和求同皆有利于个体与社会的发展；第三，判断个体行为的标准是个体利益与群体利益的双重出发点。

（七）发散性思维

当代人更应具有发散性思维。发散思维是指从一个已知条件出发，寻找多种答案的思维活动。发散思维是与创造力相联系的思维活动。

（八）非敌意幽默感

幽默感不但表明个体人际交往能力，也标志着个体的智慧水平。敌意的幽默感是建立在嘲笑和挖苦他人的基础上，而非敌意的幽默感是建立在与他人良好人际关系的基础上，当代人应具有非敌意幽默感。

（九）高峰体验

所谓高峰体验是身心所处的一种正当的情绪水平的状态。当代人的高峰体验应具备下列特征：第一，每一天都能有一次高峰体验；第二，高峰体验来源于对生活的持续新鲜感；第三，最佳的高峰体验是自我实现。

心理辞典：高峰体验

高峰体验是人本主义心理学家亚伯拉罕·马斯洛(Abraham Maslow)在他的需要层次理论中创造的一个名词，是指人们在追求自我实现的过程中，基本需要获得满足后，达到自我实现时所感受到的短暂的、豁达的、极乐的体验，是一种趋于顶峰、超越时空、超于自我满足与完美的体验。在高峰体验时，人会产生一种存在认知，这与一般的认知不同，这种体验仿佛与宇宙融合了，是自我肯定的时刻，是超越自我的、忘我的、无我的状态。

二、当代大学生理想的人格特征

作为 21 世纪的大学生，最重要的是必须具备当代人的素质，特别是当代人的心理素质。关于当代人的心理素质及其特征，马斯洛、弗洛姆等西方心理学家都做过许多论述。马斯洛认为当代人应该是一个自我实现的人；弗洛姆则认为当代人应该是具有创造性，有建设性并能信得过、行为合乎规律但不能预测、有选择的自由等特征的新人。综合西方许多学者的观点，我们认为大学生理想的人格特征应包括以下几个方面。

（一）积极的自我意识

自我意识是个体对自己和自己与他人、与周围世界关系的认识。具有健全人格的大学生对自己有恰如其分的、全面客观的评价，充满自信、扬长避短，愉悦地接纳自己，并在日常生活中能有效地调节自己的行为与环境保持平衡。缺乏正确自我意识的人，常常表现出自我冲突、自我矛盾，或者自视清高、盲目自信，做力所不能及的事情，或者自我否定、妄自菲薄，轻易放弃一切可能的机遇。

(二) 良好的情绪调控能力

情绪标志人格的成熟程度。人格健全的大学生情绪反应适度，具有调节和控制情绪的能力。经常保持愉快、满意、开朗的心境，对生活充满热情，善于自得其乐，并富有幽默感。当消极情绪出现时，能合情合理地宣泄、排解、转移和升华。

(三) 和谐的人际关系

人际关系最能体现一个人人格健全的程度。人格健全的大学生乐于与他人交往，并与他人建立良好的关系；与人相处时，尊重、信任、接纳等积极态度多于嫉妒、怀疑、冷漠等消极态度。人格健全的大学生常常以真诚、平等、谦虚、理解、宽容、关爱的态度对待他人，同时也受到他人的尊重与接纳。

(四) 良好的社会适应能力

社会适应能力反映了人与社会的协调程度。人格健全的大学生能够和社会保持良好密切的接触，以一种开放的态度，主动关心社会、了解社会；在认识社会的同时，使自己的思想和行为跟上时代发展的步伐，与社会的要求相符合，表现出能很快适应新的环境，包括学习环境、生活环境和人际环境等。

(五) 乐观的生活态度

积极乐观的人生态度是人类在社会实践中获得的本质力量的表现。乐观的大学生常常能看到生活中的阳光，对前途充满信心和希望，对自己所做的事情抱有浓厚的兴趣，并努力发挥自身的智慧和能力。即使在遇到困难和挫折时，也能不畏艰险，勇于拼搏。

西方学者关于健全人格特征的表述

(一) 弗洛姆“新人”的特征

埃里希·弗洛姆(Erich Fromm)是美国人本主义心理学和精神分析学派的代表人。他认为，心理健康的人，就是适应社会发展而出现的“新人”。在《占有还是存在》一书中，弗洛姆论述了“新人”的心理特征：①愿意放弃一切占有的形式，以便达到真正的存在；②相信自己的存在，自己需要与他人建立关系，需要和兴趣、爱和世界相一致，并在此基础上确立安全感、同一感和信心，而不是建立在占有欲和控制世界欲望的基础上，从而成为占有物的奴隶；③承认这样一个事实，即除了自己以外，没有任何人或事物会赋予生命以意义，只有彻底地独立自主和否定物质的精神才能成为关心他人、与他人分享一切的完全主动性的条件；④人的存在乃是他此时此地充分显示的那个样子；⑤从给予中和分享中获得快乐，而不是从积聚财物和剥削中获得快乐；⑥从各方面表现对生活的热爱和尊重，从知识方面而不是从物质和权力方面，这些都是僵死的，唯有生命和适于生命发展的一切是神圣的；⑦尽自己的一切可能消除贪欲、仇恨和种种幻想；⑧不崇拜偶像，不抱任何幻想地生活，因为人们已经达到不需要幻想的阶段；⑨培养自己爱的能力和批判思维、理性思维的能力；⑩抛弃自恋，承认人类生活中所固有的种种可悲的局限性；⑪让自己和自己的同胞得到全面的发展，并使之成为生活的最高目标；⑫认识到纪律和正视现实是实现目标的必要条件；⑬认识到只有结构上的发展才是健康的发展，而且还必须认识到作为生命之属性的结构与作为无生命、僵死之物的属性的“秩序”之间的区别；⑭发挥自己的想象力，不是为了逃避不能忍受的现状，而是预先考虑切实可行的办法，以便改变现状；⑮不欺人，也不为人所欺；做一个天真无邪的人，而不是幼稚无知的人；⑯认识自己，不仅要认识自己所了解的那个自我，而且要认识所不了解的那个自我——即使对自己所不了解的东西有一个朦胧的认识也好；⑰意识到自己同一切有生命之物的统一性，从而放弃征服自然、掠夺和摧残自然的目的，而是努力去认识自然，同自然协力合作；⑱自由，并不是随心所欲，而是成为自身的可能性；自由并不是一大堆贪婪的欲望，而是一种巧妙的、稳定的结构，它随时都面临兴与衰、生与死之间的选择；⑲认识到只有少数人具备所有这些品质，达到完善的境界，但是这些少数人不应怀有“实现这一目标”的野心，他们应认识到这种野心不过是贪婪和占有的另一种方式而已；⑳在不断充满生气和活力的发展过程中获得希望，而不管命运允许人们走多远，因为人们对如此充实的生活感到十分满足，以至于很少有机会进一步考虑自己能否得到什么。

(二) 奥尔波特“成熟者”的理论

高尔顿 • W. 奥尔波特(Gordon W. Allport)是美国哈佛大学一位著名的心理学家，也是人格理论“特质论”的创始人。他认为，心理健康者，首先是“成熟者”。所谓“成熟者”，就是那些具有较高心理健康水平的人。他认为，成熟者应具有以下心理特征：①自我意识的扩展。心理健康的人仅仅与自己以外的某事或某人相互作用，这是不够的。他还必须是直接的、主动的、完全的参与者。也即“成熟者”应把自我延伸到活动中去，而且越专注于活动、专注于人或思想，他的心理就会越健康。②良好的人际关系。“成熟者”应能够对大多数人都表现出亲密或爱的能力。他能够和他人一道分享自己和别人的幸福，也能够理解他人的痛苦、失败和恐惧，并对他人的不足与缺陷具有忍耐力。③安全感。“成熟者”能承认自己的缺点和弱点，并能够在生活中尽自己所能去克服这些不足。在对待自己的情绪问题上，既不掩盖自己的情绪表现，也不做自己情绪的俘虏，努力把自己的情绪转移到具有建设性的活动中去。“成熟者”不听从挫折的摆布，而是能够找到迂回的办法达到同样的目标或替代目标的途径，设计出各种不同的没有阻碍的路。④现实主义的知觉。“成熟者”能够客观地、准确地知觉现实，实事求是地接受现实。⑤具有一定的技能并投入工作。“成熟者”应具备各种技能，能够积极地投入工作，并努力使自己成为某项高水平工作的胜任者。⑥自我形象现实。“成熟者”能了解自己的现状与个人的特点，能正确反映自己的现实，具有良好的自知力。⑦良好的人生观。"成熟者"着眼于未来，有长期的奋斗目标和工作计划，对工作具有强烈的使命感。

我们需要清楚的是，心理健康的标准是一种理想尺度，它一方面为人们提供衡量心理是否健康的标准，同时也为人们指出了提高心理健康水平的努力方向。如果每个人在自己现有基础上能够继续努力，便都可追求自身心理发展的更高层次，从而不断发挥自身的潜能。

思 考 题

1. 当代大学生的基本心理特征。
2. 当代大学生的心理矛盾。
3. 当代大学生应具备的心理素质。
4. 当代大学生的理想人格特征。

第二章

让人生轻舞飞扬——适应大学生活

早在 100 多年前，达尔文的一句“物竞天择，适者生存”就已经道破了自然界万物生存的法则。作为万物之灵的人类，其发展正处在个体与环境相互作用的过程中，是不断适应环境要求的过程。在当前大学仍处于“择优教育”阶段的中国，学生们从中学校园跨入到大学校园已经迈出了适应环境的第一步。考入大学无疑是个体人生发展中的一个积极事件。然而，它也是个体人生中的一次重要转折。这一转折一方面意味着个体与原有环境关系的全部打破或部分改写，个体进入一种失衡的状态。人类与环境之间平衡的丧失，使个体将面临各种挑战，承受多种压力，甚至会进入到焦虑、不安的混乱状态。如果不能积极应对，就会出现适应不良的问题。另外，大学环境提出的新要求为个体的发展提供了新的契机，个体内部寻找平衡状态的内在要求又为个体发展提供了必要的动力。这保证了学生们在原有适应的基础上获得极大的平衡，并且在解决问题的过程中扩展知识，发展心理能力，达到良好的适应状态。

大学生的适应任务包括多个方面：大学阶段的教育特殊性决定了个体首先要适应大学中的学习环境，大学生的独立自主的要求，又要他们掌握相应的生活技能，包括合理安排时间、合理消费等；丰富多彩的社团活动又为大学生提供了展示自己的舞台，要求大学生在参与中发展自己的综合能力……对于大学生活的良好适应直接影响大学生身心的健康发展，也对其成年期的发展具有深远的影响，同时对于社会的未来发展也具有潜在的重要价值。

第一节 把握生命的主旋律——适应新的学习环境

资料卡

研究人员对某大学某院系七个班的 148 名大学新生进行调查，了解他们“入学后最迫切的愿望是什么”。结果发现：40%的大学新生回答“希望有丰富多彩的大学生活”，55.5%的学生认为“自己的目标不明确”。来自另一所大学物理系学生的问卷调查表明，与高中的学习勤奋程度相比，自认为有所提高的大学生占 9%，大体相当的占 29%，有所下降的占 37%，大大下降的占 25%。另外，对某大学化学系学生在学习的积极性方面的问卷调查显示：自认为“学习积极主动”的占 23%，“一般能完成学业但学习比较被动”的占 45%，对学业采取应付态度的占 23%，“不能完成学业，学业放任”的占 9%。

通过以上调查可以看出，相当一部分的大学生在进入大学之后，不能结合自己的专业和兴趣特长为自己设立一个明确而清晰的发展方向，甚至不再把学习看作大学生活中的一个重要部分。这使许多学生随波逐流，沉迷于“多彩”的大学生活之中，把宝贵的时间浪费在一些无谓的活动上，不能很好地适应大学的新环境。

一、大学的学习环境与中学学习环境的不同之处

(一) 教育气氛不同

从教育气氛来看，中学和大学存在很大差异。在中学教育中，各门课程一般是贯彻始终，教师教学一般以灌输为主，重点是让学生掌握知识点，在考试中考取高分数。并且，每节课教授的内容相对较少，教师会给学生布置具体的、指令性的任务，安排学生的学习及活动内容。学生对所教内容没有任何选择的余地，只是被动接受教师的安排，养成了学习上的随从性。大学教师的教育特点在于把自己对学科前沿的动态了解与授课有机结合在一起，给学生传播更为广博的知识，每个学期学生的课程内容一般不同。因此，他们在一次课上会给学生讲授相当多的内容。并且，大学教师教学的重点是引导学生去寻找问题、分析问题，把更多的时间交给学生，很少给学生具体的、指令性的学习任务。这就要求大学生的学习行为要具有专业性、自主性、开放性和探索性等特点。因此，在考入大学之后，大学生要从中学时期的成人监督、指导的学习方式向自我监控、指导的学习方式转变。这样，不同时期对个体学习行为的不同要求之间便产生了矛盾，成为大学生面临的重要挑战。

(二) 人际环境不同

从学习的人际环境来说，中学和大学存在很大差异。中学时期学生们在同一个班级里上

课和复习功课，同学之间的交流比较多；但是随着当前大学招生的逐年增多，许多学校已经不能够为学生提供固定教室。因此，学生在同一教室上完课后，需要自己寻找地方进行课外学习，同学之间的交流不再像高中时那样方便。同时，大学中的教师上课时来，下课时走，不会像中学教师一样，时刻对学生进行监控。因此，学生需要自己积极主动地与教师交流。这样，在进入大学后，学生需要在新的学习环境下重建社会网络。

最后，从学生可安排的时间来看，中学和大学存在很大差异。在中学，学生一天中自己可以安排的时间很少，大部分的时间用在上课和复习功课上；到了大学，学生上课的时间相对较少，很多空闲时间供大学生自己来安排。如果大学生被自己掌握时间的“大权”冲昏了头脑，就很容易浪费时间在一些无谓的玩乐上，等待他们的将是学习上的适应不良。

案例链接

新、老生的对话

新生问：中学和大学的学习时间有什么不同啊？

老生答：在中学，大部分的作息都很有规律，你每天从早上 8 点到晚上 6 点都待在学校里，可能一星期只花数小时做家庭作业和读书；在大学却恰恰相反，一星期可能只有三四天上课，总共只有 10～15 小时，但课外研读的时间却可能大大增加。

新生问：那该怎么安排时间呢？

老生答：大学刚开始时，看似上课时数少，但实际上却要花更多的时间，好比说，你每上 1 小时的课，可能得在课后花 2 小时来研读，若你每星期上 15 小时的课，那至少花 30 小时在研读和做作业上，那么你每周就要花 45 小时在课业上。当然，时数的多寡还须看你所修的课程，以及你能否有效率地利用时间而定，且每周所花的时间也不尽相同。另外，假使你希望拥有课业外的生活，那么你还必须计入个人生活、社交生活或打工的时间。

二、学海荡舟多波浪——学习环境适应不良的表现

如果大学生不能积极地适应新环境提出的要求，不能利用环境所提供的机会达到与环境的平衡，就会出现对学习环境的适应不良。

（一）产生自卑心理

当学生跨过高考这一“门槛”的时候，心里可能会充满优越感，认为自己是学习上的成功者。然而，到了大学之后才发现自己的周围人才济济、群英荟萃，自己完全失去了优势。这时候，一些大学生就会出现学习上的自卑心理，往往表现为对学习目的、学习内容感到困惑和迷茫，学习成绩下降；在情绪上表现为郁郁寡欢、压抑自怨、焦虑等，严重者甚至出现失眠、神经衰弱等症状。

(二) 学习懈怠

许多大学生把进入大学看作进入“保险箱”，认为只要混到毕业，将来就能找到好工作。这类学生认同“谁再埋头学习谁傻帽”的观点，逃避学习，无所事事，上课不专心，严重者表现为厌学，甚至不能正常完成学业。

有些大学生平时上课不听讲，下课不复习，把自己的课余时间都用在了参加其他活动、做“兼职”或“谈恋爱”等方面。他们认为“中学时期失去的快乐要在这里扯平，所受的苦难需要在这里补偿”。只有在考试临近的时候，他们才乱了阵脚，开始抄笔记、翻书本，更有甚者开始整夜不睡觉来应付考试。这样过度的应激状态会导致身体机能的下降，引发焦虑、神经衰弱、烦躁等情绪。

(三) 焦虑情绪

大学生的学习具有独立自主性，需要他们自己来制定学习的目标，把握学习方向。如果不能处理好这些问题，就容易产生焦虑情绪。学习焦虑是指学生由于不能达到预期目标或不能克服障碍，致使自尊心、自信心受挫，伴随失败感和内疚感而形成的一种紧张不安、带有恐惧的情绪状态。学习焦虑者往往夸大自己的失败，消极情绪居多，导致注意力不集中、烦躁不安、行动迟缓、食欲不振，甚至失眠、神经衰弱等。

(四) 自制能力差

在大学生活中，个体需要对自己大量的课余时间做出安排。许多大学生由于不能有效地控制自己对某些活动的参与，导致了课余时间的大量流失，甚至由于迷恋某些活动(如上网、游乐等)而逃课、不睡觉等。某高校曾对某年度 278 名需要补考的学生进行调查，发现其中80%的学生是由于迷恋网络致使学业荒废的。

(五) 不能创造良好的学业交际环境

许多大学生与同学(包括班级同学和宿舍同学等)之间的交往不融洽，没有找到归属感，对学习也提不起兴趣；同时，对于教师敬而远之，不能与教师进行积极的交流。这往往与高中时期教师对自己的强烈关注形成对比，因此，导致学生认为自己得不到关注，而产生意志消沉、不愿学习的不良情绪。

三、展现大学生本色——适应大学学习环境的成功法则

找到了自己在大学学习环境中适应不良的根本原因后，就可以按照以下十个法则进行自我约束，达到适应大学学习环境的良好状态。

(1) 合理作息，一张一弛；

(2) 接受现实，脚踏实地；

(3) 树立目标，制定计划；

(4) 学习之余，提高能力；

(5) 知识资源，学会获取；
(6) 扩展知识，发展兴趣；
(7) 遇到问题，追根究底；
(8) 与教师交流，积极主动；
(9) 与同学交流，谦和热情；
(10) 独立自主，自强自信。

四、做学海中的弄潮儿——大学生学习环境的管理策略

大学生适应大学学习环境的最终结果就是能够运用合理的学习策略，控制影响学习的各种因素，创建良好的学习环境，利用一切可利用的资源，实现自己学习和发展的目标。其中，适宜的学习环境是大学生需要控制的根本，因为它能够在很大程度上保证学生学习的成功。因此，学会管理自己的学习环境，对于大学生积极地适应大学学习环境具有重要意义。一般来说，有效的学习环境管理需要以下策略。

(一) 创建学习场所

学生在学习时，要精心挑选一个或两个固定场所专门用于学习，不能在这些场所开展其他活动。这些场所可以是图书馆、教室、阅览室等，保证学习的持续性和学习效率。如果学习行为经常在同一个地方发生，这个地方就成为学习行为的暗示或信号，使学生在踏入这一场所后，就进入学习的准备状态。同时，一个熟悉的环境可以增加安全感，使思想放松，减少学习中不安定等情绪，减少不熟悉刺激的干扰，最大程度上保证学生在学习时集中注意力。

案例链接

大学生王琴经常在教室中学习，一踏入教室的门槛，她就能够在几分钟内安定下来，学习效率也比较高，对于教室外面的脚步声、同学的窃窃私语声，她都能够置若罔闻。一次因为宿舍里没人，王琴就决定在宿舍学习。可学习了一会儿，她觉得自己应该喝水了。喝完水后，想起了自己昨天买的零食还没有吃完，于是开始吃零食。忽然，她又发现了朋友的照片，想起好长时间没和朋友联系了，所以又和朋友“煲”起了电话粥……当舍友们陆续回来的时候，王琴发现自己翻开的那页书仍然在那里等待她的阅读……

(二) 控制干扰

大学生要在视觉和听觉干扰最小的地方学习。在视觉方面，不要出现图画或其他吸引人的东西；在听觉方面，应选择一个安静的学习环境，避免噪声或者某些类型的音乐的干扰。但是，个体对噪声的容忍度各不相同，有时候环境中完全没有噪声事实上对有的学生来说也是一种干扰。因此，对不同的大学生而言，安静的标准是相对的。此外，音乐是否妨碍学习

也是一个值得争议的问题。原则上，人们把音乐当作干扰，因此常建议学生们不要边听音乐边学习。但是，调查表明，一半以上的大学生认为音乐的影响因音乐类型而异或因学习任务而异。因此，音乐对许多学生来说可能是一个非干扰的因素，但在一些任务情境中，一些音乐对一些人还是有干扰影响的。事实上，有一点是毋庸置疑的：复杂的脑力劳动在安静的环境下，效果最好。

（三）同学之间进行合作学习

与同学结成学习对子或学习群体，吸收彼此身上的优点，补充各自知识的不足也是大学生管理学习环境的重要策略。研究者对十五对大学室友进行了研究，他们从每对室友中随机选择一个人做被试，要求他们每天花一小时模仿良好的学习行为，连续坚持七天，并鼓励各自的室友学习。结果发现，那些受室友鼓励的学生学业成绩提高很大，而鼓励同学的人自己也有所提高。在另外的一个研究中，学生被分配结成对子，要求两人一起进行课外学习，每周至少半小时。结果发现，两人的平均差距呈缩小趋势。以上的研究结果为同学之间进行合作学习所产生的正面影响提供了有力支持。在大学校园中，这方面的例子也很多。

案例链接

大学生叶星和于可欣是同寝室的同学，在进入大学初就成了好姐妹。她们一起学习，一起吃饭，一起谈心，形影不离。然而，于可欣过多地参与了学校举行的各种活动，致使她没有充裕的时间来复习功课。而叶星，却把学习放在第一位。在第一学期期末考试中，叶星的成绩位居全班第一名，而于可欣的成绩却处在班级的中游水平。由于于可欣在考入大学前成绩一直处于班级前列，所以，在看到考试成绩以后，她的心情异常沮丧。这时，叶星主动帮助于可欣一起分析了她考试失利的原因，于可欣也重新制定了学习计划。在第二学期中，于可欣减少了参加活动的时间，把更多时间用在了学习上。经常和叶星一起学习，还时常向叶星请教问题，一起讨论、交流，同时，叶星也会时不时地向于可欣请教参加活动的经验。在大一第二学期的考试中，于可欣的成绩一下跃居为班级第一名，而叶星也紧随其后，同时，两个人一起参与的校园活动竞赛也取得了较好的成绩。

在大学生活中，注重与优秀同学之间的合作学习，不但能够获得知识、学习策略等，而且能够在遇到困难时获得情感支持，顺利渡过难关。

（四）通过与教师交流，创造学习机会

大学生可以主动与教师交流，就课外学习中所遇到的问题或自己对某一问题的思考与教师进行讨论。这样不仅会扩展自己的知识，而且还可能在与教师的交谈中发现教师对学生成长的关注。有时候，教师的一句话就能够使你豁然开朗，受益匪浅。同时，大学生还要积极地参与教师的课题研究，在实践中运用并巩固已经掌握的专业知识。这不仅能够加深对某一问题的认识，同时能够提高自己对所学专业的兴趣。

第二节 有效管理时间

一、时间管理概述

所谓时间管理就是如何应对时间的流动而进行自我的管理。其所持的态度是将过去作为现在改善的参考，把未来作为现在努力的方向，好好地把握现在，立刻去运用正确的方法做正确的事。为了能掌握时间，每一个人可根据自己的目标安排十年的长期计划，三年或五年的中期计划，甚至季、月、周或日的执行计划。研究表明，时间管理对于大学生的学业成就具有重要的预测作用，它通过时间压力、学习满意以及学业拖延等中介变量，直接或间接地影响大学生的学业成就。并且，个体的时间管理倾向与主观幸福感、自我价值感等人格特质以及生活质量等也存在显著正相关。

案例链接

某大学的阿华对人一向热情。有一天，阿华正准备到图书馆完成老师布置的作业，舍友阿强对他说："哥们儿，这几天我闷得慌，一起看球赛去吧！"阿华心里特别不情愿，但是他不好意思对自己的舍友说"不"，就答应了。这样，阿华只有另找时间来完成作业，自己的一些时间无端地被这些临时性的事件占用了。

席勒说："时间的步伐有三种：未来姗姗来迟，现在像箭一般飞逝，过去永远静立不动。"时间老人以亘古不变的公平给予了每个人一天 24 小时的时间，但是不同的人在相同的时间里对未来、现在和过去却有着不同的感受，有人感叹时间的飞逝无情，有人却感谢时间让他获得了成就。对处于青年期的大学生来讲，要想走向成功的未来，有效的时间管理就是他们的捷径。正如美国著名的管理大师杜拉克所指出的："不能管理时间，便什么也不能管理。""时间是世界上最短缺的资源，除非严加管理，否则就会一事无成。"当然，生活中总是有这样那样的无端事务来扰乱自己的时间，因此，大学生需要掌握一定的技巧来避免时间的浪费。

心理知识之窗：时间与时间的独特性

哲学家认为，时间是物质运动的顺序性和持续性。其特点是一维性，是一种特殊的资源。时间有四个独特性：

1. 供给毫无弹性。时间的供给是固定不变的，在任何情况下都不会增加和减少，每天都是 24 小时，所以我们无法开源。

2. 无法蓄积。时间不像人力、财力、物力和技术那样被积蓄储藏。不论愿不愿意，我们都必须消费时间，所以我们无法节流。

3. 无法取代。时间是任何活动所不可缺少的基本资源，时间是无法取代的。

4. 无法失而复得。花费了金钱尚可赚回，但倘若挥霍了时间，任何人都无力挽回。它一旦流逝，则会永远丧失。

二、走出时间管理的误区

时间管理的误区是指导致时间浪费的各种因素。认清自己的时间管理中存在的误区是做好时间管理的重要条件。一般来说，一个人在时间管理方面的主要误区有以下几个方面。

(一) 做事无计划性

计划是对未来行动纲领的先期决策。在拟订计划时需要指出行动的目标(你要到哪里去？)以及行动的步骤(你要怎么走？)。如果一个人在做事之前没有这样一种思考，那么他就很容易沦为一个随波逐流、迷失自我的人。

(二) 接受事务委托

“陪我去逛街吧？”“一块儿去看电影吧？”……这些无端事务往往会扰乱大学生的时间安排，但是一些同学却不好意思拒绝。当一个人能够克服“不好意思拒绝”的心理，并具备“拒绝他人”的技巧时，他就可以免于履行自己所不情愿履行的承诺。这样节省的时间将极为可观。在一些时候，敢于说“不”也是对他人的负责，因为这时候别人可以寻求解决这些事务的更好的方法，从而达到更好的效果。例如，可以找喜欢做这些事情的人来做。

(三) 无端电话的干扰

电话的使用本来是旨在免除笔写、面谈、开会，甚至可以免除旅途奔波所引起的时间浪费，但是，电话被普遍使用后却成为浪费时间的主要原因。当前，许多大学都开通了“校园网电话”，学生在校内网络范围内可以免费通话，这样学生中“煲电话粥”的现象骤然增多，许多学生也会接到一些无端电话的干扰，如“我心情比较烦，可以跟你聊聊吗？”“可以和你交个电话聊友吗？”等。另外，随着手机在大学校园的普及，“拇指一族”也成了校园中的流行。许多学生都把时间浪费在了发信息沟通上，甚至在同一个教室里，有些学生也需要发信息联系。

(四) 东西放置凌乱

许多大学生由于平时不注意自己生活用品的整理，所以把很多时间都用在了找东西上。在日常生活中，大学生应将各类物品进行分类保管，将不用的东西清理掉，这样才能使学习、生活更加有序。

(五) 懒惰

有些大学生养成了不良的生活习惯，喜欢在早上没课的时候“睡懒觉”，午休一睡一个下午，或周末躺在被窝里看小说……这样，宝贵的大学时光就在睡梦中或惬意中悄悄地溜走了。

(六) 做事没有连续性

做事时断时续是比较浪费时间的一种方式。因为重新投入学习或工作时，个体需要花费额外的时间重新调整大脑活动及注意力，才能在停顿的地方接着干下去。

（七）做事拖拖拉拉

有些大学生需要花许多时间来思考要做的事情，找借口来推迟行动，又为没有完成任务而悔恨。在这段时间里，他们本来可以完成任务，却在拖拖拉拉中延误了。

（八）消极情绪

消极情绪会使人过于关注自己的内心感受，从而导致干劲不足和学习效率的下降。对人怀有戒心、妒忌、明争暗斗、愤怒等情绪或者对自己的学习、生活环境不满，这些情绪会阻碍学生的正常生活，进而对学业产生较大影响。

三、让生命长河绽放光彩——时间管理的成功法则

在认清时间管理的误区之后，可以利用以下十个法则来改善自己的时间管理。

第一，立刻处理，适时委任和即刻放弃；

第二，每日行事，认真规划；

第三，程度划分，重要先做；

第四，生活点滴，首重平衡；

第五，重视达成，追求卓越；

第六，掌握实际，控制拖延；

第七，珍视时间，避免浪费；

第八，掌握节奏，井然有序；

第九，专心致志，事务确切；

第十，学习场所，保持整洁。

心理自助训练

撕纸条

事先准备好 1 厘米宽、100 厘米长的纸条发给每位同学。告诉大家，每个人手中的纸条代表时间，假如这个时间是 1 天，那就是 24 小时。每个人想一想：自己的一天是怎样度过的？睡觉用了多少时间，把它撕去；吃饭、上网、玩游戏、踢球、聊天、发呆等分别用了多少时间，把它们一一撕去，看看还剩多少时间是用来学习的？大家比一比谁留的学习时间最多？

四、让时间增值的奥秘——时间管理的技巧

（一）时间管理理念的发展

目前，人们关于时间管理的理念已经经历了四代的发展：

第一代时间管理的主要目的在于提醒人们切勿遗忘，着重利用便条和备忘录，在忙碌中自行调配时间和精力；

第二代的时间管理注意到了规划及筹备的重要性，强调使用日历与日程表；

第三代的时间管理除了包含规划外，进一步讲求对事务的分类处理，按轻重缓急对事务进行优先解决；

第四代的时间管理在第三代理念的基础上开始关注人的心灵领域，它强调个体要弄清楚哪些是自己心目中最重要的事，注重个体内心的平静以及生活的井然有序，而不是只讲求效率，让自己忙得如同停不下的陀螺。

实际上，这四代时间管理的理念分别给人们呈现了不同的时间管理技巧，同时也代表了时间管理的不同层次，其中，第四代的时间管理技巧是居于最高层次的。透过这些不同层次的时间管理理念，我们可以看出它们的基本立足点——让时间有效增值。

(二) 时间增值

时间是一种不可再生的稀有资源，因此时间管理的最佳策略之一就是使时间增值，即扩大时间的价值和作用。置身于现代科学技术发展的浪潮之中，人们已经深深地感觉到：每一年、每一月、每一天乃至每一分、每一秒的价值都在发生着变化。让时间增值已经成为个体成功的要诀之一。

有效地让时间增值的奥秘就体现在第四代的时间管理理念之中，那就是在自己所追求的核心价值框架内，按轻重缓急来处理事务。具体来说，在确定自己每一天具体做什么之前，需要问自己三个问题。

(1) 我将要做什么——明确哪些非做不可，又必须亲自做的事情。对于非做不可，但不需要亲自做的事情，可以委派或授权给别人去做。

(2) 什么能给我最高回报——“最高回报”的事情是指符合“目标要求”或自己会比别人干得更高效的事情，应该把时间和精力集中在能给自己最高回报的事情上，即所谓的“扬己所长”。根据巴莱托定律，一个人应该用 80%的时间做能带来最高回报的事情，而用 20%的时间做其他事情。

(3) 什么能给我们最大的满足感——在能给自己带来最高回报的事情中，优先安排在自己的心目中最为重要、能给自己带来满足感和快乐的事情。

在回答了以上三个问题之后，生活中事务的轻重缓急就比较清楚了。

心理自助训练

让时间增值的奥秘

一位教师为了使一名学生较好地掌握让时间增值这一技巧，就给学生用实例演示了“大铁桶里面的奥秘”。

在某大学，一名学生干部总是为自己因管理班级事务而耽误了学习而苦恼。这一天，他向一名心理学教授诉说了这一令他苦恼的问题。教授说，你今天回去准备一只铁桶，一些石块、碎石、细沙和水，明天下午3:00到办公室找我。

那是一个阳光明媚的下午，这名学生带着准备好的东西来到了教授的办公室。教授对学生说：“这只铁桶最大的容积，象征着在一段时间内一个人的最大工作量。对于学生干部来说，碎石象征着既重要又紧急的事务(如教师课后布置的作业练习、班级活动的组织等)，石块象征着重要但不紧急的事务(如需要阅读的书籍、杂志，班级活动的规划与安排等)，细沙象征着着急但不重要的事务(如老乡聚会、某些必要而不重要的班级会议)，水象征着既不重要也不紧急的事务(一些可做可不做的杂事、一些不必要的应酬等)。”教授一边说，一边画事务分类表给学生看。

教授：“你通常偏重于处理哪一类事务呢？”

学生毫不犹豫地回答：“当然是碎石型的事务了。”

教授：“那么，石块型的事务呢？”

学生：“我知道石块型的事务相当重要，可是没有时间顾及。”

于是，教授把铁桶中装满碎石，可是石块怎么也装不下去了。

学生说：“我几乎都是这样。”

教授说：“能不能换一种装法呢？”他把石块一一放进了铁桶里，当铁桶里再也装不下时，他停了下来，问：“现在铁桶里是不是再也装不下什么东西了？”学生点点头。

“真的吗？”教授不紧不慢地抓起一把碎石，放在已经装满石块的铁桶表面，然后慢慢摇晃，然后又抓起一把碎石……奇迹出现了，所有的碎石都放进了铁桶里。

“现在铁桶里还能放东西吗？”教授问。

学生吞吞吐吐地说：“应该还……可以吧。”

“没错。”教授又捧起一把细沙放在铁桶表面，抖动铁桶……一会儿所有的细沙全都装进去了。

“现在铁桶还能装东西吗？”教授又问了这个问题。

学生又不确定地说：“还……可以吧。”

“没错！”教授又慢慢地将水倒入铁桶中。水桶里的水也倒完了。

教授回到座位上，微笑着对学生说：“你能告诉我，这只铁桶里有什么秘密吗？”

学生想了一会儿，高兴地对教授说：“这是不是说，生活中的事务有轻重缓急，因此要对它们进行充分排序呢？”

“对，你很聪明!”教授点了点头说，“这个试验告诉我们，如果你在时间安排上首先放入碎石、沙子以及水型的事务，那么你就再也没有时间处理石块型的事务了，而石块型的事务恰恰是你实现自己的人生目标所必需的。反之，如果你只完成石块型的事务，那么你还会有许多意想不到的时间来安排其他的事务。因此，要想做一名成功的大学生，必须根据自己的人生目标和意愿，分清石块、碎石、沙子和水，并且总把石块放在第一位。”

学生问：“会不会因为石块耽误了碎石呀？因为碎石型的事务是紧急的。”

教授笑了笑说：“你知道碎石是怎么来的吗？它是石块破碎而成的。偏重于石块型事务的人，他的碎石会很少，偏重于碎石型事务的人，他的碎石会源源不断。只有偏重石块型事务的人才是能成大事的人。”

学生高兴地说：“老师，我知道怎么做了。谢谢老师！”

过了一个学期，这名学生在校园里碰到了这位教授。他赶紧迎上前去，对教授说：“谢谢您，教授！我上次回去后重新做了时间安排，现在我的学习已经赶上了。”

教授说：“这就是让时间增值的奥秘呀！”

第三节　成为理财能手——学会合理消费

案例链接

郑丽现在是某重点大学三年级的学生，家庭条件一般。刚进大学的时候，她看到校园中打扮入时的同学，心里也跃跃欲试，盼望自己也能成为同学注目的焦点。开学不久，郑丽就拿着父母给她准备的生活费进了高级商场。当郑丽穿上一件国际名牌上衣出现在班级中时，立即得到了几位好友一阵阵的赞美和羡慕，上衣的价格更是让同学们目瞪口呆，这使郑丽心里有一种自由、解放的快感。为了结交更多的朋友，郑丽和老乡、好友等也一次次地出现在酒店、网吧中。郑丽的财政很快出现了“赤字”。在郑丽的要求下，父母又一次给她寄钱……在接连几次让父母汇款之后，郑丽实在不忍心再向父母开口要钱了，于是就费尽心思找了数个兼职来做。

在财政赤字的日子里，逛街仍然是郑丽的一种乐趣。看到了合意的衣服，郑丽马上去找同学借钱来买。她给同学的许诺是：“等我赚了钱会还给你的，这是一种超前消费。”随着拥有个人电脑的同学的增多，郑丽也禁不住眼热起来。拿其父母给的第三学年的学费，郑丽毅然拎回一台电脑。当同学为她的学费担忧时，她会说：“学校会给我一定限期的，到时候我赚的钱就发下来了，不够再向父母要！”然而，当交学费的限期已到的时候，郑丽的学费还没有着落……

郑丽其实是代表了目前大学生中一类特殊的消费群体——所谓“超前消费群”。他们的消费需求强烈，依靠家庭供给或者是自己做“兼职”所得来追求校园中的新颖、时尚，其消费往往超出自己的经济实力。他们“崇尚名牌，友情至上”，对于金钱不能够有计划地支配，往往进行冲动性的购买。在他们看来，支配了金钱就拥有了自由，“想干什么就干什么”！尽管这一群体在大学生中所占的比例并不是很大，但是也形成了大学生中的一股消费潮流。它助长了大学生的“高消费”之风，对中国传统的“勤俭节约”美德产生了一定冲击。

大学生有着不同于其他消费群体的消费心理和行为。一方面，他们有着诸多的消费需求；另一方面，他们尚未获得经济上的独立。消费观念的超前和消费实力的滞后之间的矛盾很容易使大学生过上追求金钱而荒废学业，甚至走上犯罪的道路。因此，培养正确的“金钱观”或“消费观”，形成良好的“消费方式”和健康的“消费行为”是大学生适应大学生活所必修的一课。

心理知识之窗：消费者的购买动机

1. 消费者一般性购买动机

一般性购买动机是消费者为其生存和发展而进行的各种消费活动基础上的普遍的购买动机，可以分为生理购买动机和心理购买动机两大类。

(1) 生理购买动机。这是指消费者为保持延续生命而引起的有机体的各种需求所产生的购买动机。一般来说，人类为生存和发展就需要生存、享受和发展三类资料。与之相应，消费者的生理购买动机可以分为：①生存性购买动机，即消费者纯粹为了满足其生存需要而激发的购买动机。②享受性购买动机，即由于消费者对享受资料的需求而产生的购买动机，从而使得人们的各种生理需求得到更好的满足。③发展性购买动机，即消费者由对发展资料的需求而引起的购买动机。消费者的发展需求主要包括体力的发展和智力的发展。前者如强壮体魄、免除疾病等，后者如学习科学知识、提高认识能力和智力水平等。

(2) 心理购买动机。由消费者心理活动而引起的购买动机称为心理购买动机。由于消费者心理活动的复杂性，心理性购买动机要比生理性购买动机复杂、多变，难以掌握。按照消费者心理活动的理性和非理性来划分，心理购买动机分为：①理智购买动机，主要是建立在消费者对商品客观、全面认识的基础上，对所获得的商品信息经过分析比较和深思熟虑以后而产生的购买动机。理智购买动机的诱因主要是商品的质量、价格、实用性、使用价位及出售时的优惠条件和售后服务等。②感情购买动机，是指消费者在购买活动中由于感情变化而引起的购买动机。这种动机引起的购买行为具有冲动性、即景性和不稳定性的特点。③惠顾购买动机，也称习惯性购买动机，是指建立在以往经验的基础上，对特定的商店和商标、厂牌的商品产生特殊信任和偏爱而形成的购买动机，兼有理智购买动机和感情购买动机的特征。这种动机在形成过程中感情色彩比较浓厚，但都是建立在理论分析比较的基础上的。

2. 消费者具体的购买动机

由于每个人兴趣、爱好、秉性的不同，在购买过程中形成了各种具体的购买动机：①求实动机，即追求商品的实用价位及其内在质量和效用。②求美动机，即追求商品的欣赏价值或艺术价值，注重商品的外观美。③求新动机，表现为追求商品的时尚和新特。④求名动机，表现为追求名牌商品。⑤求廉动机，表现为追求廉价商品，喜欢选购折价、优惠价和处理价的商品。⑥求奇心理，注重商品的与众不同。⑦求同动机，表现为追求大众化商品。⑧求便动机，表现为追求商品的使用方便和购买方便，注重时间和效率。⑨求癖动机，表现为追求能满足自身癖好的商品。

一、看看大学生的记账本——大学生的消费现状

资料卡

大学生的消费现状

根据《南方网讯》的报道，由共青团中央、全国学联与新生代市场监测机构于2014年12月28日共同发布了《2014中国大学生消费与生活形态研究报告》，这一次研究覆盖了中国34个重点城市的126所高校，有近一万名大学生接受了调查。调查结果表明，当代大学生具有较强的消费能力，他们每学期的平均支出为5 819元，经常性负债消费的大学生比例超过10%。与2014年6月国家统计局发布的全国城镇居民年度可支配收入在10 000～15 000元的数据相比，当今大学生的平均消费水平已经超过了全国城镇居民的人均年收入。报告同时发现，当代学生在消费结构方面呈现出多元化趋势。除了基本的生活、学习消费外，用于网络通信、交际、非正规学历考试培训、旅游等方面的消费越来越多。同时，该调查也指出，当前大学生群体呈现了与新富群体相近的消费特征：在笔记本电脑、移动电话等高档消费品类，大学生与18～23岁间的工薪阶层的拥有比率相接近。此外，该报告也表明，“借贷”“信用”“透支”等“负翁”消费意识正在大学生群体中增强。因此，该报告得出结论：大学校园已经告别了“寒窗时代”。

当然，我们在看到大学生群体的平均消费水平的同时，也要注意大学生消费的个体差异性。有调查指出，大学生的花费存在较大差异，有的大学生月平均消费不足1 500元，而有的大学生月平均消费则超过了5 000元。因此，由于家庭经济状况、地区以及学生个体特征等方面存在的差异，大学生群体中低于平均消费水平的人数也不少。

可以说，相当一部分大学生已经拥有了足够的金钱支配权。但是，由于大学生大多数都是初次独立掌管财政，消费心理和消费行为还没有完全成熟，因此，如何支配金钱是大学生需要认真思考的问题。

二、“漏钱”的口袋——大学生不健康消费面面观

总体上，当前大学生在消费方面表现出了多样、合理、实用和计划性的积极特点，但同时也存在一些不健康的消费理念和消费行为。

（一）消费主义的误区

消费主义是与后现代主义思潮相联系的一种消费方式，区别于传统消费和现代性消费。传统消费遵循经验和习惯，现代消费遵循理性与科学，而消费主义的目的在于差异的建构，其核心内容是消费至上观念，追求无节制的享乐、时尚潮流、超前消费，追求商品的符号价值带来的“炫耀性消费”。当前，这种思潮已经悄悄走进大学校园，使得一向“自命清高”的

大学生也以物质追求为生活目标，甚至不顾自己的经济状况，花别人或父母的钱圆自己的梦，给社会、家庭和个人带来了严重的经济负担和心理负担。具体来说，消费主义的误区主要表现为以下几个方面。

1. 信奉享乐主义

当前，享乐主义倾向已经在大学生群体中滋长，“吃要美味，穿要名牌，玩要高档”已成为许多大学生追求的目标。对大学生理想消费方式的调查表明，高达 60.5%的学生选择了“能挣会花”这样一种带有较多感性色彩的消费主义方式，这说明大部分学生信奉物质享受，认为能挣钱并会花钱是潇洒；而选择传统方式“量入为出”的只占到 28%，选择“艰苦奋斗”的只有 9.1%。可以说，当前大学生群体中所滋生的享乐主义已经对中国勤俭节约、艰苦奋斗的优良传统造成了重大威胁。

2. 不顾家庭收入的“超前消费”

当前在大学生群体中出现了一种追求高消费的趋势，即不顾我国现有的经济发展水平和个人家庭的经济实力，一味追求消费品的高档次、高价格和新产品、名牌货，进行所谓的“超前消费”。当他们的经济实力支撑不了其急剧膨胀的消费欲望时，他们就走进了赤字消费的误区。关于该方面的调查发现，大学生中偶尔透支的占 55.8%，经常透支的占 18.3%，两者合计高达 74.1%。可以说，“超前消费”已经成为当前大学生群体中较为普遍的现象。人们认为，适当的超前消费是可以的，如某些家庭贫困的大学生为完成学业而进行助学基金贷款。但是，为了追求高消费而做出的“超前消费”行为则是消费主义影响大学生消费的消极表现。

3. 虚荣心驱使下的“攀比”消费

大学生在生活、学习、人际交往及休闲娱乐中，总是有意无意地与他人做比较以求心理平衡，获得自我认同。这在大学生的消费中就表现为不顾自身的实际经济情况，花钱和别人比着来的畸形消费心理：别人过生日搞聚会，自己生日时也得搞，而且档次必需“升级”；周末、节日一到，许多学生更是纷纷前往商店、公园或娱乐场所，谁都不想“矮人一头，低人一等”。关于大学生的电脑消费和手机消费的调查表明，11.6%的学生所购电脑的价格在 6 000～8 000 元，8.2%的学生购买电脑的价格在 8 000 元以上。可见，攀比心理或炫耀心理在部分大学生中已经不是个别现象。

（二）消费结构的不合理

对于大学生来讲，合理的消费结构是以生存消费和发展性消费为主。但是，也有一部分大学生过于追求享乐消费，表现出了消费结构的严重失调。他们把较多的金钱分配在了交际支出、旅游、休闲、娱乐等方面，在某种程度上影响到了其发展性消费，甚至是生存消费。对于这部分学生来说，他们听音乐、进茶坊、泡吧等各项娱乐消费活动不胜枚举；在人际消费方面，考试得高分、当选学生干部、入党、过生日等都要请客；恋爱消费更是价格昂贵。校外酒店的烛光晚餐、商场里的疯狂购物、看电影、喝咖啡等往往使情侣们陷入财务危机。

(三) 消费的盲目性

一般来说，消费是基于个人的需要。但是，很多大学生不是根据自己的需要来决定自己的消费行为，而是赶时尚，盲目消费。正如当前在大学生群体中所流行的几句口头禅："服装跟着名牌走""零食跟着广告走""人情消费跟着成人走""文化消费跟着时尚走"，从而使大学生的消费沾染了很大的随意性和盲目性。例如，有的学生买的不少东西根本就派不上用场，有的学生甚至说他买这些东西的时候就没想怎么去用它。

(四) 大学生的灰色消费

如果把人与生活比作鸟与笼，大学生就是站在笼口的鸟，受着呵护往笼外看。因此，大学生实际上是处于校园与社会之间的群体。许多大学生向往外面的世界，认为外面的世界真精彩，但是他们却很少想到，外面的世界也是光怪陆离的。社会上存在着许多灰色的区域，大学生一旦进入了灰色的消费区就可能贻害无穷。在社会不良习气的影响下，有些大学生经常出入带有色情服务的酒吧、舞厅、歌厅、影厅等场所，沾染上了与大学生身份极不相称的恶习；有的大学生还出入赌博场所，甚至在宿舍里组织同学赌博，把不良的风气带入了校园。

三、理财建议——学会合理消费

消费理财，不外乎是在科学的消费道德观念的指引下把握四个字：开源、节流。相比之下，"节流"是大学生消费理财的关键。大学生要进行合理消费，可以参考以下建议。

(一) 树立科学的消费观念

消费观念影响着人们的消费行为。因此，要改正不良的消费行为，首先应该从改变消费观念入手。一般来说，大学生需要树立以下消费理念：

第一，树立理性消费观，反对非理性的盲目消费；

第二，强调节俭消费观，提高自己的消费文化品位，反对消费主义观，但不提倡吝啬型消费观；

第三，树立健康向上的精神文化消费观，避免消费心理扭曲，杜绝道德沦丧；

第四，树立绿色消费观，反对危害生态环境的消费行为；

第五，以生存性消费和发展性消费为主，将享乐性消费转化为发展性消费。

心理辞典：消费观念

消费观念是人们对待其可支配收入的指导思想和态度以及对商品价值追求的取向，是消费者主体在进行或准备进行消费活动时对消费对象、消费行为方式、消费过程、消费趋势的总体认识评价与价值判断。

(二) 掌握理财技巧，把握理财奥秘

1. 做好开支计划

对于大学生来说，要成为一名理财好手最需要做的便是做好开支计划，避免陷入“上半月吃肉，下半月喝汤”的经济窘境。大学生在做开支计划时，一般要把握一个原则，即在保证每个月的必需开支后，余下的才是满足个人爱好等方面的消费。

2. 学会积蓄

对于那些经济条件不富裕的大学生来讲，学会积蓄是一种必备的技巧。通过有计划的积蓄，大学生可以进行逐步的资金积累，并且在必要时帮助自己走出困境。例如，阿静报名参加了 GRE 和托福考试。但是由于家庭条件不是很好，在报名后，已经“囊中羞涩”。可她还想参加考前的培训班，于是，阿静开始了积蓄计划。在每次做完家教或兼职工作后，都会把赚的钱迅速存入银行。最后，阿静如愿以偿地参加了培训班，并顺利通过考试。

3. 有意识地控制不必要的消费，养成节俭习惯

生活中的许多小开支，这里几元，那里几块，看似不起眼，但是积少成多就是一个大数目，正所谓“不积小流，无以成江河”。同时，生活中一些不必要的消费(如与同学盲目攀比进行的消费，纯粹追求“品牌”而进行的消费)积累下来，也能成为一个可观的数目。

4. 把握消费时机

当前，许多大商场或网络上对于换季的衣服都会打折销售，因此大学生在添置必要衣物的时候可以“超前”准备，这样会给自己节约一笔不小的开支。同时，对于自己常用的一些生活必需品，也可以考虑在厂家折价的时候购买，避开商家的销售高价期。

5. 合理运用银行卡，“卡”住自己的非理性消费

所谓“卡”住，就是可以考虑把一些必要之外的钱作为定期存款进行积蓄，适当给自己“断流”。这样，消费自然就量力而行了。

6. 限制每天口袋里的“钞票”或余额宝中的“余额”

出门购物前只带必需的现钞或手机中留有少量的“余额”，就能很好地控制自己的盲目消费。

7. 养成记账的习惯

通过记账本，可以清楚地了解自己的日常花销情况，每月定时总结，了解自己的消费情况，明确哪些为必需的花费，哪些是浪费。

第四节 在社团组织中成长——发展综合能力

案例链接

某大学的大一新生杜辉入学后加入了两个社团组织。由于杜辉对这两个社团的活动非常感兴趣，因此几乎把课余时间全部都用到社团活动上，直到期末考试时才发现自己的学业落后太多了。

大学社团是高等院校的在校大学生为了锻炼、培养和提高自身的素质和能力，基于兴趣、爱好、特长等方面的共同点，在自愿的基础上自发结合并经有关部门批准形成的具有特定目标、组织章程和活动方式的学生群体组织。大学生成立社团的目的一般为：一是为了提高大学生自身素质，如扩展学生的知识面，提高综合素质，增强对未来工作的适应等；二是为了活跃校园的学术氛围，丰富校园的文化活动；三是为了服务于社会，如大学生走出校门，进行社会实践，组织社会服务性活动，为社会做贡献等。这三个目的是相互联系、相互渗透的。某一社团组织可能仅服务于其中的一个目的，而有些社团组织则对三个目的都有所涉及。

社团组织是发挥大学生专长、培养大学生综合能力的重要场所，这无疑为饱含着青春热情的大学生的个人发展，尤其是综合能力的发展，提供了一个多彩的舞台。如何在这个舞台上展示和发展自己的才华，如何让这个舞台成为自己大学生涯中的亮点，是每个莘莘学子需要面对和思考的问题。合理地参与大学中的社团组织，并能在社团活动中发展自己的综合能力，是大学生适应大学生活的一个重要方面。然而，正如上例中的杜辉一样，如果不能正确地处理好参与社团活动与学习活动的关系，就可能会带来一系列的问题。

一、千树万树梨花开——蓬勃发展的大学生社团组织

资料卡

2016 年末，有研究者对全国 15 所高等学校中的社团组织进行调查后发现，各学校平均注册的社团成员占学生总数的 34.37%，比例最高的学校可达 66.7%。

截至 2014 年 4 月，江苏团省委学校部调查了全省 87 所高校的学生社团情况，调查结果表明：学生社团共有 2 945 个，参加社团学生总数 277 242 人，占所调查高校全日制本专科生、研究生总数的 31%。其中超过 1 000 人的社团有 22 个，有不少博士研究生、硕士研究生也加入了社团的队伍。

北京高等学校学生社团联合会于 2014 年 12 月 9 日正式成立。这是全国第一个省级高校学生社团联合会。团市委大学生处最新的一份统计报告显示，目前北京地区全日制普通高等学校正式注册的学生社团共计 2 235 个，参与学生人数近 17 万人，约占全市普通高校学生总数的 30.9%。今后，联合会将每年召开一次理事会，每四年召开一次会员代表大会。

以上调查资料显示，近些年来，高校中的社团组织已经形成了相当规模和辐射力，不同地区、不同高校的社团组织成员已经超过高校学生总数的30%。这说明，参加大学中的社团组织已经成为众多大学生的选择，成为学校课余开展学术、科研、文娱等活动的重要阵地。同时，大学生的社团活动已经引起了学校和社会的高度重视，社会和学校也开始注重对学生社团活动的引导和管理，北京高等学校学生社团联合会的成立就是一个很好的说明。

一般来说，当前大学生的社团组织具有以下特点：

1. 自主性

这主要表现在：大学生社团成员的更新是由下一届社团成员自主推荐、招募和选择的，社团成员能自主决定活动的范围和目标，一般不受外界因素的影响。

2. 自发性

社团组织不是由教师或学校的某一部门规定成立的，而是由具有共同愿望或专长的学生组成的群体。社团全体成员都具有某一方面的共同点，所以在主观上就要求拥有能发挥这一特长的机会，从而使得社团活动成为社团成员共同愿望的体现。

3. 自律性

社团组织一般没有明确的规则、政策和程序来指导社团成员的行为，他们的行为规范就是自律。社团主要依靠成员的自觉来创造一种适合大学生社团存在的内部环境和外部 环境。

4. 平等性

学生社团内部各成员之所以走到一起，凭的是共同的兴趣爱好。每名大学生都可以参加社团，社团成员可以来自不同的班级和不同的院系。在社团组织中没有地位差异与权威等级，每个人在社团活动中如果感觉自己不合适，可以自由退出。

心理知识之窗：社团活动与大学生的社会性发展

参与社团活动对于大学生社会性的发展具有重要作用。有研究者就大学生社会性的发展情况进行了调查。调查对象分为两组：A 组是在校大学生。B 组是已参加工作的毕业生。每组又进一步分为未参加过社团活动和参加过社团活动两类。研究者调查的内容包括：①环境适应能力；②对挫折的心理承受能力；③创新能力；④个人才能；⑤人际交往能力；⑥合作意识；⑦竞争意识。同时，还对 B 组学生进行了以下内容的调查：①工作适应能力；②就业率；③特殊才能认可。

研究结果发现：A 组中，高年级的大学生在各项能力上的得分高于低年级的学生。参加社团活动的高年级学生的得分最高。那些参加社团活动的积极分子的人际关系处理能力明显高于其他学生。B 组中，参加过社团活动，尤其是参加社会实践类活动较多的同学，其各项能力明显优于其他同学。同时，在 B 组中，参加过社团活动的同学在工作适应能力、就业率和特殊才能认可方面要优于从未参加过社团活动的同学，特殊才能认可是工作单位对毕业生的特殊才能和个人特长的认可情况。有50%的毕业生运用了这些特长，有的同学甚至是以个人才能和当初的兴趣爱好就业的。

二、不要成为匆匆过客——参与大学生社团组织的误区

大学校园中多种多样的社团组织给大学生提供了锻炼能力的机会，但是许多大学生在参与社团组织的时候往往会存在一些误区。

(一) 从众心理

从众心理是指个体由于受群体不知不觉的影响，或屈从于群体有形或无形的压力，而在感知、判断及行为上表现出来的，与群体中大多数人保持一致的心理和行为倾向。主要表现为群体内部个体的行为或行为的结果迅速地引起该群体中的其他个体不加分析和批判地模仿与接受。许多大学生在参加社团的时候，没有考虑自己的兴趣和需要，而是受班级或宿舍中其他人的影响，看着别人报哪个社团或哪个社团的人数多，就报哪个社团。大学生受从众心理的影响参与社团后，不仅不能够发展自己的兴趣和爱好、展现自己的才华，而且由于人数过多，很容易因不受“重用”而产生失落感。

(二)“蜻蜓点水”

这类大学生往往在每个社团组织中都尝试一番，如果认为这个社团组织不符合心目中的要求就更换到另一个社团组织。由于没有对社团组织进行深入的了解，最后只能“扼腕感叹”：没有适合我的社团组织。这类大学生很难在社团组织中找到自己的归属感，常常感到迷茫。

(三)“挣分”心理

在一些高校的《学生素质综合考评条例》规定：学生的学年综合成绩由三部分构成：智育素质成绩占 60%、德育素质成绩占 30%、体育素质成绩占 10%。其中，德育素质成绩要拿高分，就看社团活动这一项。因此，许多学生只是“挂靠”在社团组织之中而不参加社团活动，主要是依赖自己的社团所组织的活动来给自己的“德育素质”挣分。

(四) 参与过多的社团组织

这类大学生对许多社团组织都很感兴趣，于是参与许多社团组织，以至于照顾了这个组织的社团活动，而不能顾及另一个组织的社团活动。例如，某大学的大一学生小陈在刚开学时加入了多个社团组织，由于各个社团活动在时间上会有冲突，所以小陈不得不这周出席这个，下周出席那个。由于小陈总是缺席，没有真正融入某个社团，因此在第一学期结束时，小陈觉得自己的能力并没有提高并且感到身心疲惫，对一些活动也不感兴趣了。

(五) 把课余时间都用在社团组织上

许多大学生过度看重社团的活动，以至于把课余时间都用在了社团活动中，荒废了学业。

（六）着眼于社团活动的“轰轰烈烈”，而不注重活动的实际意义

在组织社团活动的时候，单纯地注意组织引起别人关注的活动，而不注重活动对自身能力发现以及活动的社会意义，长此以往，会削弱组织社团活动的内在动机，丧失对社团活动的兴趣。

（七）学习、社团应接不暇

许多学生在学习的时候想着社团活动如何组织，组织社团活动的时候又担心自己的学习，导致两方面都做不好，从而容易产生焦虑情绪。

三、摆正位置，量力而行——参与社团活动的原则

大学生在参与社团活动时要遵循以下原则。

（一）宁精勿多

选择一个最喜欢的社团，参加的时间要长一点，只有这样才能保证自己有足够的时间和精力完成社团活动，使自己在社团活动中不断学习和成长。

（二）以学习活动为中心

一定要牢记，社团活动是课外活动，在顾及社团活动的同时一定要先把自己的功课学好，如果为了搞社团活动而荒废了功课，那就是本末倒置了。

（三）从小事干起

一些大学生因为在社团组织中“总是做小事、杂事”，没有成就感就退出了社团。其实，进入社团，谁都是从小事、杂事做起的，只有将小事干得漂亮，才能被委以重任，才能更好地提高自身的能力。

四、让社团成为自我发展的舞台——正确选择和参与社团

大学校园中的社团组织是大学生个人成长的一个多彩的舞台，如何在这个舞台上展示自己的风采呢？下面的一些建议，可供大学生们参考。

（一）社团组织的选择

1. 根据自己的兴趣选择参加适当的社团组织

在参加社团时，一定要认清自己的兴趣，根据自己的兴趣选择自己喜欢的社团组织。人对有兴趣的东西会表现出巨大的积极性，并且会产生某种肯定的情绪体验。

2. 根据自己的需要参加社团组织

如果认为自己的体质较弱，可以选择参与一些体育社团组织；如果认为自己的外语水平不好，可以参加一些与外语学习有关的社团；如果认为自己的电脑技能较弱，可以选择参与

“电脑小组”“信息协会”等方面的社团。

3. 充分施展自己的才华

一些大学生在进入校园之前就具备了一定的技能，如唱歌、篮球、绘画等，这些大学生可以选择参与能够发挥并发展自身技能的社团来参与。

(二) 社团组织的参与

1. 与社团成员积极交流、合作

社团中的每个成员都是基于共同的兴趣和追求而走到一起的，因此，很容易找到共同的话题，进行积极的交流。社团成员之间进行交流，一方面可以建立真正的友谊，发展社交能力；另一方面，由于社团成员来自不同的班级和院系，知识背景也有所不同，因此在交流中能够拓展自己的知识面，激发自身灵感。此外，成功的合作也是建立在互相交流、互相沟通的基础上的。

2. 认真去做社团组织交给自己的每一项任务

在准备和开展社团活动的过程中，要认真地做好每一件工作。因为只有真心去做，才能获得真正的收获。

3. 考虑与社会接轨，锻炼社交技能，发展自己的社团组织

社团活动是大学生进行实践的舞台，这种实践不仅限于校内，还可以走出校园，了解社会实际或获得社会组织的支持。通过社团组织的对外交流活动，大学生可以认识兄弟院校和有关社会组织的一些人员。这样，不仅交际面得到了扩展，还可以从中习得有效的交流技巧，掌握与不同性格的人“打交道”的有效方式，从而发展自己的交往和社会适应能力。更为重要的是，大学生在这种活动中累积经验，进而发展自己的社团组织。

4. 分清学习时间和参与社团活动时间

大学生要严格区分学习时间和参与社团活动的时间。学习的时候，集中精力，提高学习效率，完成学习任务；参加社团活动的时候，全身心投入，获得最大收益。

5. 要有坚持性

参加社团活动贵在坚持，只有在长期的参与中才能学会如何被领导和领导别人。同时，只有坚持参加社团活动，才能在不断地遇到困难和克服困难的过程中，锻炼自己的意志，发展自己的能力。

6. 做一个负责任的社团成员

到了大学高年级，许多同学开始退出社团组织。这时候，大学生要具有社团的“传承”意识，一方面要招纳并培养新的社团成员；另一方面，要做好经验的传授工作。做事有始有终，是大学生综合素质中不可缺少的一个方面。

思 考 题

1. 大学新生怎样适应新的学习环境？
2. 大学生有效管理时间的法则有哪些？
3. 大学生怎样合理消费？
4. 作为新生，描述一下自己在哪些方面不适应，并结合教材写出调适的方法。

第三章

大学生学习心理及学习能力的开发

学习是大学生的首要任务和主要活动。大学生的心理健康状况和心理发展水平，对大学生的学习过程和学习效果产生直接的作用。越来越多的研究表明，在影响大学生正常学习的各种因素中，学习心理的健康状况占重要位置。本章即探讨大学生在学习过程中的心理活动及调适，以帮助大学生改善学习状况，提高学习成效，实现全面发展。

第一节 大学生的学习心理及其特点

一、大学生学习活动的基本特点

案例链接

一位女大学生在心理咨询时谈到，自己很难适应大学的学习。和中学从早到晚的课时安排相比，大学里的上课时间分散，课余时间较多，可是又不知道该干什么，常常是不知不觉就过去了；上课时老师常讲述课本上没有的知识，来不及记笔记，甚至听不懂，作业多是做论文和设计，难度很大，学习成绩总上不去，尤其是高等数学和英语最感头疼。过去读高中时，自己只要上课认真听讲，做好笔记，课后好好复习，学习成绩总是不错的，哪怕是遇到有的内容较难，多看几遍或问问老师也就懂了，成绩不受影响，可是自从上了大学，这一套却不管用了。

上述案例中的情况在不少大学生的身上都出现过，只是有的比较严重，有的比较轻微。大学和中学的学习不论在内容上、形式上，还是在结果评论上都有显著的不同，这也使得大学生的学习方法和中学生有明显的区别。因此，大学生需要根据自己的特点和对学习任务的认识，对大学的学习方法和学习过程进行必要的调整和控制。

大学生的学习活动与中学生以及一般成人的学习有所不同，它除了学习高等教育所要求的一般知识以外，还有许多其他的特点。

1. 较高层次的职业定向性

我国大学生和其他各级学校学生在培养的总规格、总目标上应当是一致的，这就是要面向现代化、面向世界、面向未来，能够坚持社会主义方向，具有现代科学技术和经营管理知识，具有开拓精神，能适应现代科学文化发展和新技术革命要求，有理想、有道德、有文化、有纪律，热爱祖国和社会主义事业，具有为国家富强和人民富裕而艰苦奋斗的献身精神，不断追求新知识，具有实事求是，独立思考，勇于创造的科学精神。

科技、经济等各行业的迅速发展对大学生提出了更高、更专门化的要求。他们的学习具有较高层次的职业定向，即要求他们通过高等学校的学习，将来走上工作岗位以后，能够马上成为某一领域或某一专业的高级专门人才。大学生所学的课程内容，是由培养目标决定的。培养哪一方面的高级专门人才，就相应地开设哪些课程。因此，大学生从入学起就有一个职业定向问题，并围绕一定的职业定向学习基础课、专业课和实操课，以及相应的选修课。各专业的课程设置，将影响大学生的知识结构和专业技能，影响他们投入实际工作的适应性。

2. 具有更大的主观能动性

大学生的学习应以自学为主，课堂教学为辅。学生在学习过程中应具备更强的自发性、自主性，从而获得汲取知识的方法。大学生学习的自主性主要表现在以下几个方面。

(1) 有更多的自由支配的时间。据调查，除课上的学习外，大学生约有45%的学习时间可以用于自由支配。在独立学习的时间内，大学生可以阅读各种参考书和文献资料，扩大并补充在课堂上所学的知识，从而不断提高自己的专业能力和知识水平。

(2) 学习内容有较大的选择性。除了必修课之外，大学生可以根据自己的需要、兴趣、特长等有取舍地选择学校所开设的选修课。据调查，大学生选择选修课的排序为：①学科内容在实现自己理想过程中所占位置的重要性；②学科内容本身的深刻性、理论性具有吸引力；③毕业后工作需要；④自己在某方面学习成绩突出；⑤任课教师讲授艺术的感染力。

(3) 学习中更要具备创造、创新精神。高等学校教学的许多环节，如学年论文(设计)和毕业论文(设计)等，最能体现大学生的创造性。大学生在这些教学环节中可以充分发挥自身的创造性、创新性，将所学的知识，以及个人所掌握的内容和理解融入其中。

3. 学习途径的多样性

课堂教学虽然还是大学生学习的主要途径，但已不像中学教学那样几乎是唯一的途径。除了课堂学习外，大学生可根据自己的需要通过网络(或图书馆、资料室等)查阅资料，也可以听各种学术报告或讲座，还可以按照教学大纲的要求，完成实验室的实验并写出实验报告。

一些学科的高年级学生还要参加或协助教师的科研工作。除了校内的多种学习途径外，学生还可以尝试走出校门，搞社会调查及咨询服务等。这些都是大学生学习的重要途径。

4. 更多的研究性和探索性

与中学生的纯粹接受知识的学习方式不同，大学生的学习不单纯是接受知识、掌握知识，更要了解科学知识形成的过程，了解和掌握科学研究的方法。在学习过程中，对一些“知识”、一些问题要重新思考，研究它们存在的合理性及科学性，并根据新的知识和方法，对其进行重新论证，尝试解决问题的可能性，甚至对未知领域进行探索。大学生的研究成果体现在他们的学年论文(设计)和毕业论文(设计)之中，有的发表在科研杂志上。这种研究和探索的性质，正是大学教育培养高级人才的关键所在。

二、大学生学习态度及其特点

(一) 学习态度的含义

学习态度，是指学生对于学习的看法和情感以及决定自己行动倾向的心理状态。学习态度与学习动机是紧密相连的，一般来说，学习动机是学习态度的基础，学习动机明确而强烈，则学习态度积极而坚定；学习动机模糊而微弱，则学习态度消极而不稳定。

(二) 学习态度的组成因素

1. 认识因素

认识因素是指在学习过程中，学生对于学习目的、意义的看法。认识因素是学习动机与态度的联结点，是形成学习情感和行为的基础。

2. 情感因素

情感因素是指学生在学习活动中的情绪状态和情感体验，如积极或消极、喜欢或讨厌、愉快或不安等。情感因素一般来自认识因素，并巩固和强化认识因素；同时，情感因素又有相对的独立性，有时游离于认识因素之外，并对认识因素起消极或积极作用。

3. 行为因素

行为因素是指学生的学习行为倾向性的心理因素，即打算如何学习，如何达到学习的目的。某学生对学习一旦有了明确的认识和情感选择，他也就有了学习行为的基本倾向，因此，行为因素可以看作认识因素和情感因素的结果。

在学习态度的三个因素中，情感因素是核心，起决定性作用。在一般的情况下，学习态度的三个组成部分是统一的、协调的，如某学生的求知欲很强(认识因素)，喜爱所学的专业(情感因素)，努力进行学习(行为因素)。但在特殊的场合，学习态度的三个组成部分会发生矛盾，如某学生求知欲很强(认识因素)，但对自己所学专业缺少感情(情感因素)，因而在专业学习上十分消极(行为因素)。在后一种情况下，转变该学生对专业的感情是改变学习态度的关键。

学习态度对学习活动的影响主要体现在两方面。首先，它是学习动机转化为学习行为的中介。学习动机是学习行为的心理动因，它是潜在的、内隐的，而学习态度则是朝外显行为迈进了一步，它是介于动机和行为之间的一种心理活动。其次，学习态度能左右学习行为。积极的学习态度，会产生积极的、奋发向上的学习行为；消极的学习态度，则会引发消极的学习行为。

(三) 大学生学习态度的类型及特点

1. 学习态度的类型

学习态度表明了个体对学习的认识、情感和行为取向。据观察和分析，大学生的学习态度大致有如下几种类型。

(1) 按对学习的认识程度，有重视型和轻视型之分。前一类学生能较深刻地把握学习的重要性，有较远大的志向和抱负，学习认真、刻苦、有毅力；而后一类学生则志趣不高，学习目的盲目，学习态度懈怠，易受外界干扰。

(2) 按对学习的情感体验，有积极型和消极型之分。前一类学生对学习充满兴趣和热情，具有适当的激情和良好的心境，对学习有积极的、肯定的情感体验；后一类学生则对学习缺乏兴趣和热情，甚至感到厌倦和烦躁，产生消极的情感体验。

(3) 按对学习的行为倾向，有主动型和被动型之分。前一类学生总是主动地去汲取知识，思考问题，刻苦钻研，解决各种疑难问题；后一类学生则往往被动地接受知识，满足于一般的理解水平，浅尝辄止，遇到困难就容易打“退堂鼓”。

2. 学习态度变化发展的特点

心理学研究表明，态度具有持续性，即态度一旦形成，有一定的稳定性，但它并非一成不变。随着态度形成的社会因素和个人因素的变化，态度也将随之有所改变。大学生学习态度变化发展的特点是：

(1) 学习态度趋于稳定。低年级大学生的思想观念尚未成熟，情绪情感的两极性表现也较为明显，反映在学习态度上则较多动荡，持续时间短，学习热情忽而高涨，忽而消沉。而随着年级的升高，大学生的思想认识趋于成熟，情绪情感也趋于稳定，学习观念已逐步成为其世界观的组成部分，学习态度趋于稳定和持久。

(2) 学习的主动性逐渐增强。如果说低年级大学生的学习态度尚有较多的盲目性和被动性的话，高年级大学生则在学习态度上表现出更多的主动性，他们更加清楚“为什么要学习”“如何学习”等问题。也更加善于处理和把握学习过程中将会遇到的各种困难和变化，学习目的更加明确，学习效率也更高一些。

三、大学生考试心理的一般特点

考试是教学过程的一个组成部分。通过考试，推动学生对所学课程进行系统的复习，从而加深理解，进一步巩固和运用知识。大学生久经考场，照理说对考试已司空见惯，且能镇定自若，然而事实并非如此。考试是一种复杂的心理活动，它与教师命题的难易度，与学生的复习情况和平时的学习状况，与学生的个性心理特征等都有直接的关系。也就是说，不同的学生有不同的考试心理。

（一）考试的难易度对不同的学生会引起不同的心理反应

如果命题太浅显，没有一定的难度，平时学习好的学生或复习比较好的学生，就会感到没意思，不能显示出自己的学习水平；而少数平时学习不好的学生或没有认真复习的学生，则暗自庆幸。如果考试难度比较大，平时学习好或复习好的学生会感到兴奋和满意，因为这样就能反映出自己的真实水平，显示出个体学习水平的差异；而平时学习不好或没有复习好的学生则容易产生厌恶情绪，往往会由此埋怨教师命题太难。如果考试难度过大，则多数学生会反感，因为这种考试脱离大多数学生的实际学习水平，会使一部分学生产生畏难情绪，影响学习兴趣的培养。

由此可见，考试难度不仅决定分数高低，而且能左右大学生考试心理的变化。考试的难度过大或过小都会带来消极影响。实际上，大学生希望考试有一定的难度，即难易适当，命题要有梯度和灵活性。这样的考试才能既准确地体现学生的真实水平，又使不同学习程度的大学生都感到满意。学习比较差的学生可以完成基础题，取得一定成绩；学习中等的学生不仅能完成基础题，还可以完成部分较难的题，心理上得到宽慰；学习好的学生可以尽力发挥自己的才能，获得优异成绩，得到心理上的满足。

（二）不同个性的学生在考试过程中会有不同的表现

考试过程中，我们经常看到这样一种现象：有的学生神情镇定自若，思维敏捷，注意力集中；而有的学生情绪过分紧张、急躁，连一些简单的试题也会出现偏差失误。这种心理状态的差异在不同水平层次的学生中都存在，也就是说，无论是平时学习较好的学生，还是平时学习较差的学生，在考场上都可能有或放松、或紧张的心理状态。因此，学生在考试过程中的心理差异，不仅与命题难易度及学生平时的学习状态和复习情况有关，而且在很大程度上与个性心理特征有关。

个人的意志、情绪、气质、性格对应试者发生重要的影响作用。自控力强、情绪稳定、性格开朗的学生一般具有正常的心理状态，他们有一定的焦虑和紧张情绪，却能神情镇定，精力充沛，冷静地思考问题，这种心理使他们的能力得到较好的发挥。这些学生在考试过程中有共同的心理特点：

(1) 综合思维能力比较强。由于大学生思维发展趋向成熟，逻辑思维能力有了很大提高，因此他们能运用学过的理论全面分析和综合概括问题，并力求完美地解答问题。

(2) 思维的灵活性比较大。在考试中他们思考问题时，表现出思维的灵活性和一定的独创性，思维活动效率高，记忆清晰准确。少数学生甚至出现超常心理现象，在考试中发挥的水平超过了平时的能力。

(3) 注意的稳定性比较持久。注意的稳定性标志着人在一定时间内对某种事物的注意力集中，并能进行高效的思维活动。考试时注意力集中，才能较快、较好地答题。大学生在考试中注意的稳定性是随年级上升而增长的。据实验，低年级大学生在考试过程中注意的稳定性一般能保持 40 分钟左右，而高年级大学生一般都能保持 1 小时以上。可见，相对而言，高年级大学生在考试过程中能够较长时间保持聚精会神地演算或解答问题。

第二节　大学生学习动机的激发

心理测试

学习动机自我诊断测试

这是一份关于大学生学习动机的自我诊断测试表，一共有 20 个问题，请根据自己的实际情况，逐一对每个问题做“是”或“否”的回答。

1. 如果别人不督促你，你极少主动地学习。
2. 你一读书就觉得疲劳与厌烦，只想睡觉。
3. 当你读书时，需要很长的时间才能提起精神。
4. 除了老师指定的作业外，你不想再多看书。
5. 在学习中遇到不懂的知识，你根本不会想方设法弄懂它。
6. 你常想：自己不用花太多的时间，成绩也会超过别人。
7. 你迫切希望自己在短时间内就能大幅度提高学习成绩。
8. 你常为短时间内成绩没能提高而烦恼不已。
9. 为了及时完成某项作业，你宁愿废寝忘食、通宵达旦。
10. 为了把功课学好，你放弃了许多自己感兴趣的活动，如体育锻炼、看电影与郊游等。
11. 你觉得读书没意思，想找个工作做。
12. 你常认为课本上的基础知识没啥好学的，只有看高深的理论，读大部头的作品才带劲。
13. 你平时只在喜欢的科目上狠下功夫，对不喜欢的科目则放任自流。
14. 你花在课外读物上的时间比花在教科书上的时间要多得多。
15. 你把自己的时间平均分配在各科上。
16. 你给自己定下的学习目标，多数因做不到而不得不放弃。
17. 你几乎毫不费力就实现了自己的学习目标。
18. 你总是同时为实现好几个学习目标而忙得焦头烂额。
19. 为了应付每天的学习任务，你已经感到力不从心。
20. 为了实现一个大目标，你不再给自己制定循序渐进的小目标。

[结果解释]

上述 20 道题可分成四组，它们分别测试学生在四个方面的困扰程度：

1～5 题测试学习动机是否太脆弱。

6～10 题测试学习动机是否太过急功近利。

11～15 题测试在学习兴趣方面是否存在困扰。

16～20 题测试在学习目标上是否存在困扰。

假如对某一组(每组 5 题)中大多数题目持认同的态度，则说明在相应的学习欲望上存在一些不够正确的认识，或存在一定程度的困扰。

选“是”记 1 分，选“否”记 0 分，将各题得分相加，算出总分。

总分在 0～5 分，说明学习动机上有少许问题，必要时可调整。

总分在 6～10 分，说明学习动机上有一定的问题和困扰，可调整。

总分在 14～20 分，说明学习动机上有严重的问题和困扰，需调整。

一、学习动机的含义及类型

(一) 学习动机的含义

学习动机是学习者将学习愿望转变为学习行为的心理动因，是发动和维持学习活动的内在力量，它反映了学习者的需要和愿望，并体现在意志行动的过程中。

(二) 学习动机的类型

学习动机不是某个单一的因素，而是由多个因素组成的系统。这些因素根据其不同的特点，可分为以下几类。

1. 内部动机和外部动机

根据学习动机产生的条件，可将其划分为内部动机和外部动机。学习的内部动机来源于学习者自身动力的驱使，例如：认知的驱动力——由于内心对新知识、新事物存在好奇心，驱使学习者去认识事物，探索、解决问题；兴趣的驱动力——符合自己兴趣、爱好的事物或者知识，更容易引发学习者学习的动机；成功的驱动力——获得成功的欲望和需要促使我们积极进取等。学习的内部动机的作用较为持久，而且能够使学习者处于一种积极主动的学习活动状态。学习的外部动机则是由外界的诱因所决定的，例如：老师们深入浅出、幽默风趣的教学方式，每学期的奖学金，“三好生”“优秀学生干部”的评选等。学习的外部动机的作用往往较为短暂，因此，如果学习者完全是被这种学习动机所推动，那么学习活动也往往处于一种被动状态。

2. 主导性学习动机和辅助性学习动机

根据学习动机在学习活动中所起的作用不同，可将其区分为主导性学习动机和辅助性学习动机。在学习者的学习动机中必然有一种动机最为强烈、稳定，它制约着其他成分，决定着学习者的基本方向，被称为主导性学习动机；而其他不占主动地位的学习动机则被称为辅助性学习动机。主导性学习动机往往与辅助性学习动机同时存在，如有的同学学电脑是为了能通过网络更快、更好地获取各种信息知识，这是他的主动动机，但同时他也有着上网玩游戏、聊天等放松、娱乐的辅助性动机。

3. 近景性学习动机和远景性学习动机

根据学习动机内容指向的时间不同，可分为近景性学习动机和远景性学习动机。近景性学习动机是指向近期的，与学习者的学习活动和个人目标直接联系的动机。它是由我们对学习的直接兴趣以及对学习活动直接结果的追求所引起的，如有的同学希望学习上取得高分，从而获得奖学金等；远景性学习动机则是与学习结果、社会意义相联系的动机，是社会的要求在学习者身上的反映，如为了将来在自己的专业领域内有重大贡献等。

心理知识之窗：学习动机的作用

关于学习动机在学习中的作用，是一个颇有争议的问题。有的心理学家认为，有些学习可以不靠动机给予力量。如某些没有经过组织的短期学习，如学习某个单词，当时并没有要学习的意向，常是偶然获得的。大部分心理学家则认为，要进行长期的学习，学习动机是绝对必要的，强烈的学习动机是保证学好的前提，没有这个前提其他的都谈不上。尤古罗格卢和华尔伯格考察了大量的关于动机与成就关系的研究报告，分析了其中 232 项动机测量和学业成就之间的相关系数，发现其中 98%是正相关。因此，学习动机对于个体的学习活动可以发挥明显的推动作用。我们很难想象一个对学习毫无兴趣、对知识没有半点需要和渴求的人，会取得优异的学习成绩；也很少发现从未接受和体验过外在的促进、支持和鼓励的学生，能够获得学习的成功。

二、当代大学生学习动机的特点

作为当代大学生，不仅要知道什么是学习动机，更要对自身的学习动机特点有所了解。根据西南大学黄希庭教授等学者对我国大学生学习动机的调查结果显示，大学生的学习动机具有以下特点。

(1) 在大学生的学习动机中，内部动机尤其是发展成才的需要始终占据首要地位，它对大学生的学习起到持久的推动作用。

(2) 受商品经济文化的影响，对个人利益的追求在学习动机中处于重要地位，表现在大学生对高报酬的追求上。

(3) 由于受传统文化及社会角色特征的影响，男女大学生在学习动机上存在差异。男大学生更重视对个人利益和社会利益的追求，较少害怕失败；而女大学生更多的是避免失败，较少追求成功。

(4) 随着就业的临近，毕业班的大学生比其他年级的大学生更注重求知和提高自身素质，对物质利益的追求有所下降。

(5) 不同类型学校大学生的学习动机也有所不同。例如，学业任务相对较重的工科和医科院校的大学生更害怕失败，求职进取心不是很重；而军事院校的大学生则侧重社会取向和个人成就，对物质追求不是很迫切。

三、激发大学生的学习动机

学习动机对学习活动的影响是巨大的，大学生有意识地培养自己正确的学习动机，对学习会产生不可估量的作用。具体而言，可从以下几方面努力。

（一）确立高尚的优势动机

优势动机，在学习活动中居于支配地位。因此，只有首先确立正确的优势动机，才能把握一个人学习动机的实质和发展方向。当代中国大学生优势学习动机，应当是“献身于有中国特色的社会主义建设事业”这一富有时代特征和社会责任感的远景性动机。大学生胸怀这样的大志，就会有刻苦学习的持久的动力。

（二）激发认知性动机和成就动机

优势动机在一个人的动机体系中的地位是毋庸置疑的，但仅仅靠优势动机还不够。一个人的需要是多层次的，有远期有近期。优势动机满足远期需要，但毕竟不是一时能获得的。因此，在实现远期目标的过程中，还需要一些满足近期需要的辅导性动机来衬托和强化。

比如认知性动机、成就动机等内部动机，都会对远景性的优势动机起强化作用。

认知性动机是指外界输入的信息与学习者已有的认知结构期望之间产生不一致时，为了消除这种不一致而产生的行为动机。从认知心理学的观点来看，人是一个主动的信息加工系统，具有强烈的好奇心，从外界环境不断探索和收集信息，并试图将这些信息纳入自己的认知结构之中。因此，我们可以利用自身的这一“优势”，通过获取适量的信息，唤起学习的兴趣和注意。

成就动机是指激励着个体努力克服障碍、施展才能、为自己认为重要的或有价值的工作而乐意地去力求获得成功的一种内在驱动力。阿特金森(J. W. Atkinson)认为，成就动机由两种不同因素或相反倾向组成：一种称为力求成功的动机，即人们追求成功和由成功带来的积极情感的倾向性；另一种是避免失败的动机，即人们避免失败和由失败带来的消极情感的倾向性。我们可以发展自己的成就动机，来激发学习的动力。但这种个人的成就动机应当适度，应与追求社会进步结合起来，并服从于整个社会发展的利益。

（三）适度调节学习动机强度

心理学家的研究指出，动机强度与学习效率并不是线性的关系，而是成倒 U 形曲线关系。也就是说，学习动机的强度有一个最佳水平，此时学习效率最高；一旦超过了顶峰状态，动机程度过强时就会对活动的结果产生一定的阻碍作用。因为动机水平过强，会造成人们内心过度焦虑和紧张的状态，以致干扰了正常的学习记忆和思维活动，如图 3-1 所示。

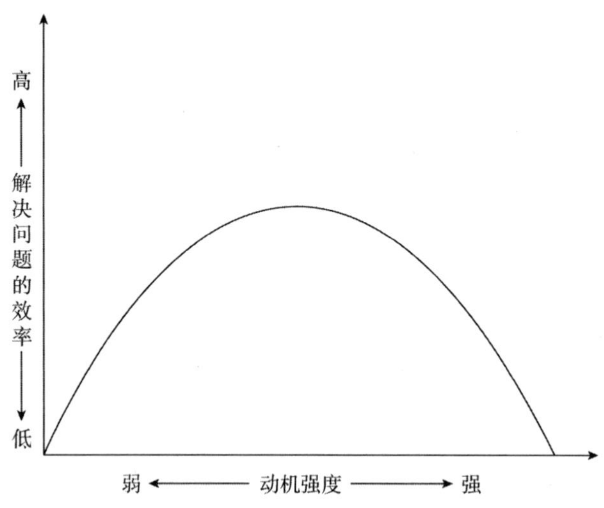

图 3-1　过度动机强度与解决问题效率的关系曲线

学习动机固然对学习活动起着发动和维持的作用，但这并不意味着学习动机越强，学习效果就越好。因此，学习动机作用于学习活动，有一个最佳水平的控制问题。按耶克斯—多德森定律，学习动机强度的最佳水平与学习课题的难易程度有关：在学习比较容易的课题时，学习效率有随动机强度的提高而上升的趋势，其最佳水平则为较高的动机强度；在学习比较困难的课题时，学习效率反而随动机强度的提高而下降，其最佳水平为低于中等水平的动机强度；在一般情况下，学习动机强度居中为最佳水平。

心理知识之窗：耶克斯－多德森定律

耶克斯—多德森定律是指，动机的最佳水平随任务的性质不同而不同：在比较简单的任务中，效率随动机的提高而上升；而随着任务难度的增加，动机的最佳水平有逐渐下降的趋势，如图 3-2 所示。

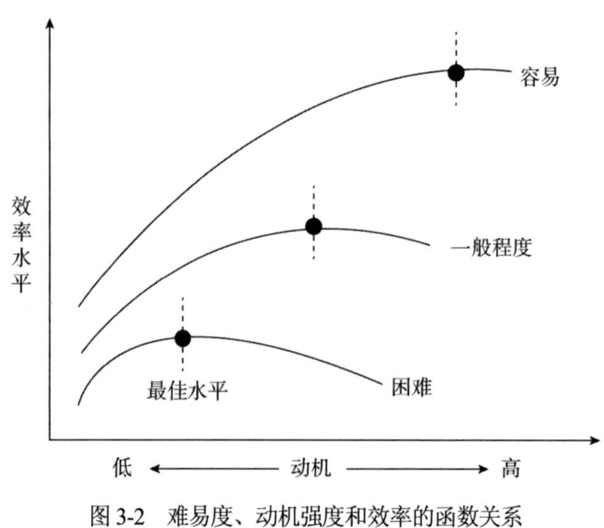

图 3-2　难易度、动机强度和效率的函数关系

(四) 培养积极的学习情感

情感是态度的核心，是认识转变为行为的中介。因而把握学习态度，较为关键的是把握学习活动中的情感因素。培养积极的学习情感，可包括以下几方面内容。

1. 选择合理正当的需要

情感是在需要的基础上产生和发展起来的。一般地说，凡是与主观需要相符合，并能使之得到满足的事物，就会产生肯定的、积极的情感。如果我们将学习活动、求知欲望、为社会做贡献作为自己的优势需要，就会产生热爱学习，追求真理的情感。因此，在学习活动中，大学生必须明确学习目的，培养合理正当的需要，以利于激发积极的学习情感。

2. 认识的不断深化

情感是在认识的基础上产生和发展起来的。它与认识相互促进，认识越丰富、越深刻，则情感也会越丰富、越深刻；同时，情感又可以反作用于认识活动，对某一方面事物的情感适当与否，也会对认识活动产生促进或妨碍作用。因此，我们要学会用理智来支配情感，做情感的主人，以克服消极的情感，防止它们对学习活动产生不利影响。

3. 发展积极的情操

情操一般有情绪和情感两种形式，情绪是比较低级的情感形式，其表现形式有激情、心境和热情，统称为情绪状态。而情操则是一种习得的、比较高级的情感，其表现形式有理智感、道德感和审美感，统称为高级社会情感。在学习活动中，适当的激情、良好的心境和饱满的热情是积极的学习情感的重要保障；是取得学习成就的内在动因。在学习过程中，我们既要保持和激发良好的情绪状态，又要通过学习活动形成和发展自己的情操，以更加理智、主动的态度投入到学习中去。

第三节　大学生学习效率的提高

一、提高学习效率的根本——科学用脑

(一) 勤用脑，学习好

大学学习几乎都是脑力劳动，听课用脑，考试用脑，搞学问、做研究更是要用脑，不少同学在经历了一场期末考试或完成一份调查报告后，常常担心自己如此“大力度”地用脑，脑细胞会严重受损，然而事实并非如此。

据科学实验证明，人从 20 岁起，脑细胞每天要死掉约 10 万个。脑细胞的总数约为 136.53 亿个。这个数字在出生时就固定了，一辈子中有减而无增。假如把 136.53 亿个脑细胞用 10 万去除，等于是 13.653 万天，合计 374 年。而在现实生活中，人类的寿命一般不会超过 100 年。因此，我们大可放心地使用大脑，而不用担心“脑细胞用完了怎么办？”另外，从

“用则进，不用则退”的原理来说，脑子也是越用越灵，不用则退化萎缩。一位日本科学家发现，勤于用脑的人，脑血管经常处于舒张状态，使神经细胞得到良好的营养，大脑也就不会过早衰老。甚至，美国科学家还通过动物实验发现，经常动脑可使智力水平提高。

资料卡

闻名遐迩的世界杂志之王——《讲谈社》创办人野间清治在其自传中写有这样一段话：“我的工作可用两个字来概括，那就是‘思考’。有关事务上的事，我是一概不插手的。也许，这在旁人看来，我是个终日游手好闲的人，但是，我一刻也未停止动脑、设想与思考。因此，我越到晚年，头脑倒越觉得清醒，常常会有妙计良策生出。”

因此，大学生勤用脑，不仅不会用“坏”脑子，反而会使头脑越来越灵活。在学习中，对课外知识吸收得更快、更多；对疑难问题反应越来越敏捷，思维更加清晰，解决的方法也更迅速有效。

（二）使用不当，大脑“罢工”

有的同学认为：“我是常用脑，我甚至每天都在图书馆读书，可我不仅没觉得脑子变好用了，反而觉得自己越来越笨！”其实，脑子越用越灵是建立在合理使用的基础上的。如果你每周用脑时间超过 70 小时，那么，你已经用脑过度了。

在长时间用脑的时候，脑细胞代谢产生的自由基、乳酸等许多有害物质大量淤积，来不及清除，阻塞了大脑的营养吸收通路，造成血氧含量降低，血液循环不畅通，在脑部营养极度消耗的同时又阻碍了营养物质的有效吸收和利用，产生了疲劳。这时，如果强制大脑继续工作，就超过了其能力的限度，大脑就会采取“罢工”的形式进行自我保护，完全处于休息状态，不再做任何工作，即产生大脑皮层的保护性抑制。

心理知识之窗：“大脑罢工”现象

日本有一位心理学家曾做过一个著名的实验。这位心理学家的心算能力很强，他连续做了 4 天的乘法心算，采用的题目是 4 位数乘以 4 位数，每 4 题一组，每天做 17 组，共 68 题，每组做完后间隔 1～2 分钟。结果，他做第一组题时用了 20 分钟，而做最后一组题时却用了 47.1 分钟。实验表明，长时间紧张的脑力劳动，导致开始时的工作效率与最后的工作效率竟相差 2 倍以上。因此大学生在勤用脑的同时，也要注意科学用脑，避免出现“大脑罢工”的现象，从而降低学习效率，影响学习积极性。

二、提高学习效率的关键——学会科学用脑

（一）保证大脑的休息

大学生要重点保护大脑，使其有充分的休息时间，这是使大脑细胞发挥正常功能的必要

条件。休息的方式有如下几种。

1. 睡眠休息法

睡眠是各种休息中最重要的一种方式。当大学生们处于睡眠状态时，一方面由于大脑处于休息状态，因而对氧气和营养物质的消耗减少，废物和二氧化碳的生成自然也减少，通过血液循环，大脑源源不断地得到营养物质和氧气，又不断地把废物和二氧化碳运走，使经过一天学习的脑细胞从物质上得到更新，又恢复正常的生理功能。另一方面，当睡眠进行到一定深度时脑垂体中的一种激素分泌较多，这种激素可以促进大学生身体生长，调节体内的物质代谢。经过充足的睡眠，起床后会感到精神饱满，学习效率大大提高，这是大脑神经细胞技能状态较好的表现。有人用动物做实验，连续 25 天不让狗吃东西，只让它睡觉，结果狗还可以活着，而用人工的方法不让狗睡觉，经过五天五夜狗就死了。

心理自助训练

如何安然入睡

1. 睡前应减少身体上和精神上的活动。体力活动虽然有助于睡眠，但睡前过度运动可使血液循环加速而难以入睡。

2. 吃过晚饭后不要喝浓茶、咖啡等使精神兴奋的饮料。

3. 保持卧室环境安静、昏暗、温度适宜；床铺和被褥清洁、舒适。

4. 床是用来睡觉的地方，不要在床上看电视、看书，也不要在床上思考问题，有些事应在睡觉前想好或干脆留到明天去想。

5. 睡觉前不要吃得太饱，因为吃得太多胃肠运动会加强，就是中医所说的“胃不和则卧不安”。

6. 利用数息法尽快入睡。大学生可以通过计数自己的呼吸，来达到心理放松、平静入睡的目的。方法很简单，即躺在床上后，全身放松，先呼吸几次，然后开始数息，可以计入息，也可数出息，从第 1 息数至第 10 息，然后再从第 1 息数起，常常会出现不能数到 10，或者数过了 10 的情况，这是因为脑子里就已经开始想事了，是正常现象，这时候，只好再从 1 数起。如此循环，不知不觉，已进入梦境。

7. 进行自我放松训练。卧在床上，闭眼，自然呼吸，然后把注意力集中在双手或双脚上，全身肌肉极度放松，用沉重感来体验肌肉的松弛程度。默念自我暗示的语句：“我的脚越来越沉重了”“我的下肢越来越沉重了”“我的全身越来越沉重了”……一旦意识到自己的头脑中产生了与四肢沉重感无关的意念，应立即停止，重新把注意力集中到对手脚沉重感的体验上，如此反复能在练习过程中放松入睡。

2. 交替活动休息法

古人云：“一张一弛，文武之道。”大学生在大脑的使用上也必须遵循这个规律。

当我们在进行某种脑力劳动时，大脑皮层只有相关工作区的神经元处于兴奋状态，其他工作区的神经元则处于抑制状态。当工作或学习的对象发生转换时，大脑皮层的兴奋区和抑制区也随之转换。这样，大脑皮层就出现了兴奋区和抑制区相互交替的活动方式。大脑皮层之所以能够长时间工作，兴奋区和抑制区相互转换是一个非常重要的条件，多种活动相互轮换，就可以使大脑皮层的各个区域得到轮流休息，从而保证大脑的工作效率。如果强制大脑某个区域长时间紧张工作，必然会导致这一局部高度兴奋，血流量加大，代谢加快，营养物质消耗增多，废弃物质堆积，从而影响脑的工作效率；而此时抑制区域的中枢正摩拳擦掌、跃跃欲试等待时机，如果能适时给工作区域一个休息的指令，让抑制区域披挂上阵，就可以两全其美，使营养物质均衡地分布在脑的不同区域，具体方法如下。

(1) 学习和运动相结合。在持续一段时间的学习之后，我们不妨进行适当的运动。运动使在学习时基本上处于休息状态的躯体运动中枢开始“工作”起来，而与学习活动有关的神经中枢就处于抑制状态，得到了休息。这种积极的休息，既锻炼了身体，又使学习后疲劳的有关大脑皮层区得到了休息。

资料卡

美国科学家在过去 35 年内对 400 名 21～84 岁的成年人进行了语言能力、感觉速度、空间定向及计算机思维等方面的测试研究。结果表明，25%常参加运动锻炼的人，在智力和反应方面明显高于不参加锻炼或极少参加锻炼的人。德国著名诗人歌德说：“我最宝贵的思维和最好的表达方式都是在散步中出现的。”所以，在紧张的学习过程中适当地穿插一些运动，更能促进学习效率，正所谓“磨刀不误砍柴工”。

(2) 学习内容交替安排。我们还可以交替安排不同性质的学习内容。例如，学习英语后看历史，这样与学习有关的大脑皮层的神经细胞开始兴奋，而刚才学习英语时处于兴奋状态的神经细胞就进入抑制状态，即休息状态。大脑皮层各有关区域轮流工作，轮流休息，可以减少疲劳的发生。许多有成就的科学家、革命者都懂得合理用脑，让大脑交叉兴奋。例如，马克思在写《资本论》时，常常是借助读外文和演算《人口论》作为休息；鲁迅在创作中感到疲倦时，就读点政治、经济、历史、地理、考古等方面的书籍。

(二) 保证学习生活规律

与周期性运动的自然界一样，我们的思维、情绪和各种器官运转也都有一定的时间节拍，人们形象地称之为“生物钟”。每个人都有属于自己的生物钟。如果把一天的学习、工作、劳动、锻炼、娱乐和睡眠等时间做出科学的安排，然后严格地执行，经过一段时间，前面的活动刺激就很容易成为后面活动的信号，建立起条件反射，使大脑皮层各区域的兴奋和抑制，或者说工作和休息比较协调、有节律。到时候就能入睡，到时候就能醒来，坐下来就能很快地进入学习意境。同学们如果将学习生活的安排建立在科学用脑的基础上，长期这样有规律地生活，让各种活动的变换达到自觉的状态，就可以减轻大脑的负担，保证大脑的健康，大大提高学习的效率。

心理知识之窗：生物钟

生物钟又称生理钟，是指生物生命活动的周期性节律。这种节律经过长期的适应，与自然界的节律(如昼夜变化、四季变化)相一致。植物在每年的一定季节开花，候鸟在每年的一定季节迁徙等，就是生物钟的表现。

许多大学生整个上午短期记忆效果好，这是因为，在夜晚睡眠过程中，大脑对前一天接受的学习进行了整理，加强了对有用信息的贮存，使杂乱无章的东西条理化，清除了大量“记忆垃圾”，比较容易接受新的信息，心理学上称之为不受前摄抑制的影响。另一些大学生晚上记忆效果好，这是因为夜里学习后，立即进入睡眠状态，大脑皮层转入长时间的保护性抑制过程，不再有新的信息来干扰已记忆的内容，因而记忆效果好，心理学上称之为不受倒摄抑制的影响。

那么，究竟怎样用脑效果最佳？这在很大程度上取决于个人的用脑特点和习惯。有研究者将人分为三种类型：一种是“猫头鹰型”。这种人每到夜晚脑细胞便进入兴奋状态，精神饱满，毫无倦意，如鲁迅先生、法国作家福楼拜都喜欢在夜间挥笔著文。另一种是“百灵鸟型”。这种人黎明即起，情绪高涨，思维活跃，如作家姚雪垠、数学家陈景润习惯在凌晨 3 点投入工作，俄国文豪托尔斯泰、英国小说家司格特也习惯于早晨写作。第三种是“混合型”。这类人全天用脑效率差不多，但相对而言上午 8—10 点和下午 3—5 点效率较高。就整个人群来说，混合型人是绝大多数，约占 90%。

大学生大可不必时时刻刻都绷紧神经准备应战，搞得自己疲惫不堪，工作效率也不高，而应该根据自己的用脑特点和习惯，合理安排作息时间，将精力最为充沛的时间段分给最富有挑战性和创造性的工作。

第四节　大学生学习策略的掌握

大学学习的特点使我们不得不重视学习策略的掌握，所谓学习策略就是学习者为了提高学习的效果和效率，有目的、有意识地制定的有关学习过程的复杂方案。通过掌握学习策略能有效提高学习效率。

一、积极利用学习的正迁移作用

(一) 学习迁移概述

学习迁移是泛指一种学习对另一种学习的影响。如果先前的学习对后来的学习产生影响，就叫顺向迁移。反之，后来的学习对先前的学习产生影响，则叫逆向迁移。无论是顺向迁移或逆向迁移，都有正负两种效果。凡一种学习对另一种学习起促进作用，都是正迁移，简称迁移；凡一种学习对另一种学习起干扰或阻碍作用，都是负迁移，又称干扰。

(二) 迁移与学习的关系

1. 迁移对学习的重要意义

如前所述，迁移是指一种学习对另一种学习的影响，那么，凡有学习的地方就存在着迁移。因为，新的学习总是在已有经验的基础上进行的，新旧知识经验之间必然相互发生作用，产生迁移效果。大学生了解和运用迁移的规律，就可以促进正迁移，做到举一反三、触类旁通，实现知识的概括化和具体化，扩大学习成果，提高学习效率。

2. 迁移对知识、技能的应用具有重要意义

教育是为了未来，学生掌握知识、技能的目的在于应用，在于将来工作时，能解决面临的问题。而知识、技能的应用是与迁移分不开的。运用知识、技能解决问题的过程，也就是借助于思维活动，分析概括出新的问题情境与原有的知识、技能之间的内在联系，并改组原有的知识、技能，找出解决问题的途径和方法的过程。因此，没有学习的迁移，就没有知识、技能的应用。迁移量越大，越能顺利地应用知识技能解决问题。

(三) 影响迁移的因素与应对方式

1. 迁移的影响因素

影响迁移的因素有主观的，也有客观的，主要有以下几个方面。

(1) 对象之间的共同因素是实现迁移的主要因素之一。就是说，两种学习对象之间，如果存在相同或相似的地方，主观上又能认识到这种共同因素，就可能产生迁移。因此，大学生在学习中，要善于认识并分析学习对象的相互关系，概括其共同性，以实现学习的迁移。

(2) 已有经验的概括水平，是影响迁移效果的重要因素。经验概括水平越高，越有利于迁移。

(3) 学习的认识结构(即学生头脑中的知识结构)是影响迁移的重要因素。

可见，学习迁移的产生是受主客观因素制约的。

2. 促进学习迁移的方式

为了促进迁移，避免干扰，在学习中应注意以下几个问题。

(1) 在客观上，要改革教材内容，促进迁移，改进教学方法，发展学生的思维能力。在主观上，要克服定式的干扰。在相同或相似的情境中，定式对问题的解决起积极作用，即产生正迁移，可是，在变化的条件下，定式则起消极作用，即产生负迁移或干扰。为了在变化的条件下，克服因定式出现的干扰，大学生在学习中要开阔思路，对一个问题的解决要从多角度去考虑。

(2) 大学生要掌握学习方法，良好的学习方法能产生大量的正迁移。

(3) 在学习中能自觉运用迁移规律，就能取得良好的迁移效果。如一位大学生已掌握了英语，再进修法语时，能自觉运用迁移规律，分析法语与汉语、英语在读音、语法以及学习外语方法等方面存在的共同因素和各自的特点，主动地促进正迁移，避免负迁移，就会大大提高学习的效果。因此，大学生自觉掌握学习迁移的知识并运用其规律，对促进当前学习及今后的知识更新是大有裨益的。

二、认真对待学习中的高原现象

（一）高原现象概述

高原现象是指在学习或技能的形成过程中，出现的暂时停顿或者下降的现象。在成长曲线上表现为保持一定水平而不上升，或者有所下降，但在突破“高原现象”之后，又可以看到曲线继续上升，如图 3-3 所示。

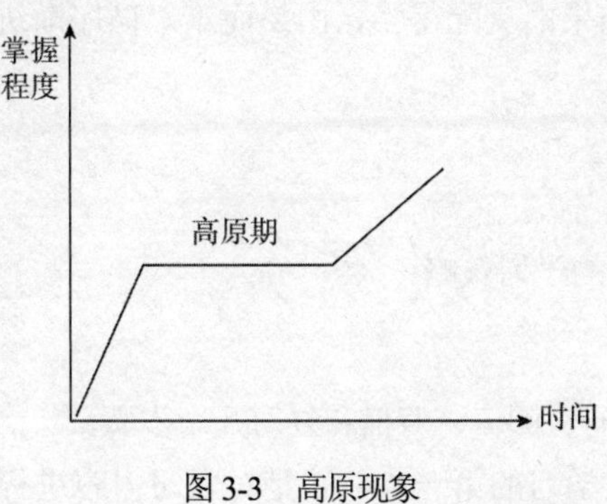

图 3-3　高原现象

（二）突破高原现象的方法

遇到高原现象，有的学生产生了畏难心理，灰心失望，停滞不前；有的学生想逾越，却又感到步履艰难，在这种情况下，应该怎么办？

1. 找到产生“高原现象”的原因

一般来说，产生高原现象主要有以下原因：

(1) 在学习过程中，在获得任何知识和特殊技能时，由于新、旧知识可能有许多共同的因素，因而成绩进步明显；随着新技能与旧技能的差别越来越大，人们仅仅依靠旧的技能已无法满足新技能的要求，提高成绩就比较困难了。

(2) 因为学习者个人状态的影响，如兴趣降低，对所学的内容产生厌倦情绪和疲劳，或者动机降低。

(3) 因为初学时所用的方法不当，养成不良的习惯，随着所学知识和技能的不断深入，难度增大，则会出现高原现象。

2. 要坚定逾越高原现象的信心，找到克服高原现象的办法

在学习过程中，高原现象是对学生的挑战也是考验，如果能善于利用，可转弊为利。有人认为，高原现象的到来，常常是由学习的一个阶段跃到另一个较高阶段的过程中的一个小小波折，正是进步的预兆。同时，学习是多方面的，在学会一方面转向另一方面时，即学习的着重点有所变化时，进步必然迟缓，改用新方法学习，在新方法未能纯熟之前，总要反复尝试学习，这种反复尝试学习虽然有碍于学习进步，却是未来进步的准备阶段。

我们既然认识到高原现象是进步的预兆和准备，那么，遇到高原现象时，千万不要气馁，只要坚定信心，保持学习热情，并注意总结经验教训，终会突破高原现象，使学习成绩达到更高层次。假如真的感到身体疲劳，学习厌倦，此时不妨停下来，充分地休息一下，唱唱歌、跳跳舞，或者出去旅游，使精神松弛一下，待重振精神后，可能会更加顺利地突破高原现象。

3. 避免产生高原现象

应明确的是，高原现象并非是一切学习必经的阶段。尤其在简单的学习活动中，只会有短期的波动。学习的材料如果能支配得当，由易而难，循序渐进，再加上教师指导有方，高原现象也可避免产生。

三、掌握良好的学习策略

下面介绍几种比较常用的学习策略：

1. SQ3R 法

SQ3R 法代表浏览、提问、阅读、背诵和复习几个步骤。

(1) 浏览(survey)。这是学习的第一步，就是对学习内容进行浏览，从整体上把握文章脉络，为后续学习做准备。

(2) 提问(question)。将文章的标题及主要内容转化为问题的形式，带着问题深入阅读。

(3) 阅读(read)。根据问题提示阅读内容并寻找问题的答案。

(4) 背诵(recite)。经过上面的过程，学习者已经理解了课文中的大部分内容，此时不看课本，通过回忆看自己有多少内容已经能够记住，还有哪些没有能够彻底了解需要进一步加工并记下来。大学生可以通过大声陈述和一问一答的形式，也可以使用对标题、画了线的词和所做笔记来提问的形式进行回忆。

(5) 复习(review)。阅读过的内容要在大脑中长期保持，就必须复习。通过复习加深对知识的巩固、理解，并建立有关内容的联系。主要通过自问自答的形式进行复习，实在答不出来时，再重新阅读材料。

2. PQ4R 法

PQ4R 法分别代表预习、提问、阅读、反思、背诵和复习。

(1) 预习(preview)。这是学习的第一个阶段，快速浏览材料，对材料的主题和副主题有一个初步了解。

(2) 提问(question)。针对阅读内容提出一些问题，如根据标题用“谁”“什么”“为什么”“何时”“怎么样”“哪”等疑问句提问。

(3) 阅读(read)。针对内容进行阅读，全面了解内容，试图回答自己提出的问题。

(4) 反思(reflect)。理解所学内容的意义，包括把现在所学内容与学习者已有的知识相互联系起来，把课文中的细节和主要观念联系起来，对所学内容做相应评论，试图用这些材料去解决联想到的类似的问题。

(5) 背诵(recite)。同 SQ3R 法的背诵。

(6) 复习(review)。同 SQ3R 法的复习。

心理自助训练

学习策略的团体心理辅导游戏

1. 让每个学生回顾反思过去一年自己学习的成功与有效之处，共同分享有效学习的策略与方法，畅谈对本学期各门课程的特点与学习目标的认识，重点放在学习各门课程可利用的资料和学习策略上。

2. 组织学生分析讨论自己怎样切实实现有效的学习，选择一些成员现身说法，让团体成员分享他们的感想与经验，并要求团体成员践行“每日计划与监控策略”，每晚想好“学习上我今天已经切实完成了昨晚打算的哪些内容”，并思考“我明天要具体完成哪几项任务，怎样实现”，并将这两项内容记录在日记本上。

3. 组织团体成员以“小组呈现”的方式思考与讨论学习策略在各门课程中的具体应用，结合已学各门课程具体内容畅谈个人的实际经验与感想。

4. 引导学生实际操作生成学习、合作学习、支架学习、问题学习、抛锚学习等学习模式的有效应用。

第五节　大学生常见学习心理问题及矫治

一、大学生考试焦虑及调整

(一) 考试焦虑的表现及原因

考试焦虑在大学生中较为普遍。考试焦虑是指因考试压力引起的一种心理障碍。考试焦虑影响学生的思维广度、深度和思维的灵活性，降低应试的注意力、记忆力，使复习及其考试达不到应有的效果，考试焦虑严重影响了学生的学业成绩。

但是并非所有的焦虑对学习都是有害的，适度的紧张可以维持考生的兴奋性，增强学习的积极性和自觉性，提高注意力和反应速度等。焦虑是一种复合性情绪状态，包括焦虑反应、过度焦虑和焦虑症三个由轻到重的层次。在神经内分泌功能上，焦虑还可以表现为心情紧张、恐惧、提心吊胆、头晕、心悸、不安、出汗、肢端震颤、尿频尿急等。而考试焦虑的产生是内因和外因相互作用的结果。外部因素来自于学校、家庭和社会；内部因素与个体的个性、抱负、早年经历、认知水平和心理承受能力等有关。所以，克服考试焦虑，有助于大学生对考试持有正确的态度，提高大学生对学习的积极性和主动性。

心理测试

考试焦虑水平测试

请仔细阅读下列的 37 个句子，根据自己的实际情况(感受)，选择“是”或“否”（答案没有对错、好坏之分，只需按实际情况填写)。

1. 当一次重大考试就要来临时，我总是在想别人比我聪明得多。
2. 如果我将要做一次智能测试，在做之前我会非常焦虑。
3. 如果我知道将会有一次智能测试，在此之前我感到很自信、很轻松。
4. 参加重大考试时，我会出很多汗。
5. 考试期间，我发现自己总是在想一些和考试内容无关的事。
6. 当一次突然袭击的考试来到时，我感到很怕。
7. 考试期间我经常想到会失败。
8. 重大考试后，我经常感到紧张，以致胃不舒服。
9. 我对智能考试和期末考试之类的事总感到发怵。
10. 在一次考试中取得好成绩似乎并不能增加我在第二次考试中的信心。
11. 在重大考试期间，我有时感到心跳很快。
12. 考试完毕后我总是觉得可以比实际上做得更好。
13. 考试完毕后我总是感到很抑郁。
14. 每次期末考试之前，我总有一种紧张不安的感觉。
15. 考试时，我的情绪反应不会干扰我在考试中的发挥。
16. 考试期间，我经常很紧张，以致本来知道的东西也忘了。
17. 复习重要的考试对我来说似乎是一个很大的挑战。
18. 对某一门考试，我越努力越感到困惑。
19. 某门考试一结束，我试图停止有关担忧，但做不到。
20. 考试期间，我有时会想我是否能完成大学学业。
21. 我宁愿写一篇论文，而不是参加一次考试，作为某门课程的参加。
22. 我真希望考试不要那么烦人。
23. 我相信，如果我单独参加考试而且没有时间限制的话，我会考得更好。
24. 想着我在考试中能得到多少分影响了我的复习和考试。
25. 如果考试能废除的话，我想我能学得更多。
26. 我对考试抱着这样的态度：“虽然我现在不懂，但我并不担心。”
27. 我真不明白为什么有些人对考试那么紧张。
28. 我很差劲的想法会干扰我在考试中的表现。
29. 我复习期末考试并不比复习平时考试更卖力。

30. 尽管我对某门考试复习得很好，但我仍然感到焦虑。

31. 在重大考试之前，我吃不香。

32. 在重大考试之前，我发现我的手臂会颤抖。

33. 在考试前，我很少有“临时抱佛脚”的需要。

34. 校方应该认识到有些学生对考试较为焦虑，而这会影响他们的考试成绩。

35. 我认为，考试期间似乎不应该搞得那么紧张。

36. 一接触到发下的试卷，我就觉得很不自在。

37. 我讨厌老师喜欢搞“突然袭击”式的考试。

各项目评分均为 1 或 0，对每个项目，被试者根据自己的实际情况答“是”或“否”。评分时，“是”记 1 分，“否”记 0 分，但其中第 3、15、26、27、29、33 题 6 个项目为反向记分，即“是”记 0 分，“否”记 1 分。

TAS 只统计总量表分，把 37 个题目的得分加起来为总量表分。得分情况总结如下：

12 分以下，属较低焦虑水平。

12～20 分，属中等焦虑水平。

20 分以上，属较高焦虑水平。

其中，15 分或以上表明该被试的确受到了因要参加考试而带来的相当程度的不适感。

（二）缓解考试焦虑的技巧

1. 消除错误观点

很多考生认为：“考试就是我紧张，别人都能轻松应对。”其实面对大型的有着相当影响的考试，参加考试的人都必然会紧张，这是人的正常心态。

2. 正确认识紧张和焦虑

紧张和焦虑并非全是坏事，这是人面对重要的、紧迫的事情时出现的一种正常反应，这种反应有“预警”和“发动”作用。适当地紧张和焦虑有助于促进我们积极迎接考试并取得较好的成绩。

3. 坦然面对和接受自己的紧张

在临考的几天里，紧张是身心所调动的一种准备应付考试中各种不定情况的力量，这对于临考的同学来说是非常正常的。

4. 利用小技巧，缓解紧张情绪

可以利用小的技巧，改变紧张状态，如：分散注意力，想象一下考试后就可以去喜欢的地方旅游或和好朋友聚会；咀嚼口香糖，把精力放在咀嚼这一动作上；拳头握紧，然后再放松；做一做深呼吸等。

二、大学生考试舞弊心理及矫治

高等学校关于考试、考查均有成文的规定和纪律，每逢考试都会三令五申考场纪律，严禁考场作弊行为。但是，违犯考试纪律的现象却屡屡发生，难以杜绝。那么受试者作弊的心理是如何产生的呢？

（一）考试舞弊的原因

根据调查分析，大学生考试舞弊的心理大致包含以下几种。

1. 虚荣心

有的学生把考高分看作争取其他一切机会的“垫脚石”，为了在与他人的学习竞争中有把握获胜，在入党、评三好学生、评奖学金等方面取得优势，求高分心切，遂产生弄虚作假的意念，发展成为作弊行为。还有的学生怕考不好，在家长、老师、同学面前丢面子，也产生了作弊的念头。这部分学生在作弊后，往往产生自责和内疚感，其中有多数人能够改正，不再重犯，但也有个别人作弊后未被发现，尝到了“甜头”，而一发不可收拾。

2. 侥幸心理

个别学生平时学习不肯用功，明知自己考试成绩不会高，甚至通不过，便把自己的“聪明才智”用到了“歪门邪道”上。如极个别学生对于考试作弊颇有研究，作弊形式多样善变，不易发现。有的甚至从“个体户”发展到“联合体”，代领其他同学一起作弊，造成了不良的考试氛围。这种作弊的学生往往有“预谋”，考前早有作弊的心理和行为的准备，这种作弊往往带有一贯性，先前作弊行为未被发现，助长了他们侥幸心理的发展。这部分学生在作弊的学生中占较大的比例。

3. 吃亏心理

部分学生本无作弊意念，但当看到别人作弊取得了好成绩，却未被发现和处分时，认为自己“吃亏”了，这就诱发了他的作弊意念。

4. 哥们义气

考试过程中，有的学习好的学生和学习差的学生联合作弊，一般是考前早有默契，成绩差的学生要求得到“关照”，而成绩好的学生意气用事，感到“友情难却”，便协同作弊；还有极个别学生应“邀”冒名代考，严重违犯了考试纪律。

（二）考试舞弊心理的矫治

考试舞弊心理是一种不健康的考试心理，对大学生人格的塑造和全面成才产生极为不利的影响。考试舞弊心理的矫治，应从主观和客观两方面入手。

1. 从客观方面矫治考试舞弊

从客观方面讲，教师、家长要讲究教育方法，减轻考试对学生的精神压力，特别对学习基础差的学生要多加关心和指导；同时，严明考试纪律，一旦发现作弊，就要严格按校纪校规处分和予以严肃批评，不能因过分的宽容、怜悯而姑息迁就，松弛纪律。严格管理和教育，有利于学生良好思想、行为的塑造。

2. 从主观方面矫治考试舞弊

从主观方面讲，大学生要做到：

(1) 培养高尚的道德品质。严守考试纪律是精神文明建设的重要内容，也是当代大学生道德品质修养的重要体现。大学生要从校风学风建设和个人道德品质修养的高度去看待考试纪律问题，认识到考试作弊是一种“知识偷盗”的不光彩行为。

(2) 树立刻苦严谨的学风。考试是为了检验每个人的知识掌握程度。大学生要把注意力放到平时刻苦勤奋地学习科学文化知识上，而不仅仅关心考试成绩的好坏；要认识到有了真才实学，才能为社会建设做贡献。

(3) 考场上的自我心理控制。在考场上，当产生作弊意念时，就暗示自己“作弊可耻”“我是一个诚实的人”，并且按先易后难的原则答卷，遇到解答不出的考题，不要过分自责或焦虑，要安慰自己，以后要加倍努力学习等。在考场上，无论遇到什么情形，都要提醒自己克服作弊心理，避免作弊行为。

(4) 揭发和批评他人的作弊行为。有的学生发现别人作弊时，或者碍于情面，或者怕遭到打击报复，故而熟视无睹，佯装不知。殊不知，这样做反而害了作弊的同学，助长了其作弊行为，也不利于良好的学风和成长环境的形成。因此，我们每一个大学生，都有责任和义务维护校风学风，抵制不健康的作弊心理和行为。

三、大学生厌学行为及矫治

(一) 当前大学生厌学行为的表现

厌学指学生对学习感到厌倦的心理现象。其具体表现为：学习缺乏积极性、兴趣低落、求知欲缺乏或学习目标“短视”，学习行为懒散，不愿刻苦学习，纪律松弛等。具体表现在：

1. 缺乏学习的准备性

很多学生对于知识的预习、及时复习，以及自习等方面都表现得很差，统计表明，只有1/5 的学生能做到经常有准备地学习。

2. 学习的有效性下降

从能否迅速投入并专心于学习、听课时是否集中注意力、个人能否自己调控排除干扰学习因素等方面的调查显示，基本上能有效学习的学生只占被调查学生人数的 20%。大多数学生只是有时能有效学习。而有 10.8%的学生在学习时则很难做到专心致志，常常是心猿意马、极易走神，学习的效率极低，且这种差异达到了极显著水平。

3. 学习行为的坚持性差

只有 27.67%的学生能做到课堂学习始终认真、持久坚持。大多数学生注意力较难自觉维持，受外界影响较大。

(二) 大学生厌学行为的特点

当前大学生的厌学问题，可以概括出以下几个特点：

1. 学习态度上，厌倦情绪明显，且涉及面广

学生的学习表现不仅受其学习能力的影响，还与其对学习的态度密切相关。当前大学生在学习态度方面，厌倦情绪是较明显的：不只是对自己不感兴趣的专业学习时厌倦，那些不知自己想选学什么专业的学生，实际上对各专业都没什么兴趣。

2. 学习行为表现上，厌倦学习过程，但看重“结果”

当前大学生尽管对学习厌倦，但厌倦的是学习过程，对学习结果即成绩还是重视的。正因为如此，到了临近考试时，教室里自习学生增多，寝室里也有人“废寝忘食”地学习。

3. 在学习行为倾向方面，厌倦扎实学习，热心实惠的“学习”

当前大学生在学习钻研方面，追求学习“精”“深”的人数比很少，占3/4的学生在学习上只求一般了解。有些学生，学完一门课程后，连教材都没看过一遍，更不用说多看几本有关的参考书了。有的学生甚至连要开课的教材都不愿去买，仅仅依靠课堂的笔记对付着课程学习。尤其是基础理论、公共课的学习，学习的积极性和兴趣完全取决于老师。如果教师讲课“有味”，则能在教室内多坐一下或多听一点；否则，不是中途开溜，就是干着自己的事，完全听而不闻。但是，这并不表明大学生对学习一点也不“积极”，从校园的实际学习情况来看，一方面是学生厌学，一方面有些学生对某些课程又表现出学习“热”，如计算机考级学习、英语考级学习等。

(三) 大学生厌学的原因

1. 厌学的客观原因

(1) 教育体制存在的问题。当前我国的教育，从体制角度看，存在着几个突出的问题：①教育目标不清；②约束机制不力；③知识与能力目标不明等。影响了学生对学习意义的认识。

(2) 思想政治工作的软弱。思想政治工作软弱，一方面表现在丢失了信念、信仰教育，人生观、价值观的教育；另一方面，大学生缺乏必要的理论知识和认识方法，其理论修养和个人的政治素质、思想素质及水平明显偏低。缺乏辩证地、客观地分析和认识复杂问题的能力。社会上消极的东西、个人主义的价值观搞乱了一些学生的思想和他们的人生价值标准，价值观取向偏向自我，只讲实惠功利等。表现在学习上，就是学习目标、学习动机“短视”，更多是看眼前、想自己、追求个人利益等。

(3) 社会问题的干扰。社会问题的干扰，是指当前社会中存在的一些客观现象所产生的消极影响。

(4) 基础教育中“应试教育”的影响。虽然我们讨论的是大学生厌学问题，但我们应看到，大学生对学习的认识、对学习的态度及一些学习习惯是与基础教育密切相关的。我们的基础教育实际上就是应试教育。应试教育本身就是教学目标的“短视”，单纯重视暂时的、表面的教育效果即考试成绩，忽视了学生素质(这一深层次的、长久作用于人的能力方面)的提

高。在应试教育下，学生的学习目标更多的是具体的、短期的，这就使学习者缺乏内在的、持续的激励因素，而在各种因素下滋生厌倦情绪；同时，会妨碍和误导学生对学习意义的理解。何况，应试教育虽然可以刺激学生为分数而努力，但高分并不代表其实际能力就强，学生记忆犹新的更多的是“苦读”的体验，当进入大学后，一下没有了明确的“应试目标”，也就没有了学习的“动力”，这时对学习的厌倦情绪就很容易爆发出来。

2. 厌学的主观原因

(1) 学习缺乏宏伟目标，多短视功利。当前大学生的学习动机多指向短近的、具体的对象，带有很浓的功利色彩。学生学习的动机较多是：为了自尊心、进取心、不甘落后；报答父母；珍惜机会；为社会做贡献；能顺利拿到毕业证书以便找到一份好工作等。

(2) 学习动机复杂多元，学习目标迷惑不明。当前大学生学习动机复杂多元，即学习活动受多种动机支配，且不稳定。

(3) 自我提高动机过强。自我提高动机是一种学习的外部动机，它可使学习者为其看重的需要获得满足等而提高其努力学习的积极性。通常，随着学生年龄的增长，这种动机在学习中逐渐具有一定的重要作用。但是，学习的原动力更重要的应是来源于认知需要和兴趣，这是学习中最稳定、最重要的动机因素。对大学生来说，随着其认识水平及能力的提高，其对学习的认知兴趣应该有所发展，其学习动机指向学习任务本身的内部动机也应增加或增强。

此外，当前大学生的整体素质水平不高，这既表现在他们中的一些人缺乏远大的理想和坚定的信念，人生观、价值观讲求实际实惠，缺乏认真读书学习的习惯，知识面较窄又贫乏，文化素养、个人修养及理论水平等都较低浅，情趣情操的水平等也有限。尽管他们思维活跃、爱思考、易接受新事物，但由于实际水平与之不相适应，因而在认识问题时，虽极力想以“成熟”者自居，但常表现出头脑发热、走极端、简单化或盲从、随大流的情况。

(四) 调整厌学心理的措施

1. 重视素质教育

素质教育就是提高学生的素质和各种素质水平的教育。素质是个人的本质、本性，它包括自然本性和社会本性。因此素质包括自然素质和社会素质，具体体现在身体、心理、政治、思想、文化修养、业务等方面。相应的素质教育就是指这几种教育。

素质教育应该贯穿于全部教育中。在大学，应该落实在各方面的学习中。而且，在内容方面，应该以重视和加强普通教育为主。普通教育不是简单的基础教育，而是有关自然科学、社会科学、人文科学方面的基础性教育，拓宽知识的教育。大学期间，应把专门性教育和渗透性教育结合起来，灵活运用讲座或系统学习等方法，调动学生的积极性，使学生主动积极地投入学习中。

2. 加强思想教育工作

思想教育工作实际上是素质教育工作的一部分。这是提高大学生的思想觉悟，树立正确的人生观、价值观的重要途径。应该使大学生认识到，人的本性不只是在于他去适应现实，更重要的还在于他要超越现实、改造现实、推动社会不断进步。因此，应树立远大理想，有对高于现实的理想人格的追求，这是一种更为积极的、适宜的对社会环境的适应。而如果人们的个人价值取向都只注重实惠，指向现实，不仅人类无法向前发展，历史也将只能不断重复。但是，在重视和加强思想政治工作时，要注意认真审视和思考其内容、形式与方法。思想教育工作特别要注意摆脱纯理论的演讲和空洞的说教，不能回避矛盾和现实问题。应该像学习科学知识那样，将思想政治教育纳入人才知识结构的网络里，并建立起独自完整的体系，采用多形式、多途径、行之有效的方式加强思想教育工作。

3. 学校教育目标的调整

现代科学技术的发展，人们越来越感到专业天地的狭小和学术视野的局限，学科间的相互渗透日益普遍。高等学校的教育目标应该适应时代的要求，适应科学技术发展的需要。高校培养出的人才，不仅要掌握所学的专业知识，还要涉猎知识的横向联系，并有较高的理解力、分析力、思考力、表达力，有勇于探索的精神。而我国目前的高等教育，在普通教育方面，对自然科学、社会科学、人文科学方面的基础性教育等重视不够，带有极强的专业性和职业性的目标倾斜。在科学教育目标方面，偏重于知识层面，能力培养不够，表现出重理论、轻实践，重知识、轻研究。就是理论知识的学习，也不重视宏观视野的把握。因此，在教育目标方面，加强普通教育、重视知识学习的广博性和综合性，势在必行。只有这样，才能有利于调动学生学习的积极性，激发其认识的兴趣。

4. 重视环境治理

(1) 继续完善高校体制的改革，并且随时注意改革过程中出现的新问题。当前我国高等教育体制改革问题已经引起了人们的重视，不仅是从理论上展开了各种讨论，而且也采取了相应措施。我国高校体制改革，应该引进竞争机制、约束机制，优胜劣汰，撤除“安全岛”，改变高校难进好混的局面。这样做不仅可以遏制大学生的厌学风，而且对改变中学的应试教育方面都能起积极作用。

(2) 注重校园文化的影响。校园文化是在大学校园这一生态环境下，由一定数量的个体行为形成的，以一定方式表达并反映这一群体生活状态的一种共有文化现象。它常反映该群体价值取向、团体意识、群体心态、行为规范方面所独有的特点，是受一定社会文化影响的。通常校园文化与整体的社会文化背景是相适应的，但它相对于社会这一复合的文化整体又具有一定的相对独立性，而且，它可以反过来影响社会文化。在大学校园文化与理想主义之间有着密不可分的联系，每一次理想主义的兴起，都伴随着校园文化的高潮，而理想主义的消沉，也会带来校园文化的沉寂。学校应注重校园文化对学生的影响，对校园文化进行积极引导，既要重视宣扬理想主义帮助他们在理想与现实之间找准位置，正确地认识社会现实。只有这样，才能坚持理想主义的价值观，坚持对理想人格的追求，才能抑制非理性行为，遏制厌学风。

(3) 加强管理，建设良好的校风、教风和学风。校园文化从文化氛围方面影响学生的思想认识和追求，是深层次的、潜移默化的精神影响，而校风、教风和学风则较多地是从行为规范方面影响学生。它可以借助一定的规章制度，明确行为规范，来调整和约束个体的行为，并通过相应的情感体验，促进其提高认识等。因此，要重视校风、教风和学风的建设。首先，一定要根除不良校风如虚假、浮夸等，提倡实事求是的态度和作风。其次在校风组成中，教风和学风是核心部分，而教风又影响学风。只有教师成为高素质的人才，才能为人师表，在学生面前产生积极的“权威”效应，对学生的学习态度、学习行为产生积极的影响，促进良好学风的形成。要重视提高管理者的管理水平，严肃教风。尤其是具体部门的管理者，应该是该部门管理工作的胜任者，而不是“门外汉”。只有这样，才能通过积极管理，及时发现问题、解决问题，为良好教风的建立提供保障。最后，通过建立必要的规章制度与落实措施，以辅助校风、教风和学风建设，使各项工作都有章可循，有规可依，保障各项工作的有效进行。同时也给学生提供一个良好、健康的环境，以利于学习。

总之，当前大学生的厌学行为是多方面因素促成的。因此，只有从多方面努力，通过社会各方的通力合作，高校的厌学风才能失去根基，得到彻底的遏制。

思考题

1. 大学生学习心理的特点有哪些？
2. 当代大学生学习动机的特点有哪些？
3. 大学生如何掌握学习策略？
4. 通过哪些措施调整大学生的厌学心理？

第四章

走出孤独的围墙——学会交往

人际交往的日益增多是现代社会的主要标志之一，而大学校园被人们形象地称作“小社会”“准社会”，步入大学校门相当于步入了准社会群体的交际圈。相比中学时代，大学生的人际交往方式更为复杂，人际交往圈更为广泛，交往过程中的独立性更强，交往的目的和手段更具有社会性。很多研究发现：交往能力已经越来越成为大学生心目中衡量个人能力的一项标准。然而，实际上并不是每个大学生都能处理好人际关系，不论是认知、情绪、人格等内在心理因素，还是家庭出身、个人行为方式、穿着打扮、所在学校甚至所学专业的外在因素，都会在不同程度上影响着人际关系的建立。因此，了解人际关系的内涵，掌握一定的交往技巧，是当代大学生亟待解决的问题之一。

心理测试

人际关系自我诊断问卷

请仔细阅读下列 16 个问题，每个问题下有 3 种答案，请按照自己的真实情况任选其一。

1. 在人际关系中，我的信条是(　　)。
   A. 大多数人是友善的，可与之为友的
   B. 人群中有一半是狡诈的，一半是善良的，我将选择善良者而交友
   C. 大多数人是狡诈虚伪的，不可与之为友的
2. 最近我交了一批朋友，这是(　　)。
   A. 因为我需要他们
   B. 因为他们喜欢我
   C. 因为我发现他们很有意思
3. 外出旅行时，我总是(　　)。
   A. 很容易交上新朋友，并迅速打成一片

B. 能交到朋友，但是话不多

C. 想交朋友，但又感到很困难

4. 我已经约定要去探望一位朋友，但因为太累而失约了，在这种情况下我(　　)。

A. 无所谓，我不在乎对方的感受

B. 有些不安，但相信对方肯定会谅解我

C. 想了解对方是否对自己有不满意的情绪

5. 我结交朋友的时间通常是(　　)。

A. 数年之后

B. 不一定，合得来的朋友能长久相处

C. 时间不长，经常更换

6. 一位朋友告诉我一件极有趣的个人私事，我会(　　)。

A. 尽量为其保密，不对任何人讲

B. 根本没有考虑过要继续扩大宣传此事

C. 当朋友刚一离开，随即与他人议论此事

7. 当我遇到困难时，我会(　　)。

A. 不到万不得已时，绝不求人

B. 要找自己可信赖的朋友帮忙

C. 通常找朋友解决

8. 当朋友遇到困难时，我觉得(　　)。

A. 他们大都喜欢来找我帮忙

B. 只有那些与我关系密切的朋友才来找我商量

C. 一般都不愿意来麻烦我

9. 我交朋友的一般途径是(　　)。

A. 经过熟人介绍

B. 在各种社交场所

C. 必须经过相当长的时间，并且还相当困难

10. 我认为选择朋友，重要的品质是(　　)。

A. 具有能吸引我的才华

B. 可以信赖

C. 对方对我感兴趣

11. 我给人们的印象是(　　)。

A. 经常会引人发笑

B. 经常会启发人们去思考问题

C. 和我相处时别人会感到舒服

12. 在晚会上，如果有人提议让我表演或唱歌时，我会(　　)。

A. 婉言谢绝

B. 欣然接受

C. 直截了当地拒绝

13. 对于朋友的优缺点，我喜欢(　　)。

A. 诚心诚意地当面赞扬他的优点

B. 诚实地对他提出批评意见

C. 既不奉承，也不批评

14. 我所结交的朋友是(　　)。

A. 只是那些与我的利益密切相关的人

B. 通常能和任何人相处

C. 有时愿与同自己脾气相投的人和睦相处

15. 如果朋友们和我开玩笑(恶作剧)，我总是(　　)。

A. 和大家一起笑

B. 很生气并有所表示

C. 有时高兴，有时生气，依自己当时的情绪和情况而定

16. 当别人依赖我的时候，我是这样想的(　　)。

A. 我不在乎，但我自己却喜欢独立于朋友之中

B. 这很好，我喜欢别人依赖我

C. 要小心点，我愿意对一些事物持冷静、清醒的态度

各题的计分标准如下:

1. A.3、B.2、C.1　　9. A.2、B.3、C.1
2. A.1、B.2、C.3　　10. A.3、B.2、C.1
3. A.3、B.2、C.1　　11. A.2、B.1、C.3
4. A.1、B.3、C.2　　12. A.2、B.3、C.1
5. A.3、B.2、C.1　　13. A.3、B.1、C.2
6. A.2、B.3、C.1　　14. A.1、B.3、C.2
7. A.1、B.2、C.3　　15. A.3、B.1、C.2
8. A.3、B.2、C.1　　16. A.2、B.3、C.1

[结果解释]

根据你所选定的答案，计算相应的分数，将 16 个问题的得分加起来，总分大致可以评定你的人际关系是否融洽。

如果你的总分为 38～48 分，人际交往中你是很受众人喜欢的。

如果你的总分为 28～37 分，说明你的人际关系并不稳定，有相当数量的人不喜欢你，如果你想受人爱戴，还得做很多的努力。

如果你的总分为 16～27 分，说明你的人际关系是不融洽的，你的交往圈子确实是太小了，很有必要扩大你的交往范围。

第一节　嘤其鸣矣，求其友声——人际交往的含义

要想学会交往，并成功地进行人际交往，首先就必须了解关于人际交往的一些基本概念和原理。

人际交往，简称交往。它包括两个方面的含义：

从动态的角度来说，它是指人与人之间的信息沟通和物质交换。人与人之间一切直接或间接的相互作用，都超不出信息沟通和物质交换的范围。信息沟通是人与人之间交往的重要形式，是一个人与他人建立联系，并通过这种联系丰富自身情感和扩展自身知识水平、技能技巧等的主要途径。物质交换更是这样，它离不开人与人之间的交往。比如，我们向其他同学借阅课堂笔记等学习资料，爱集邮的同学与别的集邮爱好者交换藏品等活动，都离不开人际交往。

从静态的角度来说，人际交往是指人与人之间通过动态的相互作用形成的情感联系，亦即通常所说的人际关系。它是人与人之间相对稳定的情感纽带。人际关系的好坏，将直接影响人际交往的数量和质量。

我们可以从动态的人际沟通和静态的人际关系两个角度了解关于人际关系的一些知识。

一、我的心情要让你懂——人际沟通

（一）沟通的含义

沟通(communication)一般是指人与人之间的信息交流过程，是人与人之间发生相互联系的最主要形式。心理学家阿尔弗雷德·阿德勒(Alfred Adler)等人认为，人际沟通能力是一种以双方都可接受的、能保持关系的方式从他人那里得到你所想要得到的东西的能力。沟通能力不是人们有或无的一种特质，而是我们经常或很少达到的一种状态。沟通能力是情境性的。

人醒着的时候大约有 70%的时间都处于这样或那样的沟通过程。我们平时上课、与他人交谈、读书、看报、打电话、上网聊天等活动，都是在与他人直接或间接地进行沟通。沟通对生活质量有极大影响。在个人成长过程中具有重要的作用。而且，人与人之间的沟通所提供的信息是具有社会性的信息，这种信息对于人来说比一般的物理信息更为重要。

（二）沟通的分类

沟通可以分为言语沟通和非言语沟通两类。

1. 言语沟通

言语形式的人际沟通以人类的言语作为交流的主要载体，虽然所依靠的载体比较单一，但正是由于其具有单纯并且集中的特性，因此易于被人们练习并掌握，在我们的日常生活中是最常用到的。比如我们平时最经常用到的与别人的谈话交流，就是言语沟通的最主要形式。所以说大学生要学会与他人沟通，很重要的一点就是要学会与他人进行口头的交流。又

由于言语分为书面和口头两大类，因此从某种程度上来说看书读报、上网聊天等交流的形式也属于书面语言的交流。

2. 非言语沟通

说到非言语形式的人际沟通，大家一定都会想到眼神、表情、肢体语言等名词，的确，非言语形式的人际沟通，主要是依据这些身体语言来实现的。所谓身体语言，是指非语词性的身体信号，包括目光与面部表情、身体动作与外表、身体空间距离等。

心理学家经过严格的观察研究发现，“此处无声胜有声”绝不是简单的主观感受，而是科学事实。在两个人面对面的沟通中，55%以上的信息交流是通过无声的身体语言实现的。有的时候，身体语言在人际沟通中有着口头语言所不能替代的作用。身体语言沟通可以同时传递多种信息。一个眼神，可以暗含你对朋友的赞许、期盼、接纳等，也可以实现跨文化的沟通。一个“V”字手势，可以让地球两端语言不通的人们明白胜利的结局，还可以简化沟通过程。一分钟的会面要比电话沟通一小时更准确地了解一个人。像摆手表示制止或拒绝、双臂外展表示限制拦截或亲密拥抱、拍脑袋表示自责、耸肩表示不以为然或无可奈何等身体语言及其含义，都是我们日常经常见到和用到的人际沟通方式。

心理知识之窗：学会识别他人的情绪

要想达到与人良好的沟通，必须了解他人的情绪。如何了解他人的情绪？主要通过他人情绪的外在表现，即表情。

表情(expression)是指情绪变化的外部表现模式，包括面部表情、身段表情和语调表情。

面部表情，是指面部肌肉活动的模式，它能比较精细地表现出人的不同情绪和情感，是鉴别人的情绪和情感的主要标志。

身段表情，是指身体动作上的变化，包括手势和身体的姿态。

言语表情，是指情绪和情感在说话的音调、速度、节奏等方面的表现。

表情既有先天的性质，又有后天模仿的性质。

二、你我相距有多远——人际关系

人际关系作为人际交往的静态方面，它是一种社会心理现象。它是由人们在群体交往的过程中，由于相互认识和相互影响而形成的一种心理关系。它反映着在群体活动中，人们相互之间的情感距离和相互吸引与相互排斥的心理状态。

(一) 人际关系状态及相互作用水平

人际关系的状态从无关到关系密切要经过一系列的变化过程。心理学家按照情感融合的相对程度，将人际关系分为轻度卷入、中度卷入和深度卷入三种。图 4-1 以图解的方式，对人际关系的各种状态及其相互作用水平的递增关系做了直观的描述。

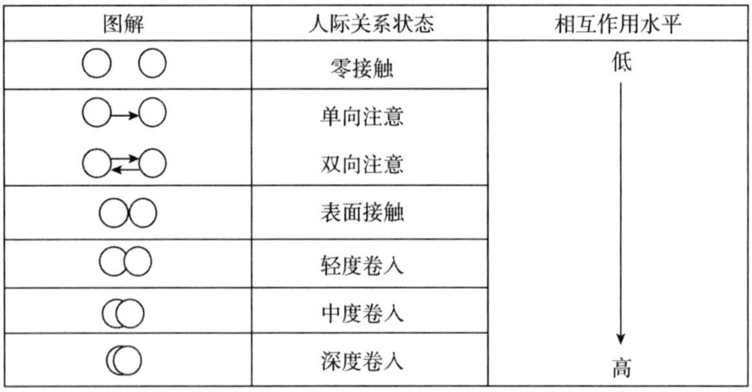

图解	人际关系状态	相互作用水平
	零接触	低
	单向注意 双向注意	↓
	表面接触	
	轻度卷入	
	中度卷入	
	深度卷入	高

图 4-1　人际关系状态及其相互作用水平图解

图中的圆圈分别代表人际关系涉及的双方。需要说明的是：第一，这只是最简单的两人之间的人际关系，实际生活中还会有三人、多人之间的人际关系出现，但是其基本的状态及作用水平只有这几种；第二，并不存在人际关系双方心理世界完全重合的情况，无论两个人的关系多么密切，情感多么融洽，也无论人们主观上怎样感受彼此之间的完全拥有，关系的卷入者都不可能在心理上取得完全的一致。两个人是两个世界，是两种理解生活的基点，两种情感的基点，两种利益的基点。即便是双胞胎的姐妹或兄弟，不管他们之间的关系多么好，行动多么一致，也不管他们所谓的心灵感应能够达到多大的程度，总还是两个人，而不是一个人。大学生中间也有许多形影不离的好朋友，两个人甚至感到在很多事情上我不用讲对方也知道我在想什么，能够达到这种默契当然是好事，但是一定要记住，每一个人都是一个独立的个体，不能因为关系的亲疏远近，而迷失了自己。

（二）互补式及非互补式关系状态

心理知识之窗：交互作用分析理论

交互作用分析理论是由美国心理学家艾里克·伯恩(Erio Berne)提出的，又称自我状态分析理论。该理论认为每个人都由三种不同的自我状态(儿童、成人、父母)构成，三位一体，但不同个体以及同一个体在不同时期和场合可能表现出其中的一种主导的自我状态，有时候在外界环境或者他人的引导下人们可以从一种状态转变为另一种状态。

1. 儿童自我状态

儿童自我状态由“冲动、情感以及自发的行动”所组成，分为自由儿童(FC)和适应儿童(RC)两种。

(1) 自由儿童表现为自发的、欢乐的、易接近的和快乐的、好奇的，但有时会被认为是“失去控制的”或“不负责任的”。当个体处于自由儿童状态时会使用“有趣”“要”“不要”等词，他们的声音是自由的、大声的、充满活力的，行为表现为不受约束、放松和自发的。

(2) 适应儿童表现为顺从的、怜悯的、妥协的、敬业的。处于适应儿童状态的人常用“不能”“试试”“希望”“请”“谢谢”等词，声音可能像发牢骚、挑衅或要求，行为表现伤感、容易生气和无所谓，态度顺从、羞愧或苛求。

2. 成人自我状态

成人自我状态表现为比较理性的、客观的、思考的，处于成人自我状态中的人会吸取和贮存其他自我状态以及外部世界的信息，并在这些信息的基础上形成决策。他通过问“为什么”以及对后果的考虑而为人提供“如何做”的成分。

3. 父母自我状态

父母自我状态分为抚养型父母状态(NP)和权威型父母状态(CP)两种。抚养型父母表现为关心、帮助和保护性行为。而权威型父母表现为压制、敌视，权威欲，控制他人，并要求对方做出“是”与“否”的答复。

根据交互作用分析理论提出的三种自我状态，可以把人际交往过程中，双方的相互作用(语言、动作或非语言信号的交换)归类为互补式的和非互补式的。

1. 互补式关系状态

如果发出者和接受者的心态在回答中仅是方向相反，如一方是父母状态，一方是儿童状态，则交互作用是互补式的。如果用图表示发出者—接受者的心态交互作用的交互模式，线是平行的。

2. 非互补式关系状态

当双方心态不平行时，非互补式的交互作用，或者称为交叉式的交互作用就会出现。如一方努力按照成人对成人的模式来对待对方，但对方是按照儿童对成人的模式做出回答。例如，甲说：“你认为我们应该怎么处理社团的经费问题？”乙不是以成人的心态回答，而是以儿童对家长的模式说：“那不关我的事，你是头儿，该由你来做主。”当出现交叉式交互作用时，沟通往往被堵塞，不会得到令人满意的结果，冲突经常是紧跟其后。

一般来说，最有效的交互作用是成人对成人的交互作用，这种交互作用促使问题得到解决，视他人同自己一样有理性，降低了人们之间感情冲突的可能性。有时候互补式的交互作用也能令人满意地发挥作用。例如，如果两个朋友之间一个想要扮演家长的角色，另一个想要扮演儿童的角色，他们之间可以形成一种和谐的依赖关系，但是在这种情况下不利于个人的成长，特别是扮演儿童角色的那一方。

心理辞典：情绪智力

美国心理学家丹尼尔·戈尔曼(Daniel Goleman)在以往的心理学研究的基础上，提出了与智商(IQ)相对应的情商(EQ)的概念。他认为，情商一般包括以下五种能力。

1. 自我知觉。当出现某种情绪时，承认并认识这些情绪，即使这些情绪有麻烦，也不躲避或推脱。没有能力认识自身的真实情绪就只好听凭这些情绪的摆布。

2. 驾驭情感。能调控自我的情绪，使之适时、适地、适度。能通过自我安慰和运动放松等途径，有效摆脱消极情绪的侵袭。

3. 自我激励。服从于某种目标而调动、指挥情绪的能力。自我激励是保持激情、自我把握、发挥创造性的必要条件。

4. 识别他人情绪。能通过细微的社会信号敏锐地感受到他人的需要与欲望，能分享他人的情感，对他人的处境感同身受，又能客观地理解、分析他人情感的能力。

5. 处理人际关系。展示情感、富于表现力与情绪感染力，以及社交能力(组织能力、谈判能力、冲突调解能力)等。人际关系能力可以强化一个人的受欢迎程度、领导权威、人际互动的效能等。

第二节　走出孤独的围墙——人际交往中的易发问题

来到大学的校园中，我们接触的人多了，要学习的东西也复杂起来，自己要学会独自处理的事情也比原来麻烦得多。许多突如其来的变化，往往使我们大学生活的第一年，甚至是第二年都有一点儿茫然和慌乱。这其中，对人际关系的处理也存在着一个不断变化的过程。处理得好，就能顺利地实现从中学生到大学生的转变，为走向社会进一步做好准备。处理不好，就会产生出许多交往的问题，以至影响到自己的学习与未来的发展。出现人际关系问题的时候怎么办？我们先看几个例子，然后再分析我们自己在类似情况下应该如何处理。

一、牙齿总有咬到舌头的时候——宿舍人际关系

案例链接

青青是个性格外向、开朗的姑娘。她爱说爱笑，跟同学交往毫不拘谨，同学有了困难肯于热情相助。但是青青有时候不大在意周围同学的感受，自己高兴的时候可以放声歌唱而不顾宿舍里其他同学正在学习和休息。而且青青好冲动，常在宿舍发点小脾气，惹同学生气，因此同宿舍的两个同学林雯和李敏对青青有很大意见，看不惯青青的很多做法，觉得青青瞧不起她们，慢慢地就和她疏远起来，有时候还在一起议论她。青青对此非常恼

火，认为她们两个是由于性格拘谨，嫉妒她能够和同学大大方方地交往，所以在搞“小集团”，总是跟她作对。偏偏最近宿舍有人丢东西，青青因为东西保管整理得好没有丢，林雯和李敏就开始嘀咕，指桑骂槐，怀疑是青青偷的。青青咽不下这口气，与她俩争吵过几次，甚至想与两人拼命。

宿舍中的人际关系是大学生人际关系中非常重要的一个方面。大学同班同学一周除了上课，未必会有太多交往，但同一宿舍的人，天天吃饭睡觉在一起，抬头不见低头见。因此，处理好宿舍人际关系应该是我们大学人际交往生活的第一课。从上面这个案例中，我们可以看到宿舍人际交往容易出现的几种问题。

（一）以自我为中心

出现人际关系问题的时候，一般双方都有责任。如案例中，青青虽然被人冤枉，但是她也必须为同学间隔阂的产生担负责任。林雯和李敏不喜欢青青，其中一个原因就是青青的有些行为太过以自我为中心，自己高兴的时候想唱就唱，想笑就笑，不高兴的时候就发脾气，很少顾及周围同学的感受。换成我们自己是林雯和李敏，恐怕也很难不对青青产生意见。

青青的以自我为中心是性格造成的。还有些同学，由于他们有较好的成长经历，往往一直是家庭、学校、社会的宠儿，走进大学后仍然是被关注的对象。因此，他们容易在心理上产生出一种不正常的优越感，容易肯定自己，否定他人。他们更注意自己的表现，注意吸引别人的注意，处处期待别人首先接纳自己、喜欢自己。这也形成了以自我为中心，而不是以他人为中心的倾向。

错误的自我中心观念包括：①我想干什么就干什么，别人管不着；②我比别人优秀，他们都该听我的；③别人都应该喜欢我；④我不会做错，有问题的是其他人。

心理自助训练

树立正确的自我观念

每天都用以下的语言提示自己，坚持一个月，帮助自己树立正确的自我观念：

1. 我有权做我喜欢的事情，别人也同样可以做他喜欢的事情。
2. 没有人会无缘无故针对我，别人对我有看法一定是我有做得不好的地方。
3. 每个人的性格不同，别人可以不喜欢我。
4. 人和人是平等的，我跟别人都一样。

（二）容易冲动

青青爱发脾气，被误解的时候就上去大吵一顿，还试图以牙还牙。大家都是 20 岁上下的年轻人，血气方刚，遇到矛盾冲突的时候不能很好地控制自己，还认为自己是做事爽快有血性，如果自己有理，可能更是得理不饶人，一定要争出个谁是谁非来，结果往往激化矛盾。

人在冲动状态下，主要受情感控制，理性控制相对较弱，很多时候跟着感觉走，未必能解决问题。比如青青，真跟林雯和李敏拼命的结果会是什么呢？不但没有给自己一个清白，反而可能担负起伤害她们的责任，甚至搭上自己的前途。

心理自助训练

冲动的自我克制

1. 沉默两分钟。冷场可以暂时冻结冲突的氛围。在这段沉默的时间里，可以思考一下发生冲突的缘由，理理思路，看看自己占理的地方，也为对方提供思考的时间。

2. 想想眼前的矛盾值不值得自己花费时间和精力去解决。比如只是对方看电视影响你复习了，有必要浪费两个小时去争吵吗？不如自己出去找个安静的地方，把这两个小时花在复习上。

3. 就事说事，不要拉扯其他事情，否则会让你越说越生气，越生气就越容易冲动。如看电视吵了你就说看电视这事，不要再扯到前天对方悄悄用了你的洗发水等事情。

二、不做缩在壳里的蜗牛——校园人际关系

案例链接

林松是来自南方山区乡村的文弱男生，在家排行最小，全家都很宠爱他。林松自认性格内向，不善言语，不会处事，很少与人交往。但他聪明踏实，成绩一向很好，所以在读中学时还算顺利。然而自上大学之后，他就感到许多事情总不顺心，尤其是不会与人交往。林松说话有口音，有同学开玩笑模仿他，林松觉得同学在嘲笑他、看不起他，很生气，为此还与同学发生过几次不小的冲突。有时候与同学争论问题，林松也觉得其他人在故意与他作对，凡是他的意见都会遭到讽刺或反对。有时候林松觉得自己与别人的冲突当中，自己也有责任，但是又觉得自己如果主动道歉的话，就等于是示弱，会让人更加看不起，所以即使发现错了也要硬挺着。受了几次打击以后，林松基本上不和班上同学来往了，集体活动也很少参加，与同学感情淡漠，隔阂加深。因为不会与人交往，林松也不怎么认识外系的同学，每天独来独往。其实林松挺羡慕那些交友广泛的同学，觉得他们周围总有那么多笑声，有自己的知心朋友，他觉得自己永远也不会变成他们那个样子，只能像个蜗牛，成天躲在壳里。孤独感深深烙在心头，情绪很容易烦躁。

在大学里，我们要处理各种人际关系，如与同班同学、老师、外系同学等的相处。扩大交往范围，认识更多的人，可以接受更多的信息，也才有机会去感受有声有色的校园生活。可惜有的时候我们太过羞涩，或是太过小心，可能很多人都遇到过类似林松的问题，也许没有林松那么极端，但也时常为自己走不出那个小小的圈子而苦恼。分析一下，可以看到林松

除了缺乏必要的交往技巧外，还存在校园人际交往中常见的几个问题。

（一）自我封闭

林松因为个性原因，把自己封闭起来。还有些同学是由于其他原因，如外貌体形、生活习惯、家庭背景等，形成不同程度的封闭心理，阻碍了正常人际关系的形成。通常自我封闭是由自卑心理造成的，也有一些人自视过高，不屑与其他同学交往，也会造成自我封闭。

心理自助训练

打破自我封闭的小技巧

1. 跟今天遇到的每一个认识的人微笑、打招呼，要叫出对方的名字。

2. 找一个性格开朗、热情活泼的同学交往。交往是互动的，对方的热情会感染你，带动起你的交往积极性。同时在与他的交往中，你可以学习到他的交往方式。

3. 参加集体活动。不一定要参加像演讲这种特别突出个人的集体活动。先参加如社会调查、郊游、集体劳动等团体性质较强的活动。在活动中人与人比较容易建立互动关系，感情也会融洽许多。在团体协作中，你会发现与人说话并不是那么困难。

（二）疑心过重

林松的第二个问题是疑心太重，总觉得其他同学是在故意与他作对，结果造成不必要的冲突。多疑的产生源于同学之间信任感的缺乏。我们常常可以见到这样的同学，总是怀疑别人在背后说他的坏话，认为大家都看不起自己，觉得朋友之间无真情可言、无信义可言。因此他们对人也往往是话说一半，意藏三分，更有甚者表面上一套，背地里又是另一套。这也是招致大家厌恶的一种交往问题。解决这个问题，可以参考下面的建议。

心理自助训练

人际敏感性训练

1. 不要把人心复杂化。大部分同学都是真诚、简单的。不要把所有人都看得世故圆滑、心机复杂。同时也要对自己有信心，自己没有做错什么的话，别人是不会无缘无故针对你的。

2. 进行自我分析。觉得别人在针对你的时候，在纸上写下你的怀疑，然后写出你怀疑的理由，再从另一个角度去批驳这些理由。写完你会发现，别人的行为背后可能有多种原因，未必就是冲着你来的。

3. 观察周围同学的行为。特别观察那些你觉得在针对你的同学，看看他们是怎么对待别人的。如果发现他们对你和对其他人一样，那就说明是你多心了。

(三) 面子问题

林松为了面子，即使意识到自己错了，宁可不再与人交往，也不肯认错道歉，这就很难让人喜欢。人无完人，没有谁会一点儿错误也不犯。别人不会因为你认错，就觉得你软弱可欺或是没有原则。相反，那些主动承担责任的人，会给人留下宽厚大度、实事求是、容易相处的印象。更何况校园中的许多人际冲突，都是发生在没有什么原则问题的小事情上，往往是一次无意的碰撞、不经意的言语伤害，或区区小利等。谁先退让根本没有什么原则性问题。打个招呼、说声抱歉，不仅不会损失，反而会为你赢得他人的信任。

心理测试

同学关系行为困扰诊断

下面的测验对于大学生了解自己与朋友的关系，了解自己在与同学相处过程中存在哪些典型的行为困扰具有一定的意义。测验共有 28 个问题，每个问题做“是”或“非”两种回答。请在回答“是”的题号上打“√”。

1. 关于自己的烦恼有口难言。
2. 和生人见面感觉不自然。
3. 过分地羡慕和妒忌别人。
4. 与异性交往太少。
5. 对连续不断的会谈感到困难。
6. 在社会场合，会感到紧张。
7. 时常在言语中伤害别人。
8. 与异性来往感觉不自然。
9. 与一大群朋友在一起，常感到孤寂或失落。
10. 极易受伤害。
11. 与别人不能和睦相处。
12. 不知道与异性相处如何适可而止。
13. 当不熟悉的人对自己倾诉他的生平遭遇以求同情时，自己常觉得不自在。
14. 担心别人对自己有什么不好的印象。
15. 总是尽力使别人赏识自己。
16. 暗自思慕异性。
17. 时常避免表达自己的感受。
18. 不能肯定自己的仪表(容貌)。
19. 讨厌某人或被某人所讨厌。
20. 瞧不起异性。
21. 不能专注地倾听。
22. 觉得自己的烦恼无处可申诉。

23. 受别人排斥与冷漠对待。

24. 被异性瞧不起。

25. 不能广泛地听取各种意见、看法。

26. 自己常因受伤害而暗自伤心。

27. 常被别人谈论、愚弄。

28. 与异性交往不知如何更好地相处。

记分：每回答一个“是”，加 1 分，否则为 0 分。

[结果解释]

1～8 分，说明你与朋友相处时，存在较少的行为困扰。

9～14 分，说明你与朋友相处时，存在一定程度的行为困扰。

15～19 分，说明你与朋友相处时，存在较严重的行为困扰。

20～28 分，说明你与朋友相处时，存在严重的行为困扰。

第三节　墙推倒了是桥——人际交往的基本技巧

进入大学阶段，我们每天除了要面对宿舍和班上的同学，以及各科老师之外，还要面对校园里各种各样的人，人际互动随时随地都会发生。因此，掌握一定的人际交往技巧是非常必要的。按照人际交往的卷入程度由浅入深，我们可以分别来看看，在人际交往的不同状态，应该掌握怎样的交往技巧。

一、我能认识你吗——轻度卷入

见面伊始属于人际交往的轻度卷入状态。这种状态下，我们有机会说话，但双方的互动在质和量上都有限。如何发起交往并让交往继续下去，是这一阶段最重要的问题。

(一) 说好第一句话

刚刚进入一个陌生的集体，你想尽快与周围的人熟悉，或是隔壁班上有个人你很想跟他成为朋友，可却不知怎样与其交流，这第一句话应该怎么说？

1. 正式或非正式地介绍自己

可能这是最简单有效的开始交谈方式。面带微笑，看着对方的眼睛，大方地说：“你好！我是××，可以认识你吗？”也许对方会惊讶，也许对方会有点儿窘迫，但一般不会拒绝你。

2. 谈论环境与天气

中学学英语的时候似乎讲过，很多互不熟悉的英国人的谈话都是从天气开始的。我们也可以尝试以谈论天气来切入话题，例如你刚参加了一个合唱团，练习间隙是不是可以很随便地跟旁边的女孩儿说：“今天可真热啊，以前都是从这个季节开始练习的吗？”

3. 谈谈自己的想法或感受

简单地表明自己的想法，也许能给双方找到一个开始交往的切入点。如“这个展览搞得不错，让人特别向往那些地方，你呢？”“我觉得今天这场电影女主角演得很真实，你觉得呢？”

4. 谈论另一个人

谈论双方都可能认识的另一个人，很多时候能够迅速找到彼此的共同点。如“郭老师讲课特别逗，你以前听过他的课吗？”“你认识马威吗？我和他是一个中学的。”

注意上面讲到的方式都是以问题的形式出现的，这样可以给对方机会做出反应。如果他很愉快地回答你的问题，表示你的发起交往行为成功了；如果是拒绝或态度冷淡，那表示对方可能对你不感兴趣或是现在不想与人交往。

（二）留下良好的第一印象

成功地发起交往以后，要保证下次还能继续与对方交往，就必须给对方留下良好的第一印象。很显然，如果对方在首次交往中形成“这人不可靠”的印象，以后就很难再和你进行深入的交往，即便你以后有别的行为证明你的真诚，也很难改变你在对方心中的形象。第一印象产生的作用在社会心理学中称为首因效应，即人们在对他人形成印象的过程中往往根据最先接收到的某些信息形成印象。这种最先的信息对人在形成印象中具有强烈的影响。

心理辞典：首因效应

第一印象也称为初次印象，指两个素不相识的陌生人第一次见面时所获得的印象，主要是获得对方的表情、姿态、身材、仪表、年龄及服装等方面的印象。这种初次印象在对人的认知中起着很大的作用，它往往是交往双方今后是否继续交往的重要根据。第一印象在人们交往时所发生的这种先入为主的作用，就叫作首因效应。

那么怎样才能给对方留下良好的第一印象呢？美国著名成功学家戴尔·卡耐基(Dale Carnegie)在其著作《怎样赢得朋友，怎样影响别人》一书中总结出给人留下良好第一印象的六种途径，大家不妨试着照做：①尊重他人；②微笑；③多提别人的名字；④做一个耐心的倾听者，鼓励别人谈他们自己；⑤谈符合别人兴趣的话题；⑥以真诚的方式让别人感到他很重要。

第一印象尽管不能完全决定人们之后的交往，但它在我们的日常生活中却起到了很大的作用，我们可以通过他人的言谈举止、穿着打扮来判断他人的性格特征、受教育程度、家庭背景等。同样，在我们猜测他人时，他也在猜测着我们。所以，在与人第一次接触时，尤其要注意自己的外表、谈吐和修养。

心理自助训练

初步交往时的技巧

在与他人的初步交流中，要提高自己人际交往的技巧，需注意如下方面：

(1) 记住别人的姓或名，主动与人打招呼，称呼要得当，让别人觉得礼貌相待、倍受重视，给人以平易近人的印象。

(2) 举止大方、坦然自若，使别人感到轻松、自在，激发交往动机。

(3) 培养开朗、活泼的个性，让对方觉得和你在一起很愉快。

(4) 培养幽默风趣的言行，幽默而不失分寸，风趣而不显轻浮，给人以美的享受。与人交往要谦虚，待人要和气，尊重他人。

(5) 做到心平气和、不乱发牢骚，这样不仅自己快乐，别人也会心情愉悦。

(6) 要注意语言的魅力：安慰受创伤的人，鼓励失败的人。恭维真正取得成就的人，帮助有困难的人。

(7) 处事果断、富有主见、精神饱满、充满自信的人容易激发别人的交往动机，博得别人的信任，产生使人乐意交往的魅力。

二、我们是朋友——中度卷入

随着交往次数的增多，我们会和许多认识的人发展出较为亲近的关系，这就是朋友。点头之交也许只是知道对方的名字，了解他是哪个系的，家住哪里，未必知道他喜欢看哪一部电影，常去哪个食堂吃饭，讨厌什么动物。而朋友就会彼此熟悉得多，我们会自愿和朋友建立更多的个人关系，既了解对方的偏好又会向对方传达很多有关自己的信息。与朋友相处，也有许多需要注意的地方，否则也会由中度的人际卷入退回到轻度卷入，甚至没有接触。

(一) 宽容大度，宽厚待人

我们很多人都不喜欢和斤斤计较、小肚鸡肠的人打交道，觉得太累，交往起来如履薄冰。由此及彼，可以想象别人也不喜欢我们是这样的人。待人宽容，才会让别人更愿意接近你，不必担心随口的哪句话触怒了你，也不必担心你会记仇报复。遇到对方的行为与你的意愿相左或是双方有冲突的时候，怎么做到宽容大度呢？

1. 换位思考

替对方的行为找出一个合理的理由。例如，当同学答应早晨上课前把笔记还给你，却失约了。相信对方的行为一定事出有因，会让你心平气和很多。如“一定是昨晚复习得太晚，太累了，所以忘记了。”是不是要比立刻打电话去责问“你怎么搞的？说话不算数！”要好得多？

2. 沉默两分钟

遇到冲突的时候，沉默两分钟，既能平静心态、整理清楚思路，又能避免由于冲动导致的更大冲突。克制并不是软弱、怯懦的表现，相反，它是有度量的表现。在你沉默的时候，对方也能够领悟到自己行为的不当之处。

3. 多从自身找原因

也许你会遇到别人对你抱有微词的时候，极少数情况是对方挑衅你，更多时候是你确实有做得不好的地方。多想想别人为什么会对你有所抱怨，是不是自己某些方面的做法给他人造成了不便？

4. 学会忘记

与人相处，总会遇到不愉快的时候，要学会忘记那些不愉快。

(二) 学会称赞、欣赏他人

我们常常容易忘记和忽略赞美别人。很多人也许有这样一种不好的观念，那就是挑剔他人的缺陷，这样可以间接提高自己的自信。或是因为崇尚直言相谏的诤友之举，而把赞赏当作恭维看待了，所以不屑于此举。其实，从心理学的角度来看，人对称赞比对批评要更容易接受得多；而称赞他人，往往能使他人受尊重的需要、归属的需要以及爱的需要等人类不同层次的需要都得到一定程度的满足。因此，我们应当时常发现和赞赏别人的优点。要知道，每个人都有其不足，每个人也都有其所长。我们何不去多多赞赏别人身上那些闪光的东西呢？如果我们能够发掘对方身上的优点，进行赞美，他也会很乐意多与你交往。但是要注意：称赞要适度，要有具体内容，绝不能曲意逢迎。真诚的赞美往往能获得出乎意料的效果。

心理知识之窗：赞美的作用

赞美也称称赞，是用语言表达对人或事物优点的喜爱之意。赞美不仅能使人的自尊心、荣誉感得到满足，更能让人感到愉悦和鼓舞，从而会对赞美者产生亲切感，相互间的交际氛围也会大大改善。因此，喜欢听赞美似乎成了人的一种天性，是一种正常的心理需要。

(三) 恰当的自我表露

人际关系的亲疏，在很大程度上可以由双方自我表露的程度决定。与朋友进行恰当的自我表露，可以增进相互了解，分享看法和感受。即使是两个天天在一个屋檐下学习生活的人，没有自我表露，也可能只是轻度卷入的泛泛之交。而不恰当的自我表露不仅无助于关系的建立，反而会适得其反。自我表露应当注意一些原则：

(1) 表露那些你希望别人也向你表露的信息。如“我喜欢看文艺片，你喜欢看哪种电影？”

(2) 只有在你感觉很安全时，才表露较亲密的信息。确认不会有第三方知道时，才把秘密向朋友吐露。

(3) 当有回报时才继续亲密的自我表露。如“别光是我说呀，你也说说你心中的白马王子。”

(4) 渐进式地将自我表露推向较深的层次。不要第一次自我表露，就详细描述你自己最感罪恶的秘密，或是讲述和你有亲密异性关系的人以及你们的关系情况。

(5) 只向关系牢固的亲密朋友表露内心深处的感受。贸然向一个初识的普通朋友讲述内心的秘密，也许会让双方在以后的交往中备感尴尬，徒增不必要的担心。

三、生命因你而芬芳——深度卷入

当我们和某人的交往已经处于深度卷入状态时，这个人不是亲人、恋人，就是你的知己好友。知己好友之间的交往与普通朋友不同。我们可以来设想一下，当你孤独忧伤的时候想要倾诉的对象是谁？我们快乐的时候想起来的人可能是知己也可能是普通朋友，但是悲伤的时候想起来的那个人一定是你的知己。我们可以和这个人分享内心深处的感受和秘密，分享生活的每一个层面，彼此之间有更大的影响。与密友的交往，也许不应该提技巧，但绝不意味着深度卷入状态下的人际交往可以随随便便，我行我素。恰恰相反，能够与你进入深度卷入状态的人是少数，甚至只有一两个，双方建立起来的和谐关系更需要我们小心呵护。

(一) 给予支持和鼓励

不仅是物质的支持，更重要的是精神支持。“无论你做出什么决定，我都站在你这边，只要你幸福。”“你要振作，还有我呢。”

(二) 关心对方

了解对方的需要，留心他的情绪状态。“怎么了？今天脸色不对？”

(三) 愿为对方牺牲

未必一定要遇到什么大事才需要你为对方做出牺牲，更多时候是在生活小事上的迁就。“好吧，你要是觉得这个食堂的菜辣，咱们换个地方。”

(四) 忠诚

因为彼此涉入对方的生活，分享彼此的秘密和情感，如果不能做到忠诚，双方不会建立起可靠的依赖关系。一方面是自己要对对方忠诚，另一方面是要相信朋友的忠诚。“我肯定最相信你说的话，你是不会骗我的。”

(五) 坦诚

深度卷入状态下的坦诚更多表现在能够给对方提供负面意见，指出对方的缺点和问题。“你可不可以不跟别人抬杠？”

(六) 乐于倾听

很多时候知己就是一个称职的听众，听对方讲自己遇到的趣事，听对方哭诉心中的烦恼，同时给予积极的反馈，或是共鸣，或是抚慰。“你别着急，慢慢说，我在听。”

思 考 题

1. 人际交往的基本技巧有哪些？
2. 人际交往中易出现哪些问题，如何避免？
3. 你在人际交往方面存在哪些问题？谈谈如何解决？

第五章

细细品味你的心——恋爱与性心理

大学生处于成年初期，心理学家爱利克·埃里克森(Erik H.Erikson)认为这一阶段的发展任务是获得亲密感以避免孤独感，体验爱情的实现。而事实也正如此，“爱情”在大学校园里是永久不衰的话题。没有恋爱的人，也许迷惑于什么样的感情才算爱情，也许在心中憧憬理想的恋爱对象的形象，也许在苦恼如何去表达自己的爱意；正在恋爱的人，也许会比较不同恋人之间的爱情模式有什么区别，也许会在两人的矛盾争吵中困惑，也许会一起描绘未来美好的婚姻生活；失恋的人，却正在饱尝失恋的折磨，正在喧闹的人群中茫然不知所措。当爱情成为你人生中的一个重大课题时，应当如何应对？关于爱情的态度，关于择偶的标准，关于恋爱中的种种问题，关于婚姻的准备，关于恋爱中的性心理与行为，都需要你去学习和思考。当你能够正确面对这些问题的时候，也就获得了个人的成长。

第一节　问世间情为何物——爱情的本质

案例链接

漂亮活泼的晓苏刚上大一，热情外向的她很招人喜欢。但是最近晓苏却变得有些愁眉不展，郁郁寡欢。原来师兄高阳向晓苏表明了心迹。晓苏与高阳平时关系很好，两人性格相契，爱好相近，聊起来十分投机，而且高阳为人细心体贴，对晓苏关怀备至。晓苏对高阳也一直心存好感，高阳表露爱意以后，晓苏心中欣喜，但又困惑迷茫。一来她觉得自己刚上大一就谈恋爱似乎不大合适；二来也是最重要的问题，就是自己是不是真的爱高阳，不知道是被他感动了还是真的爱他，不知道眼下的种种感觉是因为爱他这个人还是因为爱上了恋爱本身。一个问题在她心中问了一遍又一遍：“这是爱情吗？”

晓苏的疑惑也存在于很多初涉爱情的大学生心中。爱情在人们心中弥足珍贵，因而踏入爱河时令人不得不小心翼翼，生怕走错一步、误会一点，以致给自己和他人带来伤害和遗憾。爱情究竟是什么？什么样的感情才算爱情？心理学行为上有什么表现才算是爱情？爱情的成分可以分析吗？爱上一个人的时候会有什么表现？

一、爱情是什么—— 爱的概念

(一) 关于“爱”的定义

普通人看不透的东西，也许可以求助于学者专家。爱情呢？我们也不妨先来看看从事心理学、社会学研究的学者们给它的定义。

爱情是两个成年异性之间强烈的感情专注，其中至少包括性的欲望和温柔体贴的成分。

爱情是一种可以观察的、关于两个异性之间(偶尔是同性之间)的关系，这种关系受制约于重复了的、模式化了的规范结构，包含了特殊的态度和情感状态。

爱是一个人对另一个特定人物所特有的一种态度，他以特定的方式表达自己对爱慕对象的思想、感情和行为。

这些定义归纳起来，可以发现爱情包括四个基本要素：第一，是在男女之间产生的，在狭义上，爱情不包括同性恋；第二，是在个体心理达到相对成熟时产生的，幼儿没有这种狭义的爱情；第三，爱情是一种感情，其中包括认知的成分，不等于低级的情绪；第四，爱情包括性欲和性感的成分在内，不等于纯粹的精神之爱。

但是，你能用这些定义来界定自己的感情吗？当你不知道对一个人的感情究竟是友情还是爱情的时候，应用这些定义，你能在乱麻中理出头绪，在感情的三岔路口上走向正确的道路吗？不能，大多数人都不能，甚至包括这些学者自己，原因何在？

一方面，学术研究不同于实际生活，学者们的定义是对实际生活中形形色色的爱情的抽丝剥茧，抽取了最基本的要素，舍弃了繁复的外延。但是正是这些多姿的外延变化让人困惑也让人痴迷，所以，即使有更为明确的定义，你仍然不知道你对心里的那个他(她)产生的感觉究竟是不是爱情。

另一方面，理智与情感向来分属两个维度，爱情本就不适合用理性的科学术语来定义，纵然人类语言中有成千上万的词句可以用来描述爱情，也不能道尽爱情的全貌。

“你为什么喜欢我？”可能是恋爱之初恋人间最常问的问题。一般的回答是什么呢？

回答一：“因为，你很聪明、你很善良……”

回答二：“我也不知道，就是喜欢你，就是一种感觉。”

两种回答，哪个更打动你的心？爱情是非理性的，是无理可讲的。如果爱情能够用理性解析，能够用秤称，能够用尺量，那么爱情与科学研究、与逻辑推理何异？爱情还能这样令人心醉吗？所以，第二种回答恐怕是最常见的回答。

也许正是我们太在意“爱情”的概念，所以才会在面对爱情时有那么多的困惑。人是有理性的生物，日常的行为举止都有理性做指导，可是爱情偏偏是最无道理可讲的。正是这种矛盾造成了我们内心的冲突。如果放弃对“爱情”概念本身的追求，而去实实在在地体验自己的感受，喜欢和他(她)在一起就在一起，想念他(她)就去找他(她)，一切顺其自然，可能我们对爱情的享受会少几分疑虑，多几分坦然。

不过，爱情仍然有一个基本的、核心的倾向，那就是奉献。如果想要衡量爱情的程度，也许可以借鉴这一指标：是否发自内心地愿意帮助所爱的人做他(她)所期望的任何事情。

(二) 爱情的理论与分类

1. 斯腾伯格爱情三角形理论

罗伯特・斯腾伯格(Robert J. Sternberg)似乎十分偏好“3”这个数，除了他那著名的三元智力理论以外，他还将爱提炼为亲密(intimacy)、激情(passion)和承诺(commitment)三个元素。亲密指彼此依附及亲近的感觉；激情指双方关系令人兴奋及产生激情的部分；承诺指的是愿意与对方相守的意愿及决定。基于这三种成分的比例差异，便形成了数种不同的爱的类型，如图 5-1 所示。

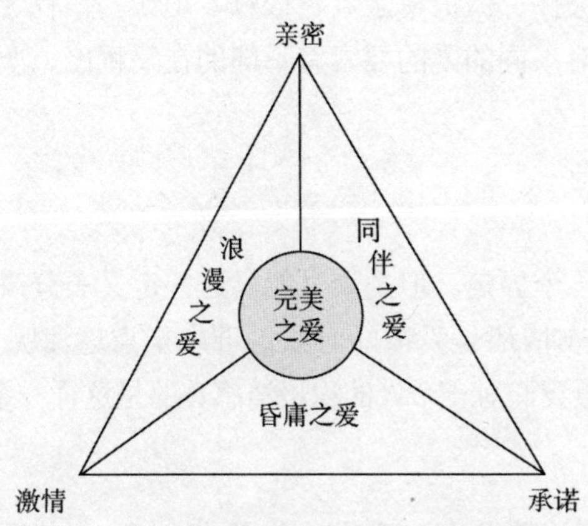

图 5-1　斯腾伯格爱情三角形理论示意图

浪漫之爱：亲密与激情所组成的爱，如“不在乎天长地久，只在乎曾经拥有”。

同伴之爱：亲密与承诺所组成的爱，如“经过大风大浪，我们是最佳拍档”。

昏庸之爱：激情与承诺所组成的爱，如“你给我一夜，我给你全世界”的交易式爱情。

完美之爱：亲密、激情与承诺的交互作用，意味着真爱的本质。

2. 萨克斯通的爱情四分类理论

萨克斯通(L.Saxton)将爱情分为四种：

(1) 浪漫之爱。这是一种相当理想化的爱情模式。在这种模式中，男性通常都是强壮温柔的，这种刻板印象暗示着浪漫式的爱将使人痴迷并达到喜悦的顶峰，人们深受对方吸引，并充满感情，关心对方幸福，极愿意为其献身，希望能为对方的快乐与成长付出一切。浪漫的爱可能具有排他性和占有性。可能终伴一生，也可能转换成其他类型的爱，自然也有可能稍纵即逝。

(2) 性欲之爱。爱情之中含有性欲的成分，也就是爱上他人之后对其有性的渴望。完美的性欲之爱并不是只建立在生理的性满足或宣泄上，而是同时关注对方的需求满足，并且关心对方，在乎对方的感受。由社会交换的角度来看，如果施与爱能对等，那么才能称之为性欲之爱。

(3) 伴侣之爱。伴侣之爱并不像浪漫激情的爱那样浓烈与变化多端，伴侣之爱多呈稳定并具友谊色彩。爱侣之间彼此依附、爱慕，并且呈现知己之交的特质。拥有伴侣之爱的人幸福感来自平日踏实的互动。有些人的爱始于浪漫激情、性欲之爱，而逐渐转为伴侣之爱；有些人则一开始就未经吸引与激情的历程，而走入伴侣之爱，不论是细水长流或水到渠成都充满了踏实的爱意。

(4) 利他之爱。利他之爱是一种无私的爱，付出、关心并照顾，自己在付出的同时得到情绪满足，如同父母对待子女般的真情，这是爱情是历程中逐渐发展出来的，也是爱情长久的必要成分。

有关爱情的理论还有很多，有兴趣的同学可查看有关书籍或网络。在这些有关爱情的理论探讨中，我们可以发现关怀、激情、亲近、依赖、坦诚与信任、承诺几乎是恋爱双方都期待发展的，只是不同的人对不同的爱的要素有不同的在乎程度，所以才会有各种因人而异的爱情态度。

二、喜欢与爱情

虽然我们可以给爱做一个界定，但是谁又能靠这些定义去分辨自己的感情呢？当你不知道对一个人的感情究竟是友情还是爱情的时候，谁来指点迷津呢？有人说，爱是深深的喜欢，喜欢是淡淡的爱。难道我们对一个人的积极情感真的是这样一个连续变化的过程吗？

(一) 爱情的重要因素

社会心理学家鲁宾•阿迪拉(Ruben Ardila)于 20 世纪 70 年代初期对爱情与喜欢的关系与区别进行了系统研究。结果显示，喜欢与爱情是两种既密切关联但又各不相同的情感。研究发现，喜欢的最主要的两个因素：一是人际吸引的双方有共同的理解；二是喜欢的主体对所喜欢的对象有积极的评价和尊重。与喜欢不同，爱情有如下三个最重要的因素：

1. 依恋

卷入爱情的双方彼此有着高度特异性的依恋，尤其在孤独时，会特意地去寻求伴侣的陪同和宽慰，而别人不能有同样的慰藉作用。

2. 关怀与奉献

恋人之间彼此会高度关怀对方，愿意为对方不计回报地付出，同时感到让对方快乐和幸福是自己的责任，并且对对方的不足表现出高度的宽容。

3. 亲密

被爱情所裹挟的恋人，对对方有着高度的信赖，并且也有特殊的身体接触的需要。虽然这种身体接触最终会自然地卷入性的意味，但在恋爱初期，这种身体接触需要却是泛化的高度依恋需要的反应。

(二) 区分爱情与喜欢

在现实生活中，我们可以通过以下四个方面来区分爱情与喜欢。

(1) 从范围来看，喜欢的对象是广泛的，爱情的对象是单一的。

(2) 从经验的性质看，喜欢产生的是满足、愉悦的体验，而爱情产生的是一种依恋与关怀。

(3) 从目的看，喜欢的目的是从喜欢对象那里获得满足与愉悦，即是一个“取”和“得”的过程，而爱情是以别人为出发点，其目的在于“给”和“予”。

(4) 从持续的时间看，对人、物的喜欢往往带有情境性，情景改变会导致对喜欢对象的改变，而爱情则是稳固的！

心理测试

恋爱态度测试

仔细阅读下面的每条陈述，并将你认为最适合的打上“✓”号。

题目	非常同意	适度同意	不好决定	有些不同意	非常不同意
1. 当你真正恋爱时，你对任何别的人都不感兴趣	1	2	3	4	5
2. 恋爱绝对不是你所能客观地加以研究的，它是高度情感的状态，不能进行科学观察	1	2	3	4	5
3. 和某人恋爱而不结婚是个悲剧	1	2	3	4	5
4. 有了爱，才知道什么是爱	1	2	3	4	5
5. 共同兴趣实际上是不重要的，只要两人真正相爱，就会彼此协调	1	2	3	4	5
6. 只要彼此相爱，虽然认识的时间还很短，马上结婚也不要紧	1	2	3	4	5
7. 只要两个人彼此相爱，即使有着信仰差异，实际上也不要紧	1	2	3	4	5
8. 你可以爱一个人，虽然你不喜欢这个人的任何一个朋友	1	2	3	4	5
9. 当你恋爱时，你经常是茫然的	1	2	3	4	5
10. 一见钟情往往是最深切、最永恒的爱	1	2	3	4	5
11. 你能真正爱上的，并能在一起幸福生活的人，世界上只有一两个	1	2	3	4	5
12. 不用管其他因素，如果确实爱上了一个人，就可以和这个人结婚了	1	2	3	4	5
13. 要得到幸福就必须对你要与之结婚的人有爱情	1	2	3	4	5
14. 当你和所爱的人分离时，世界上的一切仿佛都暗淡而令人不满意	1	2	3	4	5

(续表)

题目	非常同意	适度同意	不好决定	有些不同意	非常不同意
15. 父母不应该劝说儿女同谁约会，他们已经忘记恋爱是怎么回事了	1	2	3	4	5
16. 爱情被看成婚姻的主要动机，那是好的	1	2	3	4	5
17. 当你爱上一个时，你就想到将来要和那个人结婚	1	2	3	4	5
18. 大多数人都会在某些地方有一个理想的对象，问题是怎样去找到那个对象	1	2	3	4	5
19. 妒忌通常是直接随着爱情而变化的，就是说，你越是爱就越会有妒忌心	1	2	3	4	5
20. 被任何人都爱上的人大约只有少数几个	1	2	3	4	5
21 当你恋爱时，你的判断力通常不是太清楚的	1	2	3	4	5
22. 我认为，一生中爱情只有一次	1	2	3	4	5
23. 你不能强迫自己爱上某一个人，爱情说来就来，说走就走	1	2	3	4	5
24. 和爱情相比，在选择结婚对象时，社会地位和宗教信仰的差别是无关紧要的	1	2	3	4	5

[结果解释] 将所有题目得分相加，分数越高说明你对爱情的态度越接近现实型，分数越低越接近浪漫型。现实型指对待爱情以注重现实为特征，恋爱关系稳固、和谐。浪漫型的人，把爱情看成一种神秘的、永恒的力量，对爱情充满了激动、幻想与渴望，较少注重一些现实问题。

资料来源：郑日昌. 大学生心理诊断[M]. 济南：山东教育出版社，1999.

第二节 众里寻他千百度——择偶标准

我们每个人可能都被别人或是自己问过这样的问题：“你喜欢什么样的人？”爱情发生的前提是要找到与你谈恋爱的另一半，而这一半自然不是到大街上随便抓住一个就可以的。所以，我们每个人在选择恋爱的对象时都有一定的标准或者说看重的某些方面，无论这个标准是宽泛还是苛刻，是清晰还是模糊。

一、与谁共度今生——择偶的标准

人们在择偶时一般比较看重的因素包括外表、性格、能力等。为什么你喜欢这个人，而对那个人就是不“来电”呢？为什么有些人的追求者排成队，而有些人却形单影只呢？原因就在于个人对这些因素的不同态度以及个人对这些因素具备的不同条件。

（一）择偶时所考虑的因素

1. 外表因素

从经验来看，外表在很多时候是首先引起异性注意的因素，帅哥、美女在择偶时往往有更大的选择范围。为什么相貌会有如此大的吸引力呢？一般有以下推测：①相貌美的人具有美学价值，与他(她)在一起令人赏心悦目，心情愉快。②与相貌美的人在一起，会提升自己的价值，受到好的评价。③更有人直接从物种繁衍的角度来解释：所有吸引力的背后都含有某种目的——男性所喜欢的女性的“性感”，实际上是指她能提供丰沃的基地，培养男性的种子；“年轻”代表她的卵子的品质较好；“五官端正”代表她没有毛病。女性所喜欢的男性的“强健体魄”“聪明才智”与“丰富经验”，则表明他是个理想的结婚对象。

2. 性格因素

性格也是择偶时非常重要的标准，为了选择性格合适的人，人们甚至可以放弃对外表的要求。具有宜人性格的人总比孤僻乖张的人更让人愿意亲近。温柔、体贴、善解人意往往是男性在择偶时对女性性格的首要要求；宽厚、诚实、正直也往往是女性最看重的男性性格。当然，这只是常见情形，正所谓“萝卜白菜各有所爱”，相反的例子我们也不少见。喜欢“野蛮女友”“河东狮吼”的大有人在，而“男人不坏女人不爱”这句话也早已成俗语。

资料卡

近年来有研究者调查了大学生的择偶标准。我国学者秦季飞 2015 年对武汉地区大学生择偶标准的调查发现，大学生在择偶时最看重的前十个因素为：品性、感情、才能、相貌、学历、年龄、职业收入、贞操、家庭背景、地域。2014 年，学者钱兰英对厦门大学学生的择偶标准的调查结果表明，大学生择偶时最看重的前十个因素为：人格特征、所具备的美德、身体健康、智慧、兴趣、教育水平、外表、贞操、经济收入、家庭背景。仔细比较，我们可以发现大学生的择偶标准具有一定的跨时间稳定性和跨地域一致性。个人的性格品质总是大学生择偶考虑的首要因素，而才智、外貌、学历等因素也是重点考虑的对象。

（二）择偶中的规律

其实择偶标准的建立一般蕴含了两个规律：相似性和互补性。

年龄、肤色、宗教、民族、社会经济地位、智力、性格特征等各方面相近的异性容易相互吸引。一来，人们几乎都有自恋的倾向，相似的对方更符合主体的自我形象，所以容易从爱自己推广到爱与自己相似的人。二来，相似的人在兴趣爱好、价值观念、信仰等方面会有更多的一致性，因而容易形成相互肯定和支持，而几乎每个人都需要这种肯定和支持。

如果一方的表现正好能满足对方的需要，也能产生相互吸引，也就是互补性。互补可能是相互需求的满足，如喜欢照顾别人的女性和一个依赖性强的男性容易相互吸引；互补也可能是自我理想的满足，如一个崇尚知识，但是没有机会上大学的女性，会喜欢高学历的男性。

二、为什么是你——择偶标准建立的基础

为什么每个人择偶的标准各不相同？为什么有人喜欢柔弱的女孩子而有人偏偏要选刚毅的女性？为什么有的人的择偶标准区分明确而有的人却模模糊糊全凭感觉？原因就在于择偶标准建立的基础——每个人的自我概念以及自我同一性是不同的。

“自我”是精神分析学派理论的重要概念，自我概念主要指个体对“我”是一个什么样的人的综合看法。自我同一性就是人的有关与他人相区别及自身独特性的身份感，是指人们认识到“我是谁”“是什么”，它是通过获得自身的一致性、整体性以及时间上的连续性的感觉而获得的，是人认识自己并最终把握自己的结果。如果今天的“我”同昨天的“我”不一样，自己眼中的“我”与他人眼中的“我”不一样，一个人就无法把握住“我”，就会对“我”不明所以，也就是没有确立自我同一性，没有获得自我同一性的感觉。心理学家埃里克森认为自我同一性是与异性建立亲密关系的基础。

我们的择偶标准建立在自我概念和自我同一性之上。我们需要什么样的伴侣、喜欢什么样的人实质上都是以自我为参照的。一个人的自我概念越明确，就越能明白自己需要什么，喜欢什么，因而他的择偶标准也就越清晰。如果一个人能够完完全全认清自己，能够很好地把现实中的自我和理想中的自我统一起来，并且有足够的耐心，那么他一定能找到那个和他从灵魂上契合的人，这个人对他来说在世间是唯一的。找到自己世上唯一的“另一半”也许是每个人都梦寐以求的事，但是大多数人都找不到，因为很难有人能够完全认清自己，也很难有人能够把“我是一个什么样的人”和“我应当是一个什么样的人”整合起来。所以，我们大多数人喜欢的是一类人，这一类中的人谁最先出现在你身边，谁就可能成为你恋爱的对象。

另外，只有当一个人确保自己的同一性时，才能在与别人的真正共享中忘却自己。例如，一个青年人只关注自己的男子汉气概，就不能成为一个最好的恋人。他会过分注重自己，不能毫无牵挂地、无私而温柔地对待异性伴侣，因而难以与异性情侣达到真正的感情共鸣。

第三节　为伊消得人憔悴——恋爱的过程

遇到自己喜欢的人了，如何让他(她)知道？如何与他(她)开始这段恋爱？恋爱开始以后应该注意什么问题？如果不幸这段关系结束，又该如何面对？

一、想说爱你不容易——恋爱的开始

案例链接

致文和逸蓝是从小的玩伴，两人相识相交已经很多年。从中学开始，致文就发现自己爱着逸蓝，但是直到两人快要大学毕业，他也没有向对方吐露半点心思，不是致文不想，而是没有这个勇气，致文总是害怕自己是一厢情愿，万一被逸蓝拒绝，两人连朋友都不能做了。

他觉得自己相貌平平，各方面都不够优秀，配不上逸蓝。但是逸蓝遇到什么事情，总是找致文帮她解决。有时候致文分明看见逸蓝眼中闪烁爱的光芒，可是旋即又发现她对别人也是那样笑意盈盈。自己是说还是不说？逸蓝是爱还是不爱自己？许多年来，致文都在这种猜测中踌躇，时而欣喜，时而苦闷，时而勇气十足，时而自卑沮丧。

其实在整个恋爱过程中，从萌生爱意到表白心声是心情最复杂多变的时期。在这段时间里，一方面要体验暗恋的甜蜜与酸楚，另一方面要忍受不确定的未来的折磨，还要时时注意每一个细节以推测对方的心意：对方流露一点点好感，就欣喜若狂；发现一丝“他(她)喜欢的原来不是我”的迹象，就焦灼沮丧。开始恋爱之前，你恐怕要在心理上做好一些准备工作。

(1) 正确的自我评价。不要在意其他人怎样评价你，重要的是你自己如何评价自己。前面我们已经说过，良好的自我同一性是建立亲密关系的基础。了解自我，才有可能树立信心，才能在恋爱中保持相对的独立性，在恋爱受挫时才能更好地调节自己。

(2) 了解对方的心意。实际上揣摩对方的心思几乎是本能的举动，因为对方对自己的态度几乎决定着你以后的所有行为表现。要注意的是，你可能不止一次地在脑海中憧憬你和他(她)恋爱的情形，千万不要让这种憧憬冲昏了头脑。在实际生活中夸大歪曲了对方某些言语、行为的含义，把对方无心的表现误解为爱的暗示。满心欢喜地冲上去，最终只能造成双方的尴尬。

(3) 做好失败的心理准备。当你下定决心要和对方表白时，必须先在心中告诫自己：“即使失败了，也没关系，还是可以做朋友。”爱一个人不是什么丢脸的事，相反，你的表白给了对方最大的赞美。千万不要因为被拒绝带来的挫折而妄自菲薄，更不要因此而记恨对方。

(4) 做好表白。如何去表白，各人有各人的方式。别人成功的方式在你这儿可能就会失败，别人失败的例子在你这却未尝不可。网络上关于如何表白的文章不计其数，你可以参考，但要注意不要刻意模仿，挑选合适的机会、合适的地点，只要能表明你的心意，同时不至于产生相反的效果，怎么样都可以。看看下面的测试，也许答案能给你一些启示。

心理测试

最适合你的示爱方式

假如你在一间精品店里看到一件自己十分喜欢的摆设，但价钱实在太贵了，你会怎样跟老板讲价呢？

A. 直接请老板卖便宜点

B. 请朋友也在此买东西，一起付款叫老板算便宜些

C. 站在物件前面按兵不动，直至老板主动减价

D. 来来回回好多次，待老板自动减价

E. 算了，忍痛以高价买下来

[测试结果]

选择 A：你是那种想做就去做的人，立即跟对方说反而干脆利落，小动作做得太多会适

得其反，但是你在表白时千万不要太直白，以免吓到对方。

选择 B：你太依赖朋友了，谈情说爱是两个人之间的事，虽然平时可以找朋友帮你说些好话，但到了表白时，最好单独行动。

选择 C：你做事有点儿无赖，但胜在有信心，示爱时要多些诚意，发觉对方面有难色，你就要有耐心，让对方能够慢慢了解你、接受你。

选择 D：欠缺自信的你，要你坦白示爱实在令你难以启齿，反而写情书更有效，你能在信中真挚地表达自己的情感，这种方式更容易感动对方。

选择 E：你是那种期待对方明白你心意，然后主动向你示爱的人。如果你是男生便太被动了。

二、白璧也有微瑕——恋爱中应注意的问题

案例链接

苏雅和韩杰已经恋爱一年多了，两人的感情似乎不如最开始那样融洽。两人相处久了，都发现对方有一些缺点是自己没有想到的，也都觉得对方对待自己不如最初那样细心。苏雅觉得韩杰遇事太急躁，沉溺于游戏，耽误学习，常常疏忽女友的感受。韩杰觉得苏雅开始变得挑剔和唠叨，不像当初那样温柔、善解人意。两人谈过几次，试图让对方朝着自己希望的方向改变，但是都没有什么结果。双方都很苦恼，不知道是两人真的不适合在一起，还是他们之间出了什么问题。

由最初暗恋、热恋时的心动和完美，到相恋一段时间后的失望和矛盾，可能很多恋人都经历过，也有很多恋人为此苦恼过，并由此对两人的感情失望，甚至分手。很多人觉得两人相爱，就应当是如胶似漆，蜜里调油，共同朝着一个方向前进，不应该有矛盾和冲突。如果有争吵，有分歧，那就是感情出问题了或者是爱情走到了尽头。其实不然，再亲密的情侣也终究是两个人，恋爱中肯定会有摩擦、有矛盾。苏雅和韩杰的问题实在是恋爱过程中再正常不过的事情，关键在于积极地解决这些问题。如何解决问题，不同的人有不同的方法，我们在这里只能说说两个人相处时要注意的一些基本问题。

(1) 克服追求完美的心理。每个人都对自己的爱情有过无数次的憧憬，我们心目中的爱情都是浪漫而完美的。可是在恋爱中，我们往往会觉得实际中的爱情与理想相去甚远，恋人有那么多缺点，爱情也有那么多不如你意的地方。其实，没有十全十美的人，恋人有缺点，而自己也有缺点，恋爱需要双方相互地适应与迁就。如果认识不到这一点，可能会迷失在寻找完美爱情的谬误中。

(2) 遵从相互信任的原则。爱情是排他的，但不是心怀猜疑的，只有相互信任，才能实现情感的真正共享。

(3) 不要太计较自己的得失。谈恋爱不是在菜市场买菜，付出了多少就要得到相应的回

报。不要总跟恋人算账：你爱我多一些，还是我爱你多一些。

(4) 沟通要及时。不要总抱着这样一个观点：我有什么心事，不用我说，你也应该知道。恋人不是你肚子里的蛔虫，你不说对方怎么知道你有什么想法呢？有问题要说出来，两个人共同想办法来解决。

三、好好说声再见——关系的结束

案例链接

一彬和恋爱两年的女友星子分手了。是星子提出来的，星子说两人在一起不合适。一彬非常痛苦，他不明白自己错在哪里，自己和星子究竟有什么不合适的地方。他去求过星子再给他一次机会，星子没有答应。于是他觉得星子心里一定有别人了，同时也觉得自己是被星子甩了，非常没有面子。一彬想报复星子，他想立刻去找一个新女朋友，带到星子面前，告诉她没她自己照样能过得很好，又想跟踪星子，找出星子的新男友，当场要星子说个清楚。可是真要这么做时，一彬又觉得自己很卑劣，做不出这样的事情。一彬不知道该怎么办，只能每天在宿舍里喝得大醉，以此来麻痹自己。

一般来说失恋是痛苦的，尤其是被动结束关系的那一方。失恋也就意味着缺失。恋爱时间越长，失恋带来的缺失就越大。一是生活内容的缺失。恋爱时两个人可能养成了很多的习惯，比如一起吃饭、一起自习、周末看电影、出去回来的迎送等，恋爱关系一旦结束，这些生活内容也就随之消失了。生活中熟悉的东西，拥有时未必觉得有多可贵，一旦丧失，很容易引起心理和行为的失调。二是感情寄托的缺失。恋爱时双方在感情上互相关注、互相依赖，愉快烦恼都可以向对方倾诉，关系结束后，关注可能就成为单方面的，遇事也无人可说，有人甚至会有精神支柱崩塌的感觉。三是个人价值的缺失。尤其是被动结束关系的那一方。对方提出分手，可能就意味着对自身的否定，由此带来的挫折感会导致自我评价降低和自信的缺失。那么应当如何调整自己的心态，摆脱失恋的痛苦呢？

(1) 要明白失恋未必是坏事，至少多一次磨砺。在失恋中体会自己的缺点，在以后的生活和恋爱中弥补这些不足，会有助于你的成长。

(2) 不要心存复合的希望。如果对方和你分手，是认真的，不是一时的赌气，那么也请你接受这个事实。不要去乞求对方再给你一次机会，如果对方拒绝，只会打击你的自尊，加深你的痛苦；即使两人勉强复合，也会在日后的相处中有隔阂。

(3) 不要想着报复。分手后，不论什么方式的报复最终伤害的都是你自己，也许是降低了你的尊严，也许会让你走上错误的道路。

(4) 把不良的情绪合理地宣泄出来。把失恋后所有的痛苦都埋在心里并不是一个好办法，这会让你更加痛苦。宣泄情绪的方法有很多，写日记、找人倾诉、吃东西、大哭一场、运动、做以前从未做过的事情……你可以选择对自己最有效的方法，转移自己的注意力，不要固执在失恋这件事上。

(5) 时间是治疗失恋最好的药方。熬过分手后最初的几个月，你已经基本上能正常地生活了。随着时间的流逝，等你再回头来看这次失恋的时候，会发现当初以为过不去的那条大河早已变成你生活中的一滴露珠，再也不会掀起任何波澜了。

第四节　伊甸园的禁果——如何对待婚前性行为

爱情本身就含有性欲的成分，如果两人恋爱了一两年，关系还停留在拉拉手的阶段，恐怕会遭人怀疑：这是在恋爱吗？可见，一对热恋中的情侣有性的接触无可厚非。但是对于婚前性关系呢？

案例链接

2010 年，钱兰英就婚姻与性的态度问题对厦门大学在校生进行了调查。调查发现，有 56.4%的大学生赞同“和所爱的人可以发生婚前性关系”；66.8%的人不赞同“已经发生婚前性关系的男女就应该结婚”；68.5%的人赞同“如果你知道了你的男朋友或女朋友曾和其他人发生过性关系，你依然会希望和他(她)结婚”。研究者又请大学生估计一下，在他的 10 个同龄男性和女性朋友中，分别大概有多少人已经有过性行为经验。男生的估计值高于女生，男生认为同龄男性中有 22.6%、同龄女性中有 21.5%的人有过性行为；女性则觉得同龄男性中只有 10.2%，同龄女性中只有 9.9%的人有性行为经验。大学生对同龄人中有性行为经验的人数的估计与其对婚姻与性的某些态度有关。那些认为同龄人中有过性行为的比例较高的大学生，更趋向于赞同和所爱的人可以发生婚前性关系，如果他们知道自己的男朋友或女朋友曾和其他人发生过性关系，他们更有可能依然会希望和他(她)结婚。

从上面的调查数据我们可以看到，相当一部分大学生对于婚前性关系已持坦然接受态度，既不排斥婚前性关系，也不认为婚前性关系可以决定婚姻。与若干年前认为婚前性关系是道德败坏的绝对观念相比，当代大学生的态度已经有了很大变化，这与我们社会规范的变迁有着密切关系。

一、性就意味着堕落吗——社会规范的变迁

在传统观念中，婚前性关系被视为道德的堕落，是严禁发生的。如果发生了婚前性关系，男女双方都要背负沉重的社会批评和思想上的罪恶感，甚至要为此付出巨大的精神之外的代价。随着社会的变迁，人们对婚前性关系的绝对排斥已渐式微。对于建立在亲密感情基础之上的婚前性关系，不论是恋爱双方，还是周围的人，都已表现出接受和理解。最近，引起广泛争论的重庆某大学女生因怀孕被校方开除，其父母状告学校一事，即能看出人们在对待婚前性关系的态度上的巨大变化。

案例链接

西南某学院女生张静(化名)和同校男友李军(化名)暑假外出旅游时发生了性关系。同年 10 月 1 日，张静突然感到腹痛，便到校医院看病，被诊断为宫外孕，旋即自资住进了地方医院并施行了手术。10 月 15 日，张静手术刚刚出院，即被通知要写检查交代发生性行为的时间、地点、次数、对象等，并承认自己犯有“品质恶劣、道德败坏”，发生“不正当性行为”的错误。张静、李军不同意学校的这种说法。10 月 30 日，学校以学生对错误“认识不到位”“狡辩”为由，将二人处以勒令退学处分。然而，二人却不服学校的处理决定，准备将母校西南某学院告上法庭。

这件事情由媒体报道后，引起了各方的广泛争论，意见不一。有人认为校方的做法有其合理之处，两名学生发生婚前性关系违反道德规范，应当受到处罚。但是，更多人认为是否发生婚前性关系是当事人双方的事情，校方不应以此为理由对学生进行处罚，校方的做法不妥。且不论这场争论孰是孰非，单单是人们能就这件事情产生不同的观点并且在公众媒体上公开进行讨论，而不是如过去一样众口一词口诛笔伐，就已经表明当今社会对婚前性行为的宽泛态度。

二、在冲突中成长 —— 正确看待性冲突

关于性，大学生实际上处于一个特殊阶段。一方面，绝大多数大学生已经走过了青春期性生理的发育阶段，获得了性生理上的成熟。另一方面，由于社会文化总是教育儿童和青年抑制性活动，社会规范、道德观念的教化作用导致了大学生在性心理发展上的相对滞后。性成熟带来了性能量的积累，急需寻找宣泄的途径，而社会却对性能量的宣泄有着众多的限制。大学生就在这种本能冲动和道德规范的对峙中犹疑不安，感受着矛盾和紧张。有关婚前性行为的种种，实际也是这种冲突的表现之一。

有性的冲突并不是一件可怕的事情，关键在于我们如何看待性的冲突。试图通过强行压制性冲动来减少心理紧张、回避性冲突是不可行的。我们应该认识到，感受到性方面的紧张焦虑是一个人人生发展的必经阶段。要获得性心理的成熟，就必须通过冲突对性进行深层的整合，使它与其他心理成分的发展及正常人际关系的建立相协调，而这种协调是必须经过冲突和紧张才能得到的。正如大多数心理学家所指出的，适当的冲突和心理失调是成熟的代价。

心理知识之窗：如何拒绝对方提出的性要求

当恋爱双方有性的需求时，首先建议从求爱到成为恋人之间要有一段“准恋爱期”，相互了解对方，不轻易确定恋爱关系。这段时间不能少于三个月，以半年为最佳。其次，接受求爱前，向对方说明自己的人生目标、原则和忍受的底线，说明自己

“不到最后一刻，不干什么事”的态度。在对方兴奋起来有主动的意图时，把对方支开去买东西，或者到人多的地方，这么一来，他的兴奋就会减退。最后，当对方以“分手”相要挟时，要勇敢拒绝，并以当初的约定反击。该分手时且分手，失恋不是人生的失败，而是再恋的机会。

婚前性行为会带来冲突甚至心理失调，毕竟这种行为不被社会所鼓励。大学生在面对婚前性行为时，应该看清楚一点：性行为本身不会引起心理紧张，主要问题在于行为者要承担的社会后果。如果能够清楚了解自己行为的后果，建立正确的行为准则，承担行为的责任，那么也就意味着个人在本我与超我的冲突中获得了成长。

三、无规矩不成方圆——性道德的基本原则

虽然社会规范不再严厉禁止婚前性关系，但这不等于说社会鼓励所谓的“性自由”“性泛滥”。懂得并深刻理解人类的性道德标准是十分重要的，一些基本的性道德原则是我们应当遵守的。

（一）相爱的原则

人类具有超乎一切动物的思想和情感，人类的性爱只能钟情于某一个特定的异性，这是人类性道德最核心、最本质的原则，任何违背这一根本原则的性活动都是不道德的。

（二）无伤原则

性活动不伤害他人和后代的幸福及身心健康，不伤害社会的安定发展，不伤害性伴侣相互间的身心健康。

（三）自愿原则

性活动应建立在双方完全自愿的基础上。显然，它与相爱的原则没有冲突。但那些受“性解放”“性自由”思潮影响，随意进行的性行为，有一些虽是所谓“自愿”的，却明显违背了相爱原则和无伤原则，其中相当多的是建立在金钱、权力、另有所谋等基础之上，这样的性活动是不被接纳的。

四、爱对方也爱自己——负责任的性行为

大学生已经进入成人阶段，“成年”就意味着担负责任，如果恋爱双方发生了性关系，双方都应当为自己的行为所可能带来的后果肩负起应有的责任，遵循我们上面提到的无伤原则。性行为最直接的后果就是怀孕，性行为双方必须考虑怀孕的可能性。如果仅仅依靠希望或者运气来避孕，是极不负责的，采取恰当的避孕措施才是负责任的性行为。

思　考　题

1. 恋爱中应注意哪些问题？
2. 怎样摆脱失恋的痛苦？
3. 性道德的基本原则有哪些？

第六章

大学生情绪智能开发

第一节　大学生情绪智能

你是否在过年过节时兴高采烈？你是否曾在取得成绩、荣誉时欢欣鼓舞？你是否在遇到危险时害怕、恐惧？你是否在失去亲人时悲痛欲绝？中国体育健儿在奥运会上荣获金牌时，你是否也激情澎湃、豪情万丈？当你所在的团体在某项比赛中失利的时候，你是否会垂头丧气、黯然神伤？身处于自然与社会环境中的人，当接触到现实中不同的人、事、物的时候，常常会在内心产生不同的主观体验，或欢喜、或愤怒、或恐惧、或哀伤，这种主观体验就是情绪与情感的具体表现。

一、情绪与情感概述

（一）情绪与情感的含义

情绪与情感是指伴随着认知和意识过程产生的对外界事物的态度，是对客观事物和主题需求之间关系的反应，是以个体的愿望和需要为中介的一种心理活动。情绪包含：情绪体验、情绪行为、情绪唤醒和对刺激物的认知等复杂成分。情感包括道德观和价值观两个方面。

情绪更倾向于个体基本需求欲望上的态度体验，而情感更倾向于社会需求欲望上的态度体验。

情绪和情感与人的需要有着密切的关联，反映着客观现实与人的需要之间的关系。当外界事物和人的需要相吻合的时候，人们就会接纳该事物，并会对其产生肯定的情绪和情感，诸如高兴、喜悦、快乐等；当客观事物与我们的需要不一致的时候，就会产生消极或否定的情绪和情感，诸如不满、愤怒、伤心等。例如，饥饿的人看到一块面包就会感到高兴甚至喜出望外，但如果是刚刚饱食一顿丰盛大餐的人，就会对这块面包感到漠然甚至反感。人之所以对面包有不同的情绪反应，就是因为人在不同的状态下需要不同。饥饿的状态下，面包与人的需要相吻合，所以人们对它产生肯定的情绪体验；吃饱的状态下，人不需要食物，所以就表现出否定的情绪体验。

(二) 情绪和情感的功能

1. 激发我们的行为

情绪是环境中的事件与我们反应之间的连接。例如，如果看到一只发怒的狗向我们冲过来时，我们的情绪反应(害怕)与交感神经系统的生理唤醒有关，它将激活我们“战斗或逃跑选择”的反应。交感神经系统的作用帮助我们在紧急情况下采取应对措施，这样就使我们可能迅速地避开狗的攻击。

2. 塑造我们以后的行为

情绪促使我们学会在以后做出适当的反应。例如当我们由于睡懒觉而上学迟到，遭到老师批评，羞愧的情绪反应就会教会我们以后避免同样的情况。同样愉快的情绪对先前的行为起着积极的强化作用，比如别人因你的帮助而脱离困境，对你感激不尽，这时你的价值满足感和自豪感会油然而生，以后你就会主动做出助人行为。

3. 帮助我们更有效地与他人互动

我们总是通过言语的和非言语的行为传达我们体验到的情绪，使我们的情绪为他人所知；同样，我们也可以通过察觉他人的情绪，预测以后的行为，从而更有效、更具有适应性地进行人际互动。

4. 直接影响人的身体健康

中医认为“喜伤心，怒伤肝，忧伤肺，思伤脾，恐伤肾”。现代医学研究也发现，紧张、悲哀、抑郁等不良情绪，会激活体内有害物质，击溃机体保护机制，破坏人体免疫功能，最终导致身体疾病。研究表明，人类疾病中，由心理因素、身心失调引起的心因性疾病占50%～80%。

5. 影响人的心理发展

情绪是探查一个人心理健康的窗口，情绪健康者对现实持有积极的态度，热爱生活，乐观开朗，学习和工作效率高；而消极不良情绪的持续作用会使心理活动失去平衡，出现意识狭窄、判断力降低、失去理智和自制力，甚至出现心理问题。

从某种意义上来说，开发人的情绪智能，就是要保持积极情绪，控制消极情绪；了解自己的情绪，洞察他人的情绪；调控自身的情绪，影响他人的情绪。

二、情绪智能的含义

情绪智能又称情绪智力、情感智力或情感智慧，这个词是德国人芭芭拉·莱纳(Barbara

Reiner)首先提出的。1986 年柏尼(W. P. Payne)在博士论文《情绪研究》中明确探讨了发展情绪智力的问题。而将情绪智力作为理论概念正式提出的却是美国耶鲁大学的萨洛维(P.Salovey)和新罕布尔大学的梅耶(J.Mayer)，1989—1990 年，他们连续发表两篇学术论文，正式提出了情绪智力的概念和理论，将情绪智力定义为："监察自身和他人的感情和情绪的能力，区分情绪之间差别的能力，以及运用这种信息以指导个人思维和行动的能力。"情绪智力主要体现在以下五个方面：

1. 认识自身情绪的能力

认识自身情绪，就是能认识自己的感觉、情绪、情感、动机、性格、欲望和基本的价值取向等，并以此作为行动的依据。

2. 妥善管理自身情绪的能力

妥善管理自身情绪，是指对自己的快乐、愤怒、恐惧、爱、惊讶、厌恶、悲伤、焦虑等体验能够自我认识、自我协调。比如，自我安慰，主动摆脱焦虑、不安情绪等。有人发现，当自己情绪不佳时，可用以下方法帮助调整情绪：①正确查明使自己心烦的问题是什么；②找出问题的原因；③实施一些解决问题的行动。

3. 自我激励

自我激励，是指面对自己欲实现的目标，随时进行自我鞭策、自我说服，始终保持高度热忱、专注和自制。

4. 认识他人的情绪

认识他人的情绪，是指对他人的各种感受，能"设身处地"地、快速地进行直觉判断。了解他人的情绪、性情、动机、欲望等，并能做出适度的反应。在人际交往中，真正透露情绪情感的是这些表达方式，即对方的语言及其语调、语气和表情、手势、姿势等。

心理知识之窗：手势的含义

心理学家研究发现，人们通常使用的手势表情及其意义如下。

摆手：制止或否定。

手外推：拒绝。

双手外摊：无可奈何。

搔头皮：困惑。

拍脑袋：自责。

5. 人际关系的管理

人际关系的管理，是指管理他人情绪以及与人相处的艺术。一个人的人缘、人际和谐程度都和这项能力有关。深谙人际关系者，容易认识人而且善解人意，善于从别人的表情来判读其内心感受，善于体察其动机想法。这种能力的具备，易使其与任何人相处都愉悦自在，这种人能充任集体感情的代言人，引导群体走向共同目标。

在上述内容中，以自身情绪识别与调控自身情绪、自我激励最为根本，因为从深层心理学的角度而言，我们对周围人和事的看法和态度常常取决于我们的内心世界，“感时花溅泪，恨别鸟惊心”，其实花还是那个花，鸟还是那个鸟，不同的是我们的心境而已。所谓“境由心造”说的就是心理学上的“投射”效应。因此，我们要先管理好自己的情绪才有可能管理和影响他人的情绪，创设良好的人际氛围。

心理辞典：投射效应

投射效应是指将自己的特点归因到其他人身上的倾向。在认知和对他人形成印象时，以为他人具有与自己相似的特性的现象，把自己的情感、意志、特性投射到他人身上并强加于人，即推己及人的认知障碍。比如，一个心地善良的人会以为别人都是善良的；一个经常算计别人的人就会觉得别人也在算计他等。

投射使人们倾向于按照自己是什么样的人来知觉他人，而不是按照被观察者的真实情况进行觉知。投射效应是一种严重的认知偏差，辩证地、一分为二地区别对待别人和对待自己，是克服投射效应的有效方法。

第二节　大学生情绪智能开发的方式

越来越多的专家开始认识到：在人的成才过程中，不是 IQ 而是 EQ 在起着重要的作用。那么如何提高我们的情绪智力呢？从操作层面看，不良情绪的自我调节方法很多，人们经常使用的有如下几种。

一、理性情绪疗法

理性情绪疗法是由美国临床心理学家阿尔伯特·艾利斯(Albert Ellis)在 20 世纪 50 年代创立的。其基本内容是：情绪并不是由某一诱发事件本身直接引起的，而是由经历这一事件的个体对这一事件的解释和评价所引起的。这一理论也称为情绪困扰的 ABC 理论，A 代表诱发性事件(activating event)；B 代表信念(belief)，指个体遇到诱发性事件之后产生的相应信念，即他对这一事件的想法、解释和评价；C 代表结果(consequence)，即症状，指在特定的情景下，个体的情绪及行为的结果。艾利斯认为：事件本身的刺激情境并非引起情绪反应的直接原因，个人对刺激情境的认识和评价才是引起情绪反应的直接原因。D 代表治疗(disputing)，通过 D 来影响 B，认识偏差纠正了，情绪和行为困扰就会在很大程度上解除或减轻，最后达到 E 效果(effect)，负面情绪得到纠正。例如，当一名大学生因考试成绩平平(A)而焦虑甚至抑郁(C)时，这是因为他有这样的信念(B)，即大学生在各方面都应当是优秀的、出类拔萃的，否则情况就非常糟糕。合理的解释(D)是大学生未必各方面都优秀，做最好的自己是最重要的。这样就能使这名大学生以平和而积极的心态对待其成绩(E)。

理性情绪疗法的核心就是要去掉非理性的、不合理的信念，建立正确的信念，这样才能拥有愉快的情绪和良好的人际关系。

心理知识之窗：艾利斯的非理性信念

1. 每个人都应该得到在自己生活环境中对自己重要的人的喜爱与赞许。

2. 每个人都必须能力十足，在各方面有成就，这样的人才是有价值的。

3. 有些人是坏的、卑劣的、恶性的；为了他们的恶行，他们应该受到严厉的责备与惩罚。

4. 假如发生的事情是自己不喜欢或不期待的，那么它是糟糕、很可怕的，事情应该是自己喜欢与期待的那样。

5. 人的不快乐是由外在因素引起的，一个人很少有或根本没有能力控制自己的忧伤和烦闷。

6. 一个人对于危险或可怕的事物应该非常挂心，而且应该随时考虑到它可能发生。

7. 逃避困难、挑战与责任要比面对它们容易。

8. 一个人应该依靠别人，而且需要有一个比自己强的人做依靠。

9. 一个人过去的历史对他目前的行为是极重要的决定因素，因为某事曾影响一个人，它会继续，甚至永远具有同样的影响效果。

10. 一个人碰到种种问题，应该有一个正确、妥当及完善的解决途径，如果无法找到解决方法，那将是糟糕的事。

可见，非理性信念的特点是绝对化、过分概括化的，是一种过于绝对化的情感体验。

二、积极的自我暗示

从心理学角度讲，心理暗示就是个人通过语言、形象、想象等方式，对自身施加影响的心理过程。这个概念最初由法国医师爱米尔·库埃(Emile Coue)于1920年提出，他的名言是“我每天在各方面都变得越来越好”。自我暗示分积极自我暗示与消极自我暗示。积极自我暗示，是指在不知不觉之中对自己的意志、心理以至生理状态产生影响，积极的自我暗示令我们保持好的心情、乐观的情绪、自信心，从而调动人的内在因素，发挥主观能动性。而消极的自我暗示会强化我们个性中的弱点，唤醒我们潜藏在心灵深处的自卑、怯懦、嫉妒等，从而影响情绪。

心理知识之窗：暗示的作用

心理学上认为，暗示是指“用含蓄、间接的方式，对别人的心理和行为产生影响。暗示作用往往会使别人不自觉地按照一定的方式行动，或者不加批判地接受一定的意见或信念”。可见，暗示本质上，是人的情感和观念，会不同程度地受到别人下意识的影响。

暗示的成功还需要有一个必要条件，就是接受暗示者，必须存在着针对外来的暗示者的自卑——觉得自己不如暗示者、觉得暗示者比自己高明、自己应该向其讨教等。其实，这样的暗示作用，在本质上就是用自认为比自己强的别人的智慧代替自己的思维和判断。

暗示有接受他人的暗示，也有自我的暗示。

心理暗示有积极的作用，也有消极的作用。积极作用可以使自己的潜能得到很好的发挥。消极作用就是容易受人操纵、控制。

我们可以利用语言的指导和暗示作用，来调适和放松心理的紧张状态，使不良情绪得到缓解。心理学的实验表明，当个人静坐时，默默地说“勃然大怒”“暴跳如雷”“气死我了”等语句时心跳会加剧，呼吸也会加快，生理上、心理上都会呈现出一些似乎是真发怒的症候。相反，如果连续默念“喜笑颜开”“兴高采烈”“开怀大笑”之类的语句，并且想象这些令人愉快的情景，那么你的心里面也会产生一种快乐的体验。由此可见，语言对情感有极大的暗示与调整作用。它既能唤起人们愉快的体验，也能唤起不愉快的体验；既能引起某种情绪反应，也能抑制某种情绪反应。因此，当我们在生活中遇到情绪问题时，应当充分利用语言的作用，用内部语言或口头、书面语言对自身进行暗示，缓解不良情绪，保持心理平衡。比如默想或用笔在纸上写出下列词语：“冷静”“制怒”“镇定”“振作”“勇敢”等。实践证明，这种暗示对人的不良情绪和行为有奇妙的影响和调控作用，既可以松弛过分紧张的情绪，又可用来激励自己。

心理自助训练

寻找积极的因素

【设定目标】

寻找积极的因素

【训练内容】

1. 自我诱导

我能在生活中时时寻找积极的因素。

我是自己态度的主人。

我积极地处理生活中的每一件事。

2. 根据自身情况编写导语15～20句

3. 形象预演

(1) 用积极的、乐观的态度来生活的那个人正是自己。

(2) 按照自编导语进行预演练习。

【辅助技巧】

自我训练笔记、想象调节法、想象脱敏法。

【训练提示】

训练 3～5 天，每天 1～3 次，训练时，一定要正视不足，努力寻找自己的优越之处，哪怕是一点点。

三、转移注意力

转移注意力就是把注意力从引起不良情绪反应的刺激情境转移到其他事物上去，或从事其他活动的自我调节方法。现代情感心理学的研究表明：在发生情绪反应时，人脑中往往有一个较强的兴奋灶，此时如果另外建立一个或几个新的兴奋灶，便可以抵消或冲淡原来的优势兴奋灶。因此，当出现情绪不佳的情况时，要把注意力转移到使自己感兴趣的事情上去，如外出散步，看看电影、电视，读读书，打打球，下盘棋，找朋友聊天，换换环境等，有助于使情绪平静下来，在活动中寻找到新的快乐。这种方法，一方面中止了不良刺激源的作用，防止不良情绪的泛化、蔓延；另一方面，通过参与新的活动特别是自己感兴趣的活动而达到增进积极的情绪体验的目的。

四、适度宣泄

适度宣泄可以把不良情绪释放出来，从而使不良情绪得以缓解消除。因此，遇有不良情绪时，最简单的办法就是宣泄。宣泄的方式有很多，如向亲友、朋友倾诉；或是通过体育运动、劳动等方式来尽情发泄；或是到空旷的山林原野，拟定一个假目标大声叫喊，发泄胸中怨气。万不得已，在至亲好友面前大哭一场，也可以释放体内积聚的能量，排除体内毒素，调整机体平衡。需要强调指出的是，在采取宣泄法来调节自己的不良情绪时，必须增强自制力，情绪应当宣泄，但宣泄的方式必须合理。有的人不分时间、地点、场合，对一切自己不快的对象大发雷霆，甚至采取违反道德和法律的行为方式，这种直接发泄，常会引起不良后果。还有的人将消极情绪胡乱发泄，迁怒于人，找替罪羊等，都是不可取的。

心理知识之窗：痛哭对情绪宣泄的作用

痛哭作为一种情绪宣泄的方式，也是人的一种保护性反应，是释放体内积聚的负能量、排除身体毒素、调整机体平衡的一种方式。1957 年，美国化学家布鲁纳首先发现，动感情的眼泪与因洋葱刺激而流的眼泪，其化学成分是不一样的，后者所含的蛋白质甚少。美国生物学家福雷发现：一个人在悲痛时流的眼泪与伤风感冒或风沙入眼而流的眼泪，所含的化学成分并不相同。他指出，一个人在正常哭泣时，流出的眼泪只有 100～200 微升。即使是一场号啕大哭，眼泪也只有 1～2 毫升。但这些逐渐流出的眼泪中含有一些能引起血压升高、心率加快和消化不良的生化物质，通过哭泣把这些物质排出体外，对身体当然是有利的。

五、自我安慰

当一个人遇到不幸或挫折时，为了避免精神上的痛苦或不安，可以找出一种合乎内心需要的理由来说明或辩解。虽然这些理由并不是主要的原因，或是不正确、不客观的或不合逻辑的，但用这些理由来安慰、说服自己，可以避免心理上的痛苦。这种方法，虽然有些自欺欺人，但偶尔用一下作为调控消极情绪的权宜之计，对于帮助人们在大的挫折面前接受现实、保护自己、避免精神崩溃是很有益处的。比如，对于失恋者来说，想到“失恋总比结婚后再离婚要好得多”，便可减轻因失恋带来的痛苦。因此，当人们遇到情绪问题时，经常用“胜败乃兵家常事”“塞翁失马，焉知非福”“祸兮福之所倚”等词语来进行自我安慰，可以摆脱烦恼，缓解矛盾冲突，消除不良情绪，达到自我激励的目的，有助于保持情绪的安宁和稳定。当然，如果用得过多，以致成为个人的主要防卫手段，则会妨碍自己去追求真正需要的东西，故应避免。

六、情绪升华法

升华是改变不为社会所接受的动机、欲望而使之符合社会规范和时代要求，是对消极情绪的一种高水平的宣泄，是将消极情绪引导到对人、对己、对社会都有利的方向去。歌德因恋人另有所爱而导致初恋失败，在痛苦万分并企图自杀之际，经过理智的思考，终于抑制了这种轻率的行为，以自己破灭的爱情为素材，写出了世界名著《少年维特之烦恼》。因此，当现实生活中遇到了困难和挫折时，正确的态度是将挫折变为动力，做生活中的强者。所谓“化悲痛为力量”就是这个意思。

七、音乐调节法

情感心理学家通过研究证实：音乐能通过物理和心理两条途径对人产生影响。音乐的物理作用是通过音响来影响人的生理功能。音乐通过人的听觉器官和听神经传入人体中，和机体的某些组织结构发生共鸣作用。美妙的音乐通过被人体吸收，使人的能量被激发出来，从静态变为动态。音乐的心理作用在于，优美的音乐能促使人体分泌一些有益于健康的激素、酶和乙酰胆碱等物质，起到调节血液流量和神经细胞兴奋的作用。另外，音乐对边缘系统、脑干网状组织等主管情绪的神经机构发生直接作用。由于乐曲的节奏、速度、音调等都不尽相同，从而可以表现出不同的情绪调控效果。

心理知识之窗：音乐的情绪调节作用

以音调为例，早在古希腊时代，人们就注意到了这一问题。他们认为：E 调安定，D 调激烈，C 调温和，B 调哀怒，A 调高亢，G 调烦躁，F 调淫荡。亚里士多德认为，C 调最适宜于陶冶人的情感和性格。近年来，国外一些学者通过实验证实，音乐对人的情绪情感确实有明显影响。例如，节奏明快的音乐，具有兴奋作用，能使人心跳加快，肌肉绷紧，情绪振奋；节奏缓慢、音调优雅的音乐，具有镇静、降压、镇痛和安定情绪的作用；绚丽平缓的音乐，能使人产生欢乐、恬静的情绪，并有改善皮层功能的作用。在调节情绪时，可根据不同个体的个性特点、心情、时间、场合选择不同的音乐。节奏感强的音乐适合忧郁、好静、少动的人；旋律优美的音乐适合兴奋、多动、焦虑不安的人。在国外，音乐调节已经应用到了外科手术及精神病、抑郁症、焦虑症等病症的治疗中。如忧郁烦恼时可以听《蓝色多瑙河》《卡门》《渔舟唱晚》等意境广阔、充满活力、轻松愉快的音乐；失眠时可以听莫扎特优雅宁静的《摇篮曲》、门德尔松的《仲夏夜之梦》等乐曲；情绪浮躁时可以听《小夜曲》等适合的音乐来调节自己。

八、交往调节法

某些不良情绪常常是由人际关系矛盾和人际交往障碍引起的。因此，当我们遇到不顺心、不如意的事，有了烦恼时，主动地找亲朋好友交流、谈心，比一个人独处冥想、自怨自艾要好得多。在情绪不稳定的时候，找人谈一谈，具有缓和、抚慰、稳定情绪的作用。另一方面，人际交往还有助于交流思想、沟通情感，增强自己战胜不良情绪的信心和勇气，能更理智地去对待不良情绪。

在上述方法都失效的情况下，仍不要灰心，有条件的情况下，去找心理医生进行咨询、倾诉，在心理医生的指导和帮助下克服不良情绪。

心理自助训练

情绪调节小技巧

1. 绿色和蓝色可平复心情，使人平静。心情不好时，可以穿这两种颜色的衣服，或者让自己接近森林、大海。

2. 多吃鱼肉，浅酌红酒，常用橄榄油，多喝鲜牛奶，多吃粗粮，服用含 DNA 的鱼油、B 族维生素，有助于对抗压力。

3. 冥想。心情不好时，暂时出逃到一个安静的环境，静坐、发呆，让头脑一片空白，或是想象愉快的场景，以及任何能使你平静、放松的视觉形象。

4. 全神贯注地做一件你喜欢的、不需要动脑的事，如弹奏乐器、折纸、剪窗花、园艺等，均可放松身心。

5. 往人堆里扎。独处会加重孤独与抑郁，偶尔溜达到热闹的咖啡店或肯德基坐坐，让自己淹没在人群中，沉浸在嘈杂声中，有振奋情绪的作用。

6. 清理杂物。花几个小时把自己书桌、衣柜里的东西好好整理一遍，扔掉多余的东西，井井有条的感觉会让心情也轻松一些。

7. 打扫卫生。把桌子、柜子、床以及平时无暇打理的卫生死角都认认真真地擦洗干净。

8. 创造。有创意的工作能带来满足感，即使你不是艺术家或画家，也可以随手涂鸦作一张画，写一些文字，自己设计一件东西，一定比被动地躺在被窝里或看电视更有乐趣。

9. 帮助他人。助人自助，适当参加一些志愿者的活动，如探望孤寡老人，到福利院和小朋友一起玩，帮助比自己更不幸的人，会让你沉郁的心情逐渐开朗。

10. 打理自己的外表。精神靓丽的外表会带来愉快和自信。洗澡、洗头、美容、化妆、做个漂亮的发型、买几件心仪的衣服，都是很好的选择。

思 考 题

1. 什么是情商，它包括哪些内容？
2. 请你结合实际谈谈如何开发自己的情绪智能？

第七章

大学生心理压力管理及危机预防

对大学生而言，压力既是打击，也是成长，正确地认识与对待压力，是成功人生的必经之路。

第一节　大学生心理压力管理

一、心理压力的含义及其影响

(一) 压力的含义

压力(stress)原是物理学概念，加拿大生理心理学家汉斯·薛利(Hans selye)1936 年将压力概念引进医学和心理学。他认为，压力是表现出某种特殊症状的一种状态，这种状态是由生理系统中对刺激的反应所引发的非特定性变化所组成的。

对压力概念存在三种认识：①压力是外部刺激引起的。压力指那些使人感到紧张的事件或环境刺激。从这个意义上讲，压力对人来说是外部的。②压力是主观的反应。压力指具有威胁性的刺激引起的主观反应。从这个意义上讲，压力是紧张或唤醒的一种内部心理状态，它是人体内部出现的解释性的、情感性的、防御性的应对过程。③压力是外部刺激与内部主观反应之间的关系。压力是个体对环境中具有威胁性的刺激，经过认知其性质后所表现出来的反应。目前，研究者们对压力的概念还没达到一致的理解和认同。这是由于不同的研究者从各自不同的学科领域、不同的角度、不同的研究对象、不同的研究方法对千姿百态的压力问题进行探讨，结果差异很大。总的来说，心理学研究的压力，多数指第三种解释。

车文博主编的《当代西方心理学新词典》中，有个词条叫应激(stress)，其解释是：应激亦称压力、紧张，指个体身心感受到威胁时的一种紧张状态。应激结构有：①应激源，即造成应激或紧张的刺激物；②应激本身，即特殊的身心紧张状态；③应激反应，即对应激源的生理和心理反应，亦称生理应激与心理应激。

综上所述，压力就是压力源、压力反应和压力感三者形成的综合性心理状态。压力源，指现实存在的具有威胁性的刺激；压力反应，指人对压力事件的反应；压力感，指由威胁性刺激带来的一种被压迫的主观感受。这三部分相互联系、互相影响，表现为认知、情绪、行为的有机结合，是个体的一种综合性心理状态。由于压力源的存在，使得个体意识到压力。伴随着对压力的认知，同时又会有持续的紧张情绪、情感体验。压力必然引发行为反应，积极应对、化解压力就会减少压力反应；而消极应对、逃避压力情境，则会形成心理障碍，加强压力反应，形成恶性循环。

通常情况下，人在应激状态下，生化系统发生激烈变化，肾上腺素以及各腺体分泌增加，身体活力增强，使整个身体处于充分动员状态，以应对意外的突变。但由于个体心理素质的差异，对应激的外在反应有两种表现：一种是活动抑制或完全紊乱，表现出不适应的反应，如目瞪口呆、手忙脚乱、陷入窘境；另一种是调动各种力量，积极应对紧急情况，如急中生智、行动敏捷、摆脱困境。当然，长期处于应激状态，对人的健康是不利的，甚至会有危险，故要尽量减少和避免不必要的应激状态，并学会科学地对待应激状态。

(二) 压力的来源

心理压力的产生原因是复杂的，我们将具有威胁性或伤害性并因此带来压力感受的事件或环境称为压力源。压力源是多种多样的，可能存在于人们自身，也可能存在于环境之中。但是，人类最主要的压力源是人，人际关系是造成心理压力的最主要来源。

1. 躯体性压力源

躯体性压力源是指通过对人的躯体直接发生刺激作用而造成身心紧张状态的刺激物，包括物理的、化学的、生物的刺激物。如过高或过低的温度、空气污染、微生物、变质食物、酸碱刺激等，这一类刺激是引起生理压力和压力的生理反应的主要原因。

2. 心理性压力源

心理性压力源是指来自人们头脑中的紧张性信息，如心理冲突与挫折、不切实际的期望、不祥预感以及与学习、工作有关的紧张性刺激等。心理性压力源与其他类型压力源的显著不同之处在于它直接来自人们的头脑，反映了心理方面的困难。对于大学生来说，心理性压力源很多，如学习成绩不理想、对各种考试的焦虑、对未来就业的担心、恋爱的困扰、人际关系的困扰，经济拮据、不喜欢所学专业等。生活中的压力事件处处可见，但为什么有的人无动于衷，有的人却耿耿于怀，区别源于人们对压力的心理认知。因此，压力是一种主观的心理感受。

3. 社会性压力源

社会性压力源主要指个人生活方式上的变化，并要求人们对其做出调整和适应的情境与事件。社会性压力源包括个人生活中的变化和社会生活中的重要事件。这些事件根据其严重程度会给人带来不同程度的压力。

心理知识之窗：生活事件与压力感量表

美国著名精神病学家霍尔姆斯(T. H. Homes)和雷赫(R. H. Rahe)根据对500多人的社会调查，列出了43种生活危机事件，并以生活事件单位(LUC)为指标对每一种生活危机事件评分，编制了“生活事件与压力感量表”。

生活事件与压力感量表

生活事件	LUC	生活事件	LUC
1. 配偶死亡	100	23. 子女离家	29
2. 离婚	78	24. 司法纠纷	29
3. 夫妻分居	65	25. 个人突出成就	28
4. 拘禁	63	26. 妻子开始工作或离职	26
5. 家庭成员死亡	63	27. 上学或转业	26
6. 外伤或生病	53	28. 生活条件变化	25
7. 结婚	50	29. 个人习惯改变	24
8. 解雇	47	30. 与上级矛盾	23
9. 复婚	45	31. 工作时间或条件改变	20
10. 退休	45	32. 搬家	20
11. 家庭成员患病	44	33. 转学	20
12. 怀孕	40	34. 娱乐改变	19
13. 性生活问题	39	35. 宗教活动改变	19
14. 增加家庭成员	39	36. 社交活动改变	18
15. 调换工作岗位	39	37. 小量借贷	17
16. 经济状况改变	38	38. 睡眠习惯改变	16
17. 好友死亡	37	39. 家庭成员数量改变	15
18. 工作性质改变	36	40. 饮食习惯改变	15
19. 夫妻不和	35	41. 休假	12
20. 中量借贷	31	42. 过圣诞节	12
21. 归还借贷	30	43. 轻微的违法行为	11
22. 职别改变	25		

霍尔姆斯指出，如果一年内生活事件单位不超过150分，第二年一般健康无病；如果生活事件单位在150～300分，第二年患病的概率是50%；如果生活事件单位超过300分，第二年患病的概率可达70%。

4. 文化性压力源

文化性压力源最常见的是文化性迁移，即从一种语言环境或文化背景进入另一种语言环境或文化背景中，使人面临全新的生活环境、陌生的风俗习惯和不同的生活方式，从而产生压力。若不改变原习惯，适应新变化，常会出现不良的心理反应，甚至积郁成疾。如出国留学，如果缺乏对环境改变所应有的心理准备，没有一定的外语水平，在异国文化背景下就难以适应，难以沟通，因而可能中断学业或引发疾病。

(三) 压力的类型

按照压力强度，一般可分为三大类。

1. 一般单一性生活压力

人们在生存和发展中，不可避免地会遭遇各种生活事件。如果我们生活的某一时段经历着某一压力事件并努力去适应它，而且其强度不足以使我们崩溃，那么我们称这时体验到的压力为一般单一性生活压力。经历一般单一性生活压力的过程中，虽然付出了很多生理和心理的资源，但是只要没有崩溃，并且没有再发生任何事件，那么承受人在经历一次压力后，会提高和改善自身适应能力。

2. 叠加性压力

叠加性压力有两类：第一类，同时性叠加压力。即同一时间里发生若干压力事件，这时当事者所体验到的压力称为同时性叠加压力，俗称“四面楚歌”。如考试挂科时，又遭遇恋爱失败、亲人生病、朋友背叛等。第二类，继时性叠加压力。即两个以上的压力事件相继发生，这时当事者体验到的压力称为继时性叠加压力，俗称“祸不单行”。如家庭遭遇变故以后，应聘也失败。叠加性压力是极为严重和难以应对的压力，它给人造成的危害很大。尤其是一些长期抑郁的人，会在叠加性压力面前失去生活勇气，而那些个性中追求完美、没有学会“取舍”的人，很容易爆发焦虑性神经症。如果伴有长期人格障碍的话，继时性压力还是精神分裂症的重要诱因。

3. 破坏性压力

破坏性压力又称为极端压力，包括战争、大地震、水灾、受攻击、被绑架等。此类压力在人类生活中并不罕见。破坏性压力对于幼儿和成人的影响有着很大差异。幼儿及无能力自我保护者，面对灾难事件，往往采用本能的回避、遗忘或者记忆加工来让自己远离焦虑。成人因为有能力而无法去行动，会变得妄自菲薄，否定自我，被消极观念所笼罩，而且会留下长久的阴影。相同的是，破坏性压力常常是各种恐惧症和人格解体神经症的重要诱因。

(四) 压力对大学生的影响

1. 压力对身体的影响

持续的压力能击溃一个人的生物化学保护机制，使人的抵抗能力降低，引起身体疾病。压力反应是全身适应综合征，有三个阶段：第一，警觉阶段。表现为肾上腺素分泌增加，心率加快，体温和肌肉弹性降低，贫血，血糖水平和胃酸度暂时性增加，严重可导致休克。第二，抵抗阶段。表现出警觉阶段症状的消失，身体动员许多保护系统去抵抗导致危机的动因，此时全身代谢水平提高，肝脏大量释放血糖。如时间过长，可使体内糖的贮存大量消耗，以及下丘脑、脑垂体和肾上腺系统活动过度，会给内脏带来物理性损伤，出现胃溃疡、胸腺退化等症状。第三，衰竭阶段。表现为体内的各种储存几乎耗竭，机体处于危机状态。

心理知识之窗：过度压力对个体生理的影响

过度的压力和持续的压力可能引发如下生理疾病。

循环系统：高血压和心脏疾病。

消化系统：消化性溃疡、神经性厌食、过敏性结肠炎等。

呼吸系统：支气管哮喘、神经性咳嗽等。

生殖系统：女性月经不调和不排卵，男性阳痿，以及男、女性激素分泌下降。

泌尿系统：丧失胰岛素，诱发成人糖尿病。

运动系统：身体疲劳，肌肉紧张，汗流量增加，皮肤功能失调，骨骼疏松，容易骨折，关节炎。

神经系统：睡眠障碍，紧张性头痛。

免疫和抗炎系统：容易患感冒和流感，容易患癌症。

个体在抵抗阶段生理功能大致恢复正常，能适应艰苦的生活环境，即压力反应对个体来说在一定的程度上能增强其适应能力。然而，在抵抗阶段对新的压力抵抗力反而降低，个体若再承受持久的高压，就容易导致身心耗竭，甚至会死亡，这就是衰竭阶段。

2. 压力对心理的影响

(1) 适度压力下的心理反应。加拿大生理心理学家汉斯·薛利(Hans Selye)毕生从事压力的实验研究，发现压力的一个重要特性就是它的动力性。人们常说压力变动力，是由于个体遇到压力时，不会无动于衷，而会采取一定的行为处理具有威胁性的刺激情境。因此，适度的压力会引发或增强心理的正向适应反应，如警觉、注意力集中、思维敏捷、精神振奋、寻求他人支持、学习处理压力的技巧等，这有助于个体应付环境。例如，学生考试、运动员参赛，在适度竞争压力下容易出成绩。适度压力也能给生活带来乐趣：人有时会主动从事压力任务，比如玩电子游戏至精疲力竭还不愿罢手；惊险的游乐项目；户外探险运动；看恐怖影片；可能会失恋、离婚但仍然坚持恋爱、结婚等。环境压力还能促进人类发展。进化论认为，资源有限导致竞争，竞争必然产生压力，发展最快的地区，压力也最大；人生发展的每个阶段都需要面对新的要求，没有压力就没有成长，人的成长和发展就是不断适应环境压力的过程。

(2) 过度压力下的心理反应。过度(即过强、过大、过久)的压力会引发心理的负向反应，如情绪上忧虑、焦躁、愤怒、沮丧、悲观、失望、抑郁等；智能上思维狭窄、自我评价降低、自信心减弱、注意力分散、记忆力下降、认知效能差等；精神上反应过敏、疲劳感、失眠等；行为上谈话结巴、刻板动作、过度饮食、攻击行为、工作效能差等；人际关系上孤独和疏远、沟通效果差等。另外，过度的压力会导致肾上腺激素和去甲肾上腺激素分泌增加，而持续地释放和消耗去甲肾上腺激素可能造成抑郁症。

二、大学生心理压力管理

（一）影响压力感的因素

压力由客观刺激引起，生活中的压力是自然的、不可避免的，但每个人的压力感受是不同的。压力感之所以有很大差异，主要因素可归结为以下几个方面。

1. 经验

当面对同一事件或情境时，经验影响人们对压力的感受。如果个体曾经面对过某一压力源，有过关于这一压力的经历和经验，通过学习和适应，当该压力源再次发生时，压力反应会大大降低。所以，一帆风顺的人，一旦遭遇打击就会惊慌失措；而人生坎坷的人，同样的打击却不会引起重大伤害。可见，增加经验能增强抵抗压力的能力。

2. 心理准备

对即将面临的压力事件是否有心理准备也会影响压力的感受。心理学家曾对两组接受手术的患者做实验。对其中一组术前讲明手术过程及后果，使患者有心理准备，对手术痛苦视为正常现象并坦然接受；另一组不做特别介绍，患者对手术一无所知，对痛苦过分担忧，对手术是否成功持怀疑态度。结果术后有准备组比无准备组止痛药用得少，而且平均提前三天出院。

3. 认知方式

个体如何认知、理解和评价当前所面临的压力事件，是造成压力体验差异的一个非常重要的因素。同样的压力情境使有些人苦不堪言，而另一些人则平静地对待，这与认知方式有关。个体面对压力时，在实际压力反应前会先辨认和评估压力。如果把压力威胁估计过高，对自己应对压力能力估计过低，那么压力反应就大。

心理知识之窗：歪曲认知的特点及表现

1. 主观推断：“丈夫回来晚了，是不是做什么坏事了？”
2. 选择性概括：“他以这种口气说爱我，一定是骗人的。”
3. 过度概括：“我的感情被一个男人骗了，什么时候都不要相信男人。”
4. 夸大和缩小：“丈夫有外遇了，我没法活了。”
5. 个性化：“同事的钱包不见了，可别怀疑是我偷了。”
6. 贴标签或错贴标签：“他出过轨，怎么会真心过日子？”
7. 极端思维：“不是朋友就是敌人。”

4. 性格

不同性格特征的人对压力的感受不同。通过研究发现人的性格大致分为如下几类：

(1) A 型性格的人。这种性格的人脾气火暴、有闯劲，遇事容易急躁，不善于克制自己，喜欢竞争、好斗，爱显示自己的才华，对人常存戒心，精力旺盛，做事迅速，时间感较强，具有攻击性，野心勃勃。这类人往往具有比较强烈的成就动机，所以，工作业绩比较高；但此类人也由于过于追求成就，所以在身体健康方面易出现问题，易患心脑血管疾病，如高血压、冠心病等。

(2) B 型性格的人。这种性格的人具有以下特点：休闲自得，做事不紧不慢，富有耐心，比较随和，比较放松随意。这类人身体往往比较健康，但在事业上，会因成就动机不高而难有建树。

(3) C 型性格的人。这种性格的人情绪受压抑，表现为害怕竞争，逆来顺受，有气往肚子里咽，爱生闷气的人。这种性格的心理活动特色，反映了不良心态得不到合理的宣泄，由于封闭、压抑，身体的生理活动也是消极的，因长期焦虑、抑郁，易引发免疫功能减退，内分泌紊乱，从而引发胆囊炎、胆结石、消化系统等疾病。

5. 环境

一个人的压力源与他所处的小环境有直接关系。对于大学生来说，小环境主要指家庭、班集体或宿舍。家庭压力来自亲子关系、父母之间的关系、家庭经济状况、家庭气氛、家庭秩序等；来自班集体的压力主要有同学关系、班级的风气、班主任的领导作风等；来自宿舍的压力主要有宿舍同学之间的关系、住宿条件等。来自环境的压力小，则心情舒畅，身心健康。

(二) 心理压力应对方式

所谓压力应对，是指当压力对我们可能造成伤害时，用一些方法与技巧去应对，以降低压力带来的消极影响。应对压力的策略一般有两类：处理困扰与减轻不适感。处理困扰，指直接改变压力源。减轻不适感，指不直接解决问题，而是调节自己，消解不良反应。

(三) 大学生应对压力的方法

无论是直接面对压力源还是调节自我，都有许多方法可以采用。但这些方法，有的效果是暂时的，有的效果是长久的；有的方法有助于成长，有的方法则造成其他不良影响。积极的应对方法有：

1. 正确认识压力

在现实生活中，要引导大学生认识到压力的存在是客观必然的，不可避免的；同时适度的压力对于大学生来说也是一种动力，可以促进大学生的成长和发展；要使大学生对可能出现的压力有足够的心理准备，承受压力的能力就会增强。另外，还要培养大学生的积极意识，无论遇到什么事情，都要乐观向上、自信豁达；面对压力，主动学习应对压力的方法，积极有效地控制压力。

心理知识之窗：霍金的智慧

霍金是一个伟大的理论物理学家，但他却患有卢伽雷病，完全失去了行动自由和生活自理能力。有一次，当霍金做完学术报告，一位女记者跃上讲坛，问了一个突兀而尖锐的问题："霍金先生，卢伽雷病已经将你永远固定在轮椅上，你不认为命运让你失去太多了吗？"整个报告厅顿时鸦雀无声，霍金用还能活动的手指，艰难地敲击键盘，投影屏上缓慢而醒目地显示："我的手指还能活动，我的大脑还能思维，我有终身追求的理想，还有我爱和爱我的亲人和朋友，对了，我还有一颗感恩的心。"顿时，报告厅内掌声雷动。

遭遇不幸的生命尚且活得美好而充满意义，他们从自己残缺的生命中积极发现自己拥有的东西，发现自己享有的幸福，平常人比不幸的人们拥有得更多，所以，我们要学会珍惜自己所拥有的，用心体会它们带来的心灵的富足感和喜悦感。

2. 正确认识自我，确立恰当的奋斗目标

大学生的很多压力都源于不能正确地认识自我，或不能很好地接纳自我。如有的大学生不顾条件的限制、不顾自己知识经验和能力的不足，为自己确立了过高的目标和抱负水平，虽然付出很大努力，却不能顺利实现目标，从而产生不必要的压力和挫折。因此树立一个正确的自我观念就显得相当重要，引导大学生全面、充分、准确、客观地分析自己，包括自己的容貌、身高、仪表、风度等外部特征，也包括能力、气质、性格、兴趣、特长、需要、理想等个性品质，甚至自己的家庭条件、经济状况，并客观地评价自己的优缺点、长短处，在此基础上愉快地接纳自我。这样，就可以避免因盲目追随别人、羡慕别人、嫉妒别人而导致的心理压力，避免目标过高、期望水平过高而导致的心理压力。当然，在不高估自己的同时也不能低估自己，不能自轻自贱、自怨自艾，丧失自信心和进取心。

心理测试

自我效能感测试

请根据你的实际情况(实际感受)，在题目下方选择适合的答案。答案没有对错之分，对每个句子无须太多考虑。

完全不正确　　记 1 分

有点正确　　记 2 分

多数正确　　记 3 分

完全正确　　　　　　记 4 分

1. 如果我尽力去做的话，我总是能够解决问题的。

2. 即使别人反对我，我仍有办法取得我所要做的。

3. 对我来说，坚持理想和达成目标是轻而易举的。

4. 我自信能有效地应付任何突如其来的事情。

5. 以我的才智，我定能应付意料之外的情况。

6. 如果我付出必要的努力，我一定能够解决大多数的难题。

7. 我能冷静地面对困难，因为我信赖自己处理问题的方法。

8. 面对一个难题时，我通常能找到几个解决问题的方法。

9. 有麻烦的时候，我通常能想到一些应付的方法。

10. 无论什么事在我身上发生，我都能够应付自如。

[结果解释]

1～10 分　你的自信心很低，甚至有点自卑，建议经常鼓励自己，相信自己是行的，正确地对待自己的优点和缺点，学会欣赏自己。

11～20 分　你的自信心偏低，有时候会感到信心不足，找出自己的优点，承认它们，欣赏自己。

21～30 分　你的自信心较高，能够比较客观地评价自己，且对自己比较满意。

31～40 分　你的自信心非常高，但要注意正确看待自己的缺点。

---

3. 学会放弃

如果条件不具备或通过多方面的努力仍不能达到目标，那么就应该分析一下，这个目标对于自己是否合适，如果不合适，再努力下去仍是失败，这时不妨对自己说："我尽力了。"适时地退出和放弃，学会转移，重新设立新的目标。

4. 生活规律化

在日常的学习和生活中应劳逸结合，注意保证足够的睡眠和休息时间，饮食也要规律化。在学习之余给自己留点时间，做些自己感兴趣的事情，如打球、画画、听音乐、练书法、看小说、唱歌、郊游、睡懒觉等，都能使紧张的大脑松弛下来，以提高日后的学习和工作效率。

5. 运动减压

运动是缓解压力，放松身心的好方法。做一些自己感兴趣的体育运动，如散步、打球、爬山、跳舞等，可以消除疲劳，改善心情，还可以锻炼身体，增强体质。

心理自助训练

放松训练

(一) 呼吸放松法

1. 呼吸放松的基本原理

过去的人们认为很多的生理反应，如心跳、呼吸、血压等，都是自律神经在控制，不受自身行为的影响，但健康心理学的研究却发现，我们的确不能直接控制我们的心跳、血压等，但我们可以控制自己的呼吸，并间接改变自己的许多生理反应与情绪，这样的呼吸控制有两个重点，一个是“频率”，另一个是“部位”。

先就频率来说，一般人一分钟呼吸 12～16 次，而在紧张焦虑之下一个人的呼吸会变快，在 16～20 次/分，反之在深度睡眠或放松的情况下，我们的呼吸会慢到约 10 次/分，而只要一个人能够放慢自己的呼吸，他的心跳与血压也会跟着降低。

另外在呼吸的部位方面，大略可区分为“胸式呼吸”与“腹式呼吸”。胸式呼吸在呼吸的时候主要是靠胸部肌肉的力量来扩张胸腔，所以肩膀和胸部会有明显的起伏；反之腹式呼吸主要是靠胸腹之间横隔膜的下降来扩张胸腔，所以腹部的起伏会比胸部的起伏来得明显，但是因为人体肺脏本身并不会自己扩张或收缩，肺脏的大小主要受到胸腔的大小所左右，所以越能有效地扩大胸腔便越能加大肺活量，并做较深度的呼吸，而单单利用胸部肌肉来拉扯肋骨让胸腔变大的幅度比同时让横隔膜下降让胸腔扩大的幅度来得小，且前者因为是利用肌肉来拉扯，肌肉收缩便容易造成肩部甚至颈部的紧绷，所以如果在呼吸的时候能够将注意力放在自己的腹部上，让自己的腹部随着呼吸起伏，便能有效地让横隔膜升降，并降低肩部肌肉的紧张，促进身体的放松。

2. 呼吸放松的基本程序

(1) 呼吸放松有三种准备姿势:

坐姿：坐在凳子或椅子上，身体挺拔，腹部微微收缩，背不靠椅背，双脚着地，并与肩同宽，排除杂念，双目微闭。

卧姿：平稳地躺在床上或沙发上，双脚伸直并拢，双手自然地伸直，放在身体两侧，排除杂念，双目微闭。

站姿：站在地上，双脚与肩同宽，双手自然下垂，排除其他想法，双目微闭。

(2) 呼吸放松的步骤如下:

第一步，找一个地方舒服地躺下、坐下或站好(在一开始练习时最好能够有一个较为自在的空间与姿势，等到熟练之后随处都可进行，即便是在走路时也可以)。

第二步，将注意力放在腹部上(初练者可以将自己的手放在腹部以帮助集中注意)，感受一下自己的呼吸(大约一分钟，一般人只要这么做呼吸就会变慢)。

第三步，开始腹式呼吸(吸气时闭上嘴，用鼻子吸气，并让腹部很自然地慢慢鼓起，胸部只在腹部鼓起时跟着微微鼓起；呼气时略张开嘴呈 O 形，将气由口中吐出发出“吁”声，此时胸部与腹部会很自然地松下来；如此循环呼吸数次)。

第四步，放慢呼吸的速度(你可以一边呼吸一边告诉自己：“我的呼吸越来越均匀，越来越自然，越来越慢，越来越慢……我的身体越来越放松……随着我的呼吸，我觉得越来越放松……”如此便会很自然地让自己的呼吸放慢下来，但是别忘记还是要依循上述腹式呼吸的方法)。

每天进行上述的练习数次，尤其是在睡觉前，如此将可有效地放松自己以帮助睡眠。而等到越来越熟练之后，不论站着、坐着、走路等都可以做这样的练习，尤其是在情绪焦躁不安时更要反复进行练习。

(二) 肌肉放松法

逐步放松各组肌肉，把每一组肌肉先收紧 5～10 秒钟，然后完全放松。从脚部开始(或从头部开始)至腿部、臀部、腹部、背部、胸部、肩部、颈部、面部、头部，这样可以帮助我们解除全身的紧张。建议在早晨醒来后和夜晚临睡前各做一次，或者在感到焦虑紧张时做。

(三) 想象放松法

想象放松法主要是在语言的引导下，借助想象的力量，让我们去往任何一个能让我们的身心得到放松的地方。

使用这种方法时，先找一个无人打扰的环境，仰卧，四肢伸展放平感到舒服，微闭双眼，深慢均匀地呼吸。想象最能让自己感到舒适、惬意、放松的情境，如大海边，想象自己躺在沙滩上，感受着阳光的温暖，听着海浪的声音，感到温暖、舒服。细沙软绵绵的，海风轻柔柔的，想象自己的呼吸变得深沉缓慢，心跳慢而有力；心里安静极了，已经感觉不到周围的一切，周围好像没有任何东西，你安然躺卧在大自然中，非常轻松，十分自在……

6. 建立社会支持系统

大学生应注重建立和发展一个自己的强有力的社会支持系统，包括家人、同学、朋友、师长等，这些人在你面对压力时，可以是很好的倾听者，也可以给你安慰、同情、支持、鼓励和帮助，使大学生增强战胜困难的勇气和力量。

心理辞典：社会支持系统

社会支持系统也称为“社会关系网”，是 20 世纪 70 年代提出来的心理学专业词汇，即个人在自己的社会关系网络中所能获得的、来自他人的物质和精神上的帮助和支援。从性质上可以分为两类：一类为客观的、可见的或实际的支持，包括物质上的直接援助和社会网络、团体关系的存在和参与；另一类为主观的、体验到的情感上的支持，指个体在社会中受尊重、被支持、理解的情感体验和满意程度，与个体的主观感受密切相关。

7. 寻求心理医生的帮助

在自己无法缓解压力、无法调整心理状态时，可以寻求心理医生的帮助，这样可以快速有效地缓解压力，减轻心里痛苦，也可以避免问题的进一步升级。高校的心理咨询机构应加强宣传工作，转变大学生对心理咨询的误解，让更多的大学生了解心理咨询中心都能给他们提供哪些帮助，他们什么时候、什么情况下可以去寻求帮助，从而遇到问题能主动来寻求帮助，使心理咨询中心能真正运转起来，真正发挥应有的作用。通过心理咨询双方的交流，不仅为大学生提供心理宣泄的场所，缓解其心理紧张和压力，而且可使他们学会正确认识和掌握压力应对的策略，对大学生有很大的帮助、启发和教育作用。

第二节　大学生心理危机干预

一、心理危机概述

(一) 心理危机的含义

心理危机是一种认识，即当事人认为某一事件或境遇是个人的资源和应付机制所无法解决的困难，除非及时缓解，否则就会导致情感、认知和行为方面的功能失调。所以，心理危机也是一种精神和行为的失衡状态。在此期间个体可能有过多次失败的解决问题的尝试，但面对阻碍，在一定时间内，使用常规的解决方法不能解决问题时的一种心理失衡状态。

(二) 心理危机的特点

1. 危险与机遇并存

一方面，心理危机是危险的；另一方面，心理危机也是一种机会，因为它带来的痛苦也迫使当事人寻求改变。如果当事人能够利用这一机会，则危机干预能够帮助个体成长和自我实现。

2. 复杂的症状

心理危机是复杂的，它不遵守一般的因果规律。心理危机的症状就像一张网，个人环境的所有方面都相互交叉在一起，一旦危机出现，就会有很多复杂的问题需要危机干预工作者进行直接的干预。而且，个体的环境决定着处理心理危机的难度。

3. 成长和变化的机缘

在伴随危机的心理不平衡中，焦虑情绪总是存在的，这种情绪导致的不舒服为变化提供了动力，个体只是在焦虑达到极限以后，才会承认他们对问题已经失去了控制。

4. 没有万能的解决方法

帮助处于心理危机中的人的方法是多种多样的，有些可以称为“短期治疗”。对那些长期存在的问题，基本上不存在什么万能解决的方法。遭受严重应激影响的许多求助者的问题来自于他们刚开始时总是企图找到迅速解决问题的方法，通常使用药物。尽管这样可以延缓极端反应的出现，但对造成心理危机的原因毫无影响，因此终究会导致心理危机的加深。

5. 普遍性与特殊性

不管是普遍的还是特殊的心理危机，每一个都伴随着不平衡和解体。说心理危机是普遍的，是因为在特定的情况下，没有人能够幸免；说心理危机是特殊的，是因为即使面对同样的情况，有些人能够成功地战胜危机，而另一些人则不能。

6. 选择的必要性

不管我们是否愿意面对，生活总是一个危机和挑战交织在一起的过程。在心理危机领域中，不选择本身就是一种选择，而且这种选择最后总会变成消极的、毁灭性的。相反，做一些努力至少包含了成长和发展的种子，使人有机会设定目标、形成计划去解决问题。

（三）心理危机的类型

1. 发展性危机

发展性危机是指在正常成长和发展过程中，急剧的变化或转变所导致的异常反应。如孩子出生、大学毕业、生活改变或退休等都可能导致发展性危机。发展性危机常被认为是正常的，但是，所有的人和所有的发展性危机都是独特的，因此必须以独特的方式进行评价和处理。

2. 境遇性危机

当出现罕见或超常事件，且个人无法预测和控制时出现的危机被称为境遇性危机。如交通事故、被绑架、被强奸、失业、突然的疾病或死亡等都可能导致境遇性危机。区别境遇性危机和其他危机的关键在于它是随机的、突然的、强烈的、震撼性的和灾难性的。

3. 存在性危机

存在性危机是指伴随着重要的人生问题，如关于人生目的、责任、独特性、自由和承诺等出现的内部冲突和焦虑。如一个 40 岁的人从没有做过什么有意义的事，从未对自己所从事的专业或所在的组织产生过独特的影响。

（四）心理危机的预防和干预

对不同类型的危机状况，也需要以不同的预防和干预方法来处理。

1. 心理危机的预防

应对心理危机的最好方式是预防。

一级预防：有目的地策划一些项目和活动来预防某些危机的发生。例如，开展父母教育项目来预防对孩子的漠视或虐待；开展艾滋病知识教育项目来预防艾滋病的传播等。

二级预防：即设计一些策略，尽量对危机进行早期干预，以预防危机发展得更为严重。如贷款、勤工助学方案等。

三级预防：综合采取危机干预策略来控制危机的扩大。例如开设自我求助热线，开通 24 小时求助热线，建立安全的救助机制，使危机中的个人有安全的求助渠道，减少危机的进一步扩大甚至阻断危机的发展。

2. 心理危机的干预

心理危机干预是指针对处于心理危机状态的个人及时给予适当的心理援助，使之尽快摆脱困难、提高心理平衡的助人过程。心理危机干预能达到以下目标：

(1) 防止过激行为，帮助当事人减轻情感压力，降低自伤或伤人的危险。

(2) 帮助当事人调动、组织支持系统应对危机，避免出现慢性适应障碍，恢复到危机前的功能水平。

(3) 促进交流与沟通，提高当事人的危机应对能力，使其更加成熟。

一般来说，危机干预的目标在于帮助当事人克服危机，再建心理平衡，重新面对生活，可以说，其最低目标是在心理上帮助当事人解决危机，使其功能恢复到危机前的水平，最高目标是提高当事人的心理平衡水平，使其高于危机前的平衡状态。

二、大学生常见心理危机及干预

(一) 恋爱关系破裂的危机干预

失恋可引起严重的痛苦和愤懑情绪，有的人可能采取自残行为，或者把爱变成恨，采取攻击行为，攻击恋爱对象或所谓的第三者。

干预的原则为充分的尊重、理性与预防。咨询老师要与当事者充分交谈，在充分理解当事者的心理行为基础上助其恢复理性的思维。对拟采取攻击行为的当事者，应防止其攻击行为的发生，既要防止当事者自残，也要阻止其鲁莽攻击行为。在保障人身安全的基础上，助其逐步找回自我，恢复其心理平衡。

(二) 亲人去世的悲伤反应的危机干预

对亲人的去世，不同的阶段反应不同，干预的措施也有所差别。

1. 急性反应

在得知亲人去世的噩耗后有些人会陷入极度痛苦中，严重的会出现情感麻木或昏厥，也可能出现呼吸困难或窒息感，或痛不欲生、呼天抢地地哭叫，或者处于极端的激动状态。干预原则为将昏厥者立即置于平卧位，如血压持续偏低，可通告医生为其静脉补液。对处于情感麻木或严重激动不安者，可助其进入睡眠休息状态。当其清醒后，营造支持性气氛，让其采取符合逻辑的步骤，逐步减轻悲伤。

2. 悲伤反应

在居丧期出现焦虑、抑郁，或认为自己对待死者生前关心不够而感到自责或有罪，脑子里常浮现死者的形象或出现幻觉，难以坚持日常活动，甚至不能料理日常生活，常伴有疲乏、失眠、食欲降低和其他胃肠道症状。严重抑郁者可有自残企图或行为。干预方法是让患者充分表达自己的情感，给予支持性心理治疗，可采取适当方法改善睡眠，减轻焦虑和抑郁情绪，对有企图自残者应有专人24小时陪护。

3. 病理性反应

如悲伤或抑郁情绪持续 6 个月以上，明显的激动或迟钝性抑郁，自残、自杀企图持续存在，发生幻觉、妄想、情感淡漠、惊恐等情况，或活动过多而无悲伤情感，行为草率或不负责任等，应及时送医院或专业心理治疗机构救治。

(三) 重要考试失败的危机干预

对个人有重要意义的考试失败可引起痛苦的情感体验，通常表现为退缩、不愿与人接触，严重者也可能采取自残行为。干预原则为对自残企图者采取措施予以防止，以理解支持的态度咨询辅导，助其恢复理智，找回自我。

(四) 自杀的危机干预

当面临生活中的难题时，有些人往往会选择极端的方式——自杀，以寻求解脱。有自杀企图的青少年会发出“求救信号”，如有明显的语言和行为上的表现，当发现有人发出“求救信号”时，适时地去关心，进一步了解状况，往往可以避免悲剧的发生。

1. 对欲自杀者最有效的干预方式是陪伴

当一个人想要自杀时，期待他们在面临危机时做出决定，并针对问题找出解决之道是相当困难的。若能适时运用倾听及同理心的技巧，将有助于自杀的预防。

(1) 倾听。倾听当事人的陈述及情绪脉络，理解其内容与信息。建议陪伴者先以温柔的态度让当事人把情绪缓和下来，在耐心倾听的前提下分辨其情绪为高亢、低落、负向，还是混乱等，必要时教其吐纳整理呼吸。

(2) 同理心。站在对方的立场来看事情，将心比心，设身处地去感受及体谅他人，传达关心、理解与尊重，有助于打破孤立感，并降低负面情绪的强度。

(3) 寻求专业帮助。自杀者可能被自己的情绪惊吓，对自己的失控感到害怕，相信自己是失败者，可请导师或心理辅助中心协同辅导，严重者进而转介专业机构或医疗机构，在多方协助配合下共同解决问题。

2. 建立生命意义感

自杀是人们因为无法面对生活中的压力、挫折与痛苦的下下策，最佳预防与治疗的方法乃是唤起其对生命意义的自觉，唯有透过生命意义的启发与教育，才能真正转化与治疗自杀者对生命错误的想法与执着。每个人未必对人生意义有相同的答案，透过自我生命的省思与对话，学习对自己与他人生命的包容、关怀、尊重与珍惜，不断地自我提升生命的层次，生命的意义才能在其中逐渐地彰显与实现。

(1) 面对失落，看见希望。每个人一生中难免会遇到一些令人失落的事情，像是考试失利、弄丢了心爱的物品、失恋、心爱宠物的死亡、失去至亲好友等。失落感使我们悲伤，而每个人对于悲伤有不同的表达方式。我们应该尊重他人的悲伤方式，采用倾听的方式来陪伴他们面对生命中的失落。尊重对方并真诚表露自己的感受，从对话中对失落者情绪加以同理及安抚，人若能最终坦然面对生命中的失落，愿意跨越生命中的障碍，也是一种自我的实现。

(2) 珍惜生命，活出意义。每个人都有自己独特的人生使命，只有澄清生命的意义，才能使我们的生存超越因死亡而导致的不确定性。我们可以透过努力获得成就与满足，也可以经由爱人与被爱，找到支持我们生命的勇气与源头，我们深信态度价值及生命意义可以从苦难中体悟。积极面对生命的意义，进而了解企图自杀者的身心状况，协助其情绪缓解及寻求专业协助，度过生命中的低潮期。

失落是一种生活的转变，在转变过程中必定失去某些曾经拥有的东西，但也必定能促进个体获得成长。生命虽不圆满，却依旧有属于它的美，善待悲伤就是善待生命，给予悲伤足够的时间与支持，会让生命获得修护与滋润，让我们能从逆境的痛苦中再次站起来。

心理自助训练

每天对自己说以下的话

(1) 从今天开始做个快乐、幸福的人，大胆去爱、去关怀，让生活中的每一个细节充满快乐与温暖。幸福源自内心，而非外界。

(2) 每天都以良好的心态去适应外在的一切，停止不满和抱怨。

(3) 健康的身体是实现生命的意义、享有幸福人生的基础，每天坚持锻炼身体。

(4) 每天拿出一段时间来充实理想，阅读一些可以丰富心灵的书籍。

(5) 培养博爱的心，坚持每一天为别人做一件好事。

(6) 把精力集中在度过今天的每一分钟，解决好今天的问题，就为明天做好了准备。

(7) 生活中不是缺少美，而是缺少发现美的眼睛。用欣赏的眼光去看待一切，体验生活中的真、善、美。

思 考 题

1. 什么是压力？大学生如何应对自己的压力？
2. 什么是危机干预？如何对大学生的自杀危机进行干预？

第八章

大学生网络成瘾及其预防

互联网的出现，带来了人类通信技术的变革，也以前所未有的速度和力量改变着世界和人类的学习、工作、生产、生活方式。截至 2017 年 6 月，我国互联网网民规模达到 7.51 亿，半年共计新增网民 1 992 万人，互联网普及率为 54.3%。随着人们在享受互联网所带来的便捷的同时，因网络使用引发的心理障碍也日益引起人们的关注，尤其是在青少年群体之中。据中国青少年网络协会第三次网瘾调查研究报告显示，我国城市青少年网民中，网瘾青少年约占 14.1%，约有 2 404 万人；在城市非网瘾青少年中，约有 12.7%的青少年有网瘾倾向，为 1 800 余万人。

第一节　网络成瘾的概念及标准

一、网络成瘾概述

1. 网络成瘾的含义

网络成瘾实质上是一种行为成瘾。美国心理学者最先涉足这一领域的研究。随着国内外学者对这一领域研究的增加，对因互联网使用所引发的心理障碍定义了多种术语，如 IAD(internet addiction disorder)、PIU(problematic internet use)等。但由于网络成瘾问题研究时间总体较短，因而到现在对网络成瘾的概念国际上都没有一个公认的界定。不过，在国内外的有关研究中，IAD 和 PIU 是使用最多的两个概念，在此，我们对其进行介绍。

IAD 这一概念是美国哥伦比亚东西精神病学家伊凡·戈德堡(Ivan Goldberg)在 1994 年最早提出的，他借用了美国精神疾病分类与诊断手册(DSM-IV)中关于药物依赖的判断标准，认为网络成瘾主要是作为一种应对机制的行为成瘾，指的是个体由于过度使用网络而导致明显的社会、心理功能损害的一种现象。现在网络成瘾也较多地使用这一概念。

PIU 概念是美国匹兹堡大学的博士金伯利·扬(Kimberly Young)从美国精神疾病分类与诊断手册中对病理性赌博的判断标准中发展出来的。把其定义为一种没有麻醉作用的冲动控制障碍。暗示网络成瘾和药物成瘾的不同在于：网络成瘾更像是一种冲动控制障碍，是在无成瘾物质作用下的上网行为冲动失控，表现为过度使用互联网而导致个体明显的社会、心理功能损害。主要症状为：①耐受性，即需要用越来越多的时间上网才能满足；②退瘾症状，当失去网络联系时，会产生焦虑、不安等情绪反应；③渴望，渴望更多的上网次数和更长时间的上网；④消极生活影响，如失业、财政问题、家庭关系问题等。美国心理学会于 1997 年正式承认“网络成瘾”的学术研究价值。

2. 网络成瘾的类型

网络成瘾是一个宽泛的概念，包含了大量的行为问题和冲动控制问题。国内外研究人员，一般将网络成瘾划分为以下五种最基本类型：

(1) 网络性成瘾(cyber-sexual addiction)，即难以控制对成人网站的访问。此类成瘾者要么沉迷于观看、下载和交换色情作品，要么在成人幻想角色扮演聊天室中乐而忘返。

(2) 网络关系成瘾(cyber-relational addiction)，即过分迷恋在线人际关系。此类成瘾者将全部精力投注于在线关系或虚拟偷情之中。在线朋友很快变得比现实生活中的家庭成员和朋友更为重要。在很多情况下，还会导致婚姻的不和谐与家庭的不稳定。

(3) 网络游戏成瘾(net gaming)，即过分关注在线购物、交易及赌博。此类成瘾者将大量时间、精力和金钱花费在网上赌博、游戏、购物和拍卖等活动中，并且往往丧失工作职责，破坏重要的人际关系。

(4) 信息收集成瘾(information overload)，冲动性地浏览网页及搜索过多的数据或资料，此类成瘾者花费大量时间致力于在网上查找和收集信息，伴随着强迫性冲动倾向以及因此而导致的工作效率下降两个典型特征。

(5) 计算机成瘾(computer addiction)，过于迷恋计算机，此类成瘾者沉迷于计算机程序以致影响正常的学习和工作。

二、网络成瘾的诊断标准

目前，国内外对如何界定网络成瘾缺乏公认的测量或诊断标准。在此，我们介绍美国心理学会和我国学者陈淑惠的网络成瘾诊断标准。

(一) 美国心理学会的网瘾诊断标准

(1) 耐受性。指符合下列任意一条者：①需要明显增加上网时间才能获得满足；②上网时间不变，满足感明显下降。

(2) 停止上网后，表现出以下任何一种症状：①显著的脱瘾综合征；②急于使用网络或相似的网上服务来减轻脱瘾症状。

心理知识之窗：脱瘾综合征

停止或减少长时间的上网行为后，在几天到一个月内出现下述两项或更多的症状：

(1) 精神运动性烦躁；

(2) 焦虑；

(3) 强迫性思考网上发生的事情；

(4) 幻想或梦想有关互联网的事情；

(5) 随意或不随意地做手指敲击键盘的动作。

以上症状导致了忧郁或社交、工作以及其他重要领域概念的损害，即为脱瘾综合征。

(3) 上网的次数比计划的多，时间比计划的长。

(4) 一直希望能努力减少或控制网络的使用，但却没有成功。

(5) 把大量时间用在与网络有关的事情上，如购买网络书籍、尝试新的浏览器、整理下载的资料。

(6) 因为使用互联网而放弃或减少重要的社交、工作或娱乐活动。

(7) 尽管知道上网可能已经导致了持续或复发性的身体、社交、工作或心理问题，但仍不管这些情况而继续使用互联网。

如果在一年内，上述情况出现三种以上即可确定为网络成瘾。

(二) 陈淑惠教授的网瘾诊断标准

(1) 强迫性上网行为，指一种难以自拔的上网渴望与冲动。

(2) 戒断行为与退瘾反应，指如果突然被迫离开电脑，容易出现挫败的情绪反应。

(3) 网络成瘾耐受性，指随着网络使用的经验程度的增加，原先上网得到的乐趣与满足感，必须通过更多的网络内容或更长久的上网时间，才能得到与原先相当程度的满足。

(4) 人际及健康问题，因为滞留网上时间太长，因而忽略原有的家居和社交活动，和家人朋友疏远，耽误工作或学业；为掩饰自己的上网行为而说谎，身体出现不适反应。

(5) 时间管理问题。

心理测试

网络成瘾测试表

请根据你的实际情况如实填写。

1. 你觉得上网的时间比你预期的要长吗？

A. 几乎没有(1分)　　B. 偶尔(2分)

C. 有时(3分)　　D. 经常(4分)

2. 你会因为上网而忽略自己要做的事情吗？

A. 几乎没有(1分)　　B. 偶尔(2分)

C. 有时(3 分)　　D. 经常(4 分)

3. 你更愿意上网而不是和亲密的朋友待在一起吗?
   A. 几乎没有(1 分)　　B. 偶尔(2 分)
   C. 有时(3 分)　　D. 经常(4 分)
4. 你经常在网上结交新朋友吗?
   A. 几乎没有(1 分)　　B. 偶尔(2 分)
   C. 有时(3 分)　　D. 经常(4 分)
5. 生活中，朋友、家人会抱怨你上网时间太长吗?
   A. 几乎没有(1 分)　　B. 偶尔(2 分)
   C. 有时(3 分)　　D. 经常(4 分)
6. 你因为上网影响学习了吗?
   A. 几乎没有(1 分)　　B. 偶尔(2 分)
   C. 有时(3 分)　　D. 经常(4 分)
7. 你是否会不顾身边需要解决的一些问题而上网查 E-mail 或看留言?
   A. 几乎没有(1 分)　　B. 偶尔(2 分)
   C. 有时(3 分)　　D. 经常(4 分)
8. 上网影响到你的日常生活了吗?
   A. 几乎没有(1 分)　　B. 偶尔(2 分)
   C. 有时(3 分)　　D. 经常(4 分)
9. 你是否担心网上的隐私被人知道?
   A. 几乎没有(1 分)　　B. 偶尔(2 分)
   C. 有时(3 分)　　D. 经常(4 分)
10. 你会因为心情不好去上网吗?
   A. 几乎没有(1 分)　　B. 偶尔(2 分)
   C. 有时(3 分)　　D. 经常(4 分)
11. 你在一次上网后渴望下一次上网吗?
   A. 几乎没有(1 分)　　B. 偶尔(2 分)
   C. 有时(3 分)　　D. 经常(4 分)
12. 如果无法上网你会觉得生活空虚无聊吗?
   A. 几乎没有(1 分)　　B. 偶尔(2 分)
   C. 有时(3 分)　　D. 经常(4 分)
13. 你会因为别人打扰你上网而发脾气吗?
   A. 几乎没有(1 分)　　B. 偶尔(2 分)
   C. 有时(3 分)　　D. 经常(4 分)
14. 你会上网到深夜不去睡觉吗?
   A. 几乎没有(1 分)　　B. 偶尔(2 分)
   C. 有时(3 分)　　D. 经常(4 分)
15. 你在离开网络后会想着网上的事情吗?

A. 几乎没有(1分)　　B. 偶尔(2分)
C. 有时(3分)　　D. 经常(4分)

16. 你在上网时会对自己说："再玩一会儿"吗？
A. 几乎没有(1分)　　B. 偶尔(2分)
C. 有时(3分)　　D. 经常(4分)

17. 你会想办法减少上网时间最终却失败了吗？
A. 几乎没有(1分)　　B. 偶尔(2分)
C. 有时(3分)　　D. 经常(4分)

18. 你会对其他人隐瞒你的上网时间吗？
A. 几乎没有(1分)　　B. 偶尔(2分)
C. 有时(3分)　　D. 经常(4分)

19. 你宁愿上网而不愿意和朋友们出去玩吗？
A. 几乎没有(1分)　　B. 偶尔(2分)
C. 有时(3分)　　D. 经常(4分)

20. 你会因为不能上网变得烦躁不安，喜怒无常，而一旦能上网就不会这样吗？
A. 几乎没有(1分)　　B. 偶尔(2分)
C. 有时(3分)　　D. 经常(4分)

[结果解释]

（最低应该为20分，最高为80分）

第二节　大学生网络成瘾影响因素

网络作为一把双刃剑，它能够带给大学生学习、生活、娱乐种种便捷，但同时无限度地上网、过度沉溺于虚拟世界也给大学生的身心、学习、人际等带来严重的危害，有些人甚至因此走上犯罪的道路。

案例链接

新疆现新"考霸"，曾两入清华皆因网瘾退学。

内蒙古高考状元孙某染网瘾无法自拔，五次考上大学三次退学。

中科大少年班"神童"因网瘾被迫退学。

刚毕业的大学生因上网欠债持仿真枪抢银行。

大学生女厕所内蒙面抢劫强奸，感叹"上网害了我"。

……

究竟是什么原因促使大学生更加容易网络成瘾？经研究发现，大学生网瘾的主要原因有：自我同一性是否确立、特殊的人格特征、应对方式、生活支持以及时间管理能力等。这些都是影响大学生网瘾的重要因素。

一、自我同一性是否确立

（一）自我同一性的形成

进入青春期，个体意识分化为理想的自我和现实自我，建立自我同一性就要使两者达到统一。为此，可改变现实自我，使之与理想自我一致；也可以修正理想自我，使之符合现实自我。青年自我同一性的建立和前期发展阶段所建立的信任感、自主感及主动感直接相关。若顺利完成前期发展任务，自我同一性就容易建立，对诸如“我是谁”“我将去何方”的问题不会再感到困惑彷徨，并由此顺利进入成人期。若不能顺利完成前期的发展任务，自我同一性就难以建立，会导致自我同一性混乱，妨碍人格的正常发展。

（二）大学生自我同一性的确立

处于大学阶段的青年，由于自我意识日趋成熟和完善，开始更多地把目光从外部世界转向自己的内心世界，他们开始关注自我，思考关于“自我”的问题。同一性是自我身份确定的自我意识，即“一种知道自己去什么地方的感觉”。在自我同一性确立的过程中，个体必须需要思考关于自己和社会的全部知识。将给过去、现在、将来组成一个有机整体，确立自己的理想和价值观念，并对未来自我的发展做出思考。

自我同一性的确立，是大学生寻找自我、了解自我与追寻自我的必然历程，对大学生人生价值的选择、理想信念的树立有着积极意义。如果大学生不能确立良好的自我同一性，就会对社会的主导价值表示怀疑，也不知道自己究竟是什么样的人和想要成为什么样的人，这样极易造成个人方向迷失、自我怀疑、无所事事等。而处于青年期的大学生在自我意识发展成熟的过程中，必然要经历自我意识的分化，即主观我与客观我的矛盾、理想我与现实我的冲突，要建立起自我同一性，就需要大学生努力改变现实的自我，使之与理想的自我一致。

（三）同一性与网络成瘾的关系

往往在现实中，由于自身努力和客观条件的限制，改变现实自我的难度很大，但是利用网络来虚构理想自我却相对比较容易，因此许多大学生选择网络并逐渐沉溺于网络中的虚构自我。

二、个体的人格特质

（一）人格特质的概念

人格特质是一种能使人的行为倾向表现出一种持久性、稳定性、一致性的心理结构，是人格构成的基本因素。人格特质能引发人们行为和主动引导人的行为，并使个体面对不同种类的刺激都能做出相同反应的心理结构。这些特质越是稳定，在不同情况下出现的频率越高，那么在描述个体行为时就显得越重要。

（二）人格特质与网络成瘾的关系

在现有的网络成瘾的研究中，很多研究者认为，网络成瘾具有某些特有的人格特征，这些人格特征是网络成瘾的必备条件，如情绪不稳定，自尊心受伤害，孤独、社交不良，自控力差等。

1. 情绪不稳定导致的网络成瘾

大学生所处身心发展阶段的特点决定了其情绪容易两极分化，或高或低，波动性也大，易冲动，控制力差。因此，面对日常生活中的各种刺激，容易引发极端的情绪反应，有些学生就会寻找发泄方式，用以寻求安慰、缓解压力、宣泄情绪，甚至逃避责任。

2. 自尊心受伤害导致的网络成瘾

自尊是自我评价的一个重要部分，是个体对自身整体状况的满意水平。青春期的大学生，其自我意识尚未定型，受环境变化和他人的影响变化波动较大。许多学生进入大学后，往往会发现高中时期“优秀”的自己与周围的新同伴相比，变得平凡甚至落后，其自我评价也因此发生起伏变化。自尊心受到伤害的学生，在现实生活中缺乏自信、自我评价会更低，网络的虚拟性和匿名性使其得以在其中重塑自我、寻求情感上的支持、寻求他人认可以及自我肯定，以此提升自尊。

3. 社交不良导致的网络成瘾

大学生比其他发展阶段的个体更渴望与他人交往和分享，渴望得到同辈群体的认同与归属，成为群体中受欢迎和尊敬的人。但这个阶段的大学生的自我表露又往往受到心灵闭锁的影响，总是不经意地将自己的心灵隐藏起来，与同学有意无意地保持着一定的距离，存在着戒备心理。对于一些较孤独、不善社交的学生而言，对新环境的适应和人际关系的融合更为困难。而互联网却为大家提供了一个虚拟的交往平台，脱离现实、隐匿自身，使得许多在现实中交往不良的大学生选择在网络中释放自己、寻找朋友、袒露心声。而且这种交往完全没有现实的压力和眼光的顾虑。所以，那些在现实中较孤独、社交不良的大学生容易选择网络进行人际交流。

4. 自控力差导致的网络成瘾

倾向网络交流并不等于网络成瘾，但是，倾向网络的使用者，在使用网络过程中获得兴奋、情绪宣泄、情感支持、逃避现实等奖励后，会不断促使其增加上网行为，从而使这种行为得以强化，尤其是对自我控制力差的大学生而言，在面对自由的学习生活环境时，不能很好地进行自我控制并合理地安排个人的学习生活，最终导致网络成瘾行为。

三、应对方式

(一) 应对方式概述

1. 应对方式的含义

应对方式是指个体处理压力的过程，包括对内部压力和外部压力的处理。受认知评估的影响，通常开始时认识到压力事件是有害或有威胁的，接着认识到应采取何种方法来处理压力。其主要作用是消除不适感，改变人与环境之间的关系。

2. 应对方式的表现

具体的应对方式因人而异，根据表现形式，可分为两种：

(1) 回避性应对方式。指用逃避、离开的方式处理压力世界的倾向。短期内较有效，但长远效果不佳。

(2) 面对性应对方式。指直接处理或积极寻求解决方案的倾向。虽可能使个体苦恼，却特别有效。

3. 应对方式的分类

根据针对性，可分为两种：

(1) 问题应对。个体面对压力情境，努力寻求解决的方法，以调和人与环境之间的矛盾。虽无法解决所有问题，但较有利于身心健康。

(2) 情绪应对。个体努力调控情绪，间接处理压力情境，以调和人与环境之间的矛盾。此种方式可能非但不能解决问题，反而会加深自身痛苦的情况。

应根据个体的人格特征、年龄、性别、自我评价、生理状态等决定采取何种具体方式。

众多研究都认为，不同成瘾程度的大学生在应对方式的风格上有很大差异。大学生多采用消极的应对方式来处理问题，但对于采取消极应对方式的大学生而言，并不能从根本上解决现实问题和心理压力。互联网的便捷、匿名和逃避性，为其提供的只是一个暂时逃避现实、防止或减低焦虑与压力，保护自己，甚至在虚拟世界获得愉悦体验的场所。与现实生活的挫折、压力相比，这样的网络体验如同一剂鸦片，势必导致大学生在面对应激事件或环境时，重复选择上网，尤其对于一些自我控制能力较差的学生来说，当这种行为达到一定程度时，就容易出现网络成瘾。

(二) 应对方式与网络成瘾的关系

应对方式作为个体的内部调节因素，对网络成瘾有着重要的影响。其中解决问题和求助是成熟型的应对方式，自责、幻想、退避是不成熟型的应对方式。

四、生活支持

(一) 生活支持概述

生活支持，包括客观支持、主观体验到的支持和对支持的利用度。客观支持即实际社会支持，是客观存在的，也是人们赖以满足自身社会、生理、心理需求的重要资源；主观体验到的支持也称领悟社会支持，即个体所体验到的情感上的支持，也就是个体在社会中受尊重、被支持、被理解因而产生的情感体验和满意程度，与个体的主观感受密切相关；对支持的利用度是个体对社会支持的利用情况，在现实生活中，我们会看到，有些人虽然可以获得支持，却拒绝别人的帮助。社会支持的强弱，对于个体而言，更多依赖于实际的支持和个体对于来自他人或团体的关心和支持的自我感受以及利用程度。

（二）生活支持与网络成瘾的关系

对于绝大多数离开父母、独立生活的大学生而言，往往存在着独立和依附的冲突，尽管日趋成熟的身心使得他们更加渴望独立和自由，但长期的校园生活使得他们大部分在面对应激事件发生时，也需要亲人、老师、朋友等提供的支持和帮助。因此，对于实际缺乏社会、家庭、朋友支持的大学生，主观体验到社会支持力量薄弱的大学生，过于强调独立的大学生和缺乏寻求社会支持能力的大学生而言，由于在现实社会中无法得到或主观体验不到足够的社会认同或支持，网络所提供的人际交往平台更容易满足其心理需求。这也是许多大学生，尤其对于习惯消极应对方式的大学生而言，更多选择网络，最终导致网络关系成瘾的重要因素。

不可否认，网络的社会支持会使得大学生更加便利地获得另一支持资源和力量，但这样的支持系统由于其过分依赖虚拟的人际关系而抹杀正式的人际处理技巧，缺少人际互动与相关人际交往技巧的训练，对大学生人际关系的处理能力不但没有帮助，甚至会造成大学生日后人际交往能力的退缩乃至影响某些人格的健全发展。

五、时间管理能力

（一）时间管理能力概述

时间管理即个体有效利用时间资源进行的计划和控制活动，也就是在同样的时间消耗下，为提高时间的利用率和有效性而进行的一系列工作。其目标是要使人们从被动地、自然地使用时间转到系统地、有目的、有计划地主动分配使用时间，从而进行高效、富有创造性的劳动。其内容包括提高时间观念，自觉珍惜时间；选定目标，制定计划，决定时间消耗的标准；利用多种方法，使时间消耗合理，节约时间；诊断时间利用情况，总结时间经验；用现代系统科学和定量的方法来控制自己的时间。

资料卡

时间管理倾向

黄希庭教授和张志杰教授提出时间管理倾向概念。他们认为，时间管理倾向是个体运用时间方式上所表现出来的心理行为和特征，是一种多维度、多层次心理结构的人格特征，是由时间价值感、时间监控观以及时间效能感构成。

时间管理倾向的三个维度是从时间管理的整个过程来区分，是一种过程性的特征结构。时间价值感是指个体对时间的功能和价值的稳定的态度和观念，它通常是充满情感，对个体运用时间的方式具有导向作用。时间价值感是个体时间管理的基础。时间监控观是个体利用和运筹时间的观念和能力，它是通过一系列外显的活动来体现的，例如计划安排、目标管理、时间分配、结果检查等一系列监控活动。时间效能感指个体对时间管理的信心以及对时间管理行为能力的估计，它是制约时间监控的一个重要因素。

(二) 时间管理能力与网络成瘾的关系

在网络成瘾的界定中，“过度使用”是一个重要的衡量标准。所谓“过度使用”，其中一个重要的衡量指标就是“时间”。在网络成瘾的发展过程中，上网时间的不断延长或者对上网时间控制的不断失败，是最终形成网络成瘾的一个重要原因。对于大学生而言，高中时每天的课程都安排得很满，但是，到了大学阶段，大多数的时间是由学生自己安排的，所以，对于时间管理能力较差的学生而言，选择网络，成了他们打发时间的重要原因。

第三节　如何避免大学生网络成瘾

一、积极地认知自我

“我是谁？”这是每个大学生进入大学之初都应该去回答的重要问题。准确地认知自我、确立自我同一性，影响着大学生对自身的期望和大学中行动的方向及方式。这是一个个体主动体验和领悟的过程，除需要科学的方法和途径以外，更重要的是认知自我的主动性，在与他人的互动中，通过自身的行为、他人的反馈、反射性评价以及社会比较等，去获取信息，并不断自我反思、监控，整理个人的成长轨迹，最终将自身的过去、现在、将来融为一个有机的整体，完成自我同一性的构建，确定要去的地方。有目标才会促使自己尽早地去行动，只要每天都有明确的事情去做，那么，流连网络的时间自然就会大大减少。

二、尽早开始职业生涯规划

许多大学生往往在临近毕业时才感觉到职业生涯规划的迫切性。职业生涯规划对于大学生而言，应该从一进校门就开始做起，因为这直接影响到大学生在大学期间的个人目标、阶段规划和学习生活质量。这既是为大学生进入社会进行准备，同时也是大学生评价自我、了解环境、明确目标的过程。通过这样的规划过程，可以使大学生更加清晰明确未来的发展方向，并即时规划出大学阶段学习生活目标，避免大学生活的盲目感，这也是解决许多网络成瘾的大学生最初选择并深陷网络的问题——“不知道自己要做什么”的重要方法。

案例链接

不上网做什么

小强是某高校大二的学生，长期上网使其看起来精神萎靡。“刚进大学时，我也是一个积极向上的好青年!”小强以这样的开头描述自己。大学生活与小强的高中老师描述的一样，没有满满的课程，没有堆积如山的作业，大量的时间可以由自己支配。最开始，小强觉得很新鲜，但很快，新鲜感过后，小强开始觉得无聊和茫然。“我不知道自己该做什么，觉得做什么都没有意思。”有很多学生不喜欢自己的专业，不停地抱怨，小强觉得自己不存在喜不喜欢专业，但确实也不知道学这个专业以后要做什么。日子过得很无聊，便开始上网，开始是在业余时间，后来觉得上课也没什么意思，于是开始逃课上网，不上网就不知道做什么。

在这个案例中，小强有着许多大学生初入大学后的感受，突然从紧张的高中生活走向拥有大量可支配时间的大学生活，突然从高考目标下解放出来不用日日为一个“紧箍咒”而埋头苦读。但是，与此同时，也失去了努力的动力和目标。所以，对于像小强一样的大学生来说，合理规划大学生活、规划未来发展，这是避免网络沉迷、主动确定目标、寻找学习动力的关键。

具体来说，可以采取以下的做法：首先，了解自己所学专业的特点、学习要求，需要达到的技能水平，未来发展的方向等知识，为自己找到大学生活的具体内容。其次，通过自我追问，弄清楚自己到底想将自己塑造成什么样的人，四年后将以什么形象展现在家人及社会面前，找到自己的努力方向。最后，当自己感到迷茫时，尽快找老师咨询相关情况，尽早明确自己的学习方向。当自己有一个明确的用力方向时，就不会产生无聊感了。

三、做好时间管理

做好时间管理是管理好自己的首要环节。在网络成瘾的机理中，耐受性是非常突出的指标，时间的不断追加使网瘾行为不断得到强化。尤其是对在过去十多年的教育中“被学校、家长几乎完全管理时间”的大学生而言，进入大学后大量的课余时间更突显了时间管理意识与能力的重要性。做好时间管理，这也是避免大学生面对大学课余时间不知所措，甚至以网络来打发时间的重要方法。

如何做好时间管理？先要检查时间管理的现状。从一学期、一个月、一周、一天等不同时间层面进行自查。做好以下几个问题的回答：你是否在有意识地进行时间管理？你制定过计划或目标吗？你的计划或目标是否有明确的时间要求？你能很好地在计划时间内实现你的计划和目标吗？你的一天是如何度过的？这些问题都是思考和检查个人当前时间管理现状的重要线索。如果以上问题的回答让你沮丧，那么让我们重新开始我们的时间管理训练。

首先，检视现存时间管理存在的问题及原因。

其次，确定你的价值观和目标。什么对你而言是最重要的？你想要得到什么？这是为你在今后进行时间管理确定价值取向和目标主次。

再次，进行阶段性规划和具体排序。在初期开始有意识进行时间管理时，可设置短期目标，制定详细计划，做出具体排序和时间安排。

最后，按照确定的时间表执行。注意检视执行中存在的问题，如时间安排的可行性、无法准确执行的问题等，这是培养自觉进行时间管理的重要开始。

对于尝试克服网络成瘾的同学而言，对网络时间的管理更是至关重要的。制定上网计划并请家人或好友进行监督，逐次减少上网的时间；在每次上网前明确上网时限和上网的主要活动；在网络活动中，可将上网时限和上网的主要活动做出提示卡放在电脑前提醒自己，在家人或好友监督下尽量自觉控制上网时间。

心理自助训练

应对网瘾的自助法

1. 自我提醒法。将上网的好处和坏处分别列在一张对称的纸上，按程度轻重排列顺序，每天进行自我辩论，尤其是在自觉难以控制上网欲望时。也可以将好处和坏处分别贴在显眼的地方，如电脑上、卧室里、门上。每天选取几个时段默念或大声对自己念上网的坏处，控制自己上网的冲动。

2. 自我暗示法。如果有了上网的念头，反复进行自我暗示，如“不行，现在应该学习，等周末再说”“我一定能控制自己”；每当抵制住了诱惑，认真学习，度过了充实的一天后，就进行自我鼓励，如“我今天又赢得了一次胜利，继续坚持，加油”等。这样不断强化，形成良性刺激，加强自己的意志，使上网的欲望得到抑制。语言暗示既可通过自言自语，也可将提示语写在日记本上，或贴在墙壁上、床头上，以便经常看到、想到，鞭策自己专心去做。

3. 厌恶疗法。在左手腕戴上粗的橡皮筋，当自己有上网念头时立即用右手拉弹橡皮筋，橡皮筋回弹便会产生疼痛感，转移并压制上网的念头。拉弹的同时，还要提醒自己，网瘾有危害。

4. 转移注意法。在其他活动中寻找快乐，比如听一些优美的音乐，去运动场跑步、打球，做些除了上网以外的业余活动。

5. 规范生活法。规划每天的作息时间，无特殊情况不打破规律，并在最易出现上网行为的时间段安排不同的活动，让更多更有意义的事充实自己的生活，感受生活的乐趣和意义。

6. 系统脱敏法。与家人或朋友共同制定总体计划，由家人或朋友监督实施，在两个月内逐步减少上网时间，最终达到偶尔上网或不上网的目标。如原来每天沉迷网络 12 小时以上，则第一周减为 10 小时，第二周 8 小时，第三周 6 小时，第四周 4 小时。自己若能按计划执行则由家人、朋友或者自我给予奖励，做不到时则给予惩罚。

7. 放松训练法。在运用系统脱敏法的过程中，为应对网瘾发作时出现的紧张、焦虑、不安、气愤等不良情绪，可采用肌肉放松法、想象放松法、深呼吸法以稳定情绪，振作精神。

思 考 题

1. 网络成瘾的概念及标准是什么？
2. 大学生网络成瘾的主要影响因素有哪些？
3. 如何避免网络成瘾？

第九章

大学生的生涯发展与规划

“人生的意义何在？”这是很多大学生常常提出的问题。在高中及以前，很多学生其人生意义就是考取理想的大学，因此，当这个目标实现后，就出现了意义和目标的真空状态。这表明，考取大学只是人生中的阶段性目标，无法提供更为长久的、跨情境的意义。为自己设计好远大且现实的长远目标，让它引领我们当前的生活，为现实的平淡赋予意义，为学习和其他活动设定具体目标，使我们的进取更有动力，这就是生涯发展与规划的目的与任务。对我们的人生进行规划，是对自我的战略管理。自我管理是现代人的重要特征，它意味着自我设定目标、自我监督、自我激励和自我控制。对于那些未能设立长远目标的同学来说，大学生活既是一种挑战，也是一个机遇。

第一节　何为生涯规划

一、生涯概述

案例链接

小黛上大学已经快一年了，她早已熟悉了校园生活的各个方面，生活每天按部就班，上课、自习、看点课外书、上网和高中同学聊天，周末的时候和寝室同学一起逛逛街，似乎这就是大学生活的全部。但是，在这看似平常的日子里，她却时常觉得有些不对劲儿。一些问题藏在心里好久了：

“这就是大学生活吗？为何没有我想象的那样精彩、那样充满挑战与激情？”

“我要不要换专业？这个专业虽然好找工作，可我一点都没有感觉，上课与自习都好像是在完成不得不做的任务，一点乐趣都没有。可是如果换专业，我该选择哪个呢？现在的专业也是自己选择的，可是进来后才发现它不是以前所想象的，要是转专业后还是没感觉可怎么办？”

“将来我会做什么？是应该考研、读博士，从事科研工作，还是大学毕业找一个稳定的工作，然后结婚生子，安稳舒适地过日子，或者到商海里打拼，过更有成就感的生活？”

“人生的意义究竟在哪里？”

大学生在学习和生活中经常会感到迷茫和困惑，是否要选修课程、是否要出国留学、是否要担任学生干部、是否要到某个机构去实习、是否要做志愿者……许许多多的问题构成了我们成长的岔路口，在各种选择之间做出取舍是成功的必经之路。显然，今天的选择会影响将来。面对现实中各种复杂的情况，我们到底该做何种决定？透过这些具体而现实的问题，我们隐隐能感觉到一些深层次的、巨大而影响深远的问题：

“我是一个什么样的人？”

“我想过什么样的生活？”

“我想要什么样的未来？”

“我想要一个什么样的人生？”

“社会发展为我提供了哪些条件？”

……

“人无远虑，必有近忧”，唯有我们比较清楚地回答了这些问题，才能据此回答眼下生活中那些具体而现实的困惑。

回答这些问题，为自己描述未来，这就是生涯规划。

(一) 生涯的含义

1. 生涯的概念与形态

要进行生涯规划，必先了解生涯(career)的概念。美国发展学家唐纳德·舒伯(Donald E. Super)给生涯的定义是：“生涯是终其一生，不同时期不同角色的组合。”每个人在成长的各个阶段，都会担当不同的角色，从我们生下来，我们的角色是孩子和儿童，然后是学生，后来又成为公民、工作者，再往后就是丈夫或妻子、父母、祖父母、退休者等。

在不同的人生阶段，我们都会同时扮演多种角色，随着年龄的增长，逐渐放弃一些角色，又增添很多角色。不同阶段我们扮演不同的角色，这就构成了我们的生涯形态。比如，在大学阶段，很多同学同时扮演着学生、孩子、工作者(从事家教或其他工作)、公民、朋友和休闲者等角色，每一种角色都意味着不同的内容和责任。要扮演好学生的角色，就意味着我们要投入学习中，努力进取；要扮演好孩子的角色，那就要求我们尽可能地体会父母的感受，满足他们的期望；良好的公民角色，意味着我们的言行要守公德，关注国家的兴亡与发展；而作为朋友，要求我们愿意花时间去沟通、去帮助他人、对他人忠诚。

每个人对自己扮演的每个角色的投入和认同程度是不同的，有的人特别看重学生的角色，就花大量的时间在学习上；有的人更看重孩子的角色，想方设法减轻家庭的负担，为父母分忧；有的人特别重视朋友，把朋友的事情看得比自己的还重；还有的人非常重视休闲者的角色，他们花很多时间登山、游泳、看电影或者打游戏。我们对各种角色的重视和投入就构成了我们目前的生涯形态。

2. 生涯发展阶段

如果生涯形态是对我们人生某一个阶段生活的横断描述，那么生涯发展阶段就是对人生的纵向勾勒。人的一生可以用阶段来划分，比如儿童期、青少年期、青年期、成年期、老年期等。

(1) 洪迈在《容斋随笔》中提到人生五计：

生存之计。小的时候要多吃、成长、生存下去。

立身之计。青壮年后，要思考自己如何在社会中立身，明确自己的社会位置。

立家之计。年岁慢慢增长，开始成家立业，要维持家庭的温饱与和乐。

养老之计。白发渐增，心力犹存，享受一生辛苦努力的成就，颐养天年，怡然自得。

好死之计。明白死去是人生必然的归宿，而回顾人生，未有悔恨，乃从容面对人生结束。

这是我们古人对人生各个阶段所应完成的各项任务的不同描述，可以说是我国传统文化中的生涯发展理论。

(2) 舒伯的人生划分阶段理论

成长期(0～14 岁)：能力、态度、兴趣与自我概念相关需要的发展。在这个阶段，主要的任务是学习与发展自己的能力，逐步明确自己的兴趣偏好，形成关于自我的认识，开始探索自我。

探索期(15～24 岁)：在这 10 年内，人们从最初广泛的学习中逐渐缩小选择范围，开始排除自己不愿投身的领域，明确大的方向，但并未发展出明确的人生目标。

建立期(25～44 岁)：在这个阶段，人们明确了初定的目标，然后在经过工作尝试后，慢慢稳定下来，并为之付出巨大的努力，达到事业上的高峰。

维持期(45～64 岁)：这 20 年可以再细分为两个小阶段，前 10 年为了改善工作职位及状况而进行持续性的调整；后 10 年，维持前一阶段的水平，为将来退休生活做好过渡。

衰退期(65 岁以后)：减少工作产出、退休。享受休闲的生活，做自己想做的事情。

二、生涯规划的重要性

结合生涯形态和生涯发展阶段两个概念，生涯规划就是选择我们在人生不同阶段的生涯形态。由此，我们带出生涯规划的两个层次的问题：

第一，在人生某一阶段，我们选择何种角色？各个角色间是什么关系？

第二，在各个角色中，我们要追求哪些职位或者实现哪些目标？

生涯规划就是对这两个层次问题的回答。在有限的人生里，我们选择何种角色，实现何种目标才能使我们的人生无悔？在不同的阶段，我们如何规划与统筹，才能顺利实现各个目标？在未来的生活中，我们如何能做一个事业成功的人，同时还能做一个尽责的子女、称职的父母，还能保持个人独特的休闲生活？

回到本章开头小黛的例子，小黛其实需要考虑的并非眼下要不要换专业的问题，而是要想清楚自己未来应当担当何种角色。从职业方面来说，希望自己从事哪一方面的工作，并期望自己做到什么样的高度；从家庭方面来说，何时结婚，是否要小孩以及何时生小孩等，都是生涯规划的内容。

想一想：你未来希望担当哪些角色？每个角色你希望如何担当？

第二节　如何做生涯规划

一、生涯规划的影响因素

生涯规划如前所述，不仅指单一人生目标的确立，而是在人生的不同阶段不同生涯角色的各个目标的选择与建立。而在人生各个不同角色的甄选和目标的设定中，职业目标是其中最为重要的内容之一。

(一) 生涯规划的目标

生涯目标的设定，不同的人有不同的方式。有些人从个人特质出发来设定生涯目标，比如有人从小就有某方面的兴趣爱好，因此定下以爱好为职业的发展目标。有些人重视社会声誉，因此决定考研究生、读博士以追求高学历。还有些人是从“教育信息和职业资料”的角度来做生涯目标的设定，比如，看到杂志上写着软件工程师收入不错，就决定从事软件开发工作；看到大学教师享有崇高的社会声望和惬意的假期，觉得不错，于是决定以大学教师为目标。这样的目标设定都是了解了某些职业的特点或者可以得到某些教育资源而做出的。还有的人，他的生涯规划目标是由于环境所决定的，比如因为家庭出现状况而放弃读书，选择提早工作，分担家庭负担等。

人们设定生涯目标所看重的因素是多种多样的，但大体上，可以归纳为“个人特质”“教育与职业资料”和“个人与环境的关系”三种因素。

(二) 生涯规划的模型

美国伊利诺伊大学斯万(Swain)教授以生涯规划的目标、因素，发展出一个生涯规划的模型如图 9-1 所示。从这个模型来看，生涯目标的选取及生涯规划是一个人在生涯发展过程中，通过自我探索，了解个人的特质，同时了解教育和职业的信息，掌握分析环境中的有利和不利因素，逐渐形成个人的生涯发展目标的过程。

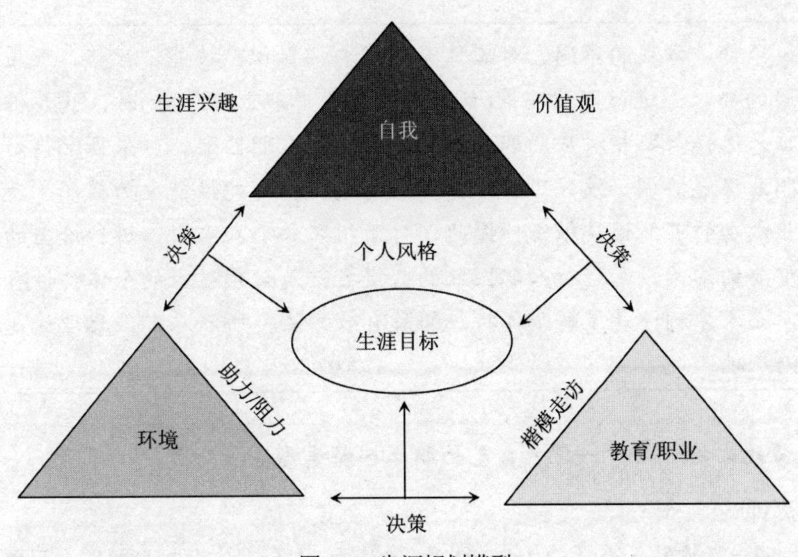

图 9-1　生涯规划模型

完整的生涯规划是要综合考虑到个人的特点、教育和职业信息以及环境关系等因素。在这三个因素中，个人特点的探索是最为重要的内容，我们常常因为不了解自己或者误解自己而无法决定或者做出错误决定，因此我们需要了解自己的价值观、人格类型以及动机和需要等特点；教育和职业的信息也是很重要的内容，它为我们提供在什么工作岗位可以满足我们自身特点的信息；环境因素是我们必须考虑的，如哪些环境因素可以促进我们目标的达成，而哪些因素必然会阻碍我们实现目标。

生涯规划是一套系统性的思考和方法，它以知己知彼为起点，进而权衡取舍，制定目标，付诸行动，达成目标，评估效果，然后重新开始新的循环。因此，生涯规划并非一个毕其功于一役的单一事件，而是不断循环的动态过程。大学阶段的生涯规划并不是要决定终生，而是初步设定出人生的长期和短期目标。长期目标要同时兼顾长期内个人可能发生的变化以及社会可能会发生的变化，因此要更有弹性变化的空间，既不是一次成型，也不是毫无踪迹可循，而是边走边修正，逐渐定型；短期目标则要以长期目标为依托，才能够整合明确而有动力。

二、生涯规划的核心内容——了解自我

了解自我是生涯规划的核心内容。没有对自己兴趣、能力、价值观、人格等个人因素的深入探索，所谓的生涯规划就是空中楼阁。建立在自我了解基础上的生涯规划，更有持久的动力。

心理辞典：人职匹配理论

人职匹配理论即关于人的个性特征与职业性质一致的理论，又称为特征因素论，最早是由美国波士顿大学弗兰克·帕森斯(Frank Parsons)教授提出。其基本思想是，个体差异是普遍存在的，每一个个体都有自己的个性特征，而每一种职业由于其工作性

质、环境、条件、方式的不同，对工作者的能力、知识、技能、性格、气质、心理素质等有不同的要求。进行职业决策(如选拔、安置、职业指导等)时，就要根据一个人的个性特征来选择与之相对应的职业种类，即进行人职匹配。如果匹配得好，则个人的特征与职业环境协调一致，工作效率和职业成功的可能性就大为提高。反之则工作效率和职业成功的可能性就很低。因此，对于组织和个人来说，进行恰当的人职匹配具有非常重要的意义。而进行人职匹配的前提之一是必须对人的个体特性有充分的了解和掌握，而人才测评是了解个体特征的最有效方法。所以人职匹配理论是现代人才测评的理论基础。

(一) 生涯规划的开始——探索自己的职业人格类型

1. 职业测评

美国生涯辅导者约翰·霍兰德(John Holland)认为：“个人生涯规划虽然会受到环境的制约和影响，但并非随意事件，而是其人格在工作世界中的表露。”遗传因素和长期的生活经验形成了个体独特的个性特点，个体所选择的职业生涯，须符合这种个性特点，只有那些能满足个人需求的职业角色对个体才有吸引力。

举例来说，一个非常活跃的人、喜欢和人打交道的人，他一般不会选择从事机械修理、与动植物打交道等工作，而是会选择企业管理、公关外联等性质的工作；一个有着艺术天赋、富于想象力和创造力的人更愿意从事自我表达的工作，比如画家、作家、音乐家和舞蹈家等，而不愿意承担很严格的处理文字、数据、会计等职务。同样，同一种职业其他人员也是有着类似的人格类型和相似的个人发展史的，比如小学教师和中学教师可能有很多类似，与企业经理相比有着明显的风格差异。由于相同的工作者有着相近的人格类型，所以他们在多数的情境下会有相似的行为方式，这些行为方式与工作内容相关，更多情况下会促进工作绩效的提高，也会带来较高的职业稳定性、工作满意度和更高的工作成就。相反，如果一个人所从事的职业与其内在人格特点相矛盾，那么他将不太容易感到满足和获得成就体验。自我与职业之间的同质是自我实现和人生持续发展的必要选择和最佳途径，这是霍兰德理论最为重视的内容。

因此，如果个性特点已经形成，那么在对应的职业环境中就会得到满足；如果个性特点摇摆不定或者选择了相互冲突的职业目标，就很难寻找到适合的职业环境。因此，个性特点是否明确，是个人选择职业生涯的关键因素。

资料卡

霍兰德人格类型

霍兰德经过大量观察研究，提出了六种典型的人格类型：现实型、研究型、艺术型、社会型、企业型、事务型，如图 9-2 所示。

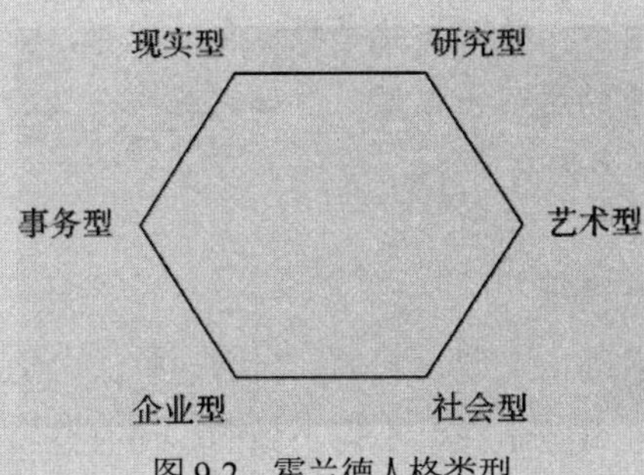

图 9-2 霍兰德人格类型

(1) 现实型：这类人顺从、坦率、谦虚、自然、实际、内向、稳健、节俭、勤劳；有操作机械的能力，喜欢做与机械、工具、动物和植物有关的工作；重视具体的事物和明确的关系，如收入、权力、地位等；缺乏人际关系方面的能力。

典型职业：机械师、电器师、驾驶员、农牧民、各类技工等。

(2) 研究型：这类人谨慎、独立、聪明、精确、理性、内向；有数理能力和科研精神，喜欢观察、学习、分享、思考和解决问题；喜欢研究性质的职业，缺乏领导和影响他人的能力，应避免领导情境。

典型职业：科学家、工程师等。

(3) 艺术型：这类人复杂、想象能力强、冲动、独立、直觉、无秩序、情绪化、理想化、有创意；富有表达力和创造性；喜欢艺术性质的职业，避免传统性质的职业。

典型职业：诗人、画家、音乐创作者、作家、导演、演员等。

(4) 社会型：这类人合作、友善、慷慨、助人、仁慈、圆滑、善社交、善解人意、富洞察力；喜欢社交型的职业；喜欢帮助和了解别人，有教导他人的能力，缺乏机械与科研能力；重视社会活动与问题。

典型职业：教师、咨询辅导员、护理人员等。

(5) 企业型：这类人冒险、有野心、自信、追求地位和知名度、爱享乐、精力充沛、善社交；喜欢企业性质的职业和情境，避免研究型的职业；自觉有冲动性、有领导力和语言能力；重视政治与经济上的成就。

典型职业：推销员、企业经理、经纪人等。

(6) 事务型：这类人顺从、谨慎、保守、服从、有规律、实际、稳重、有效率，缺乏想象力；喜欢传统性质的职业和情境，避免艺术性质的职业；有较强的文书、数字能力，喜欢过有规律的生活，重视商业和经济上的成就。

典型职业：银行助理、行政助理、会计、出纳等。

对照上述各个人格类型的描述，你觉得自己属于哪个类型？有些同学说，社会型好像很符合我的情况，但研究型也有一部分很像，企业也符合一点，那么我应该属于哪种类型？根据霍兰德的理论，这六种类型的描述都是非常理想化的，每个人都是六种类型的混合体，只是其中某一种或两种比较突出而已。

当了解了自己的人格类型后，便可按此寻找适合的职业，如果能够顺利选择与此相符的职业环境，即个人特点与职业的适配性较高时，那么此人未来的职业绩效、坚持度、工作满意度以及选择的稳定性就会大为提高。

2. 从个人喜好中了解内在特征

大学生平时会从事很多活动，上课、看书、自习、打工、运动、娱乐以及各种社团活动等，其中有些是我们喜欢的，有些是我们不得不做的，还有些特别想做但时间有限未能投入做的。假如没有环境的要求，若没有考试的压力，不去考虑就业必需的各种证书，也不必去想父母、老师和朋友的期望，在这种情况下，你最喜欢做的三件事是什么？你最渴望做的三件事是什么？如果把这六件事放到下面的坐标中(见图 9-3)，它们会在什么位置？每件事是更接近于人的，还是更接近于事的？是更接近于观念的，还是更接近于数字的？

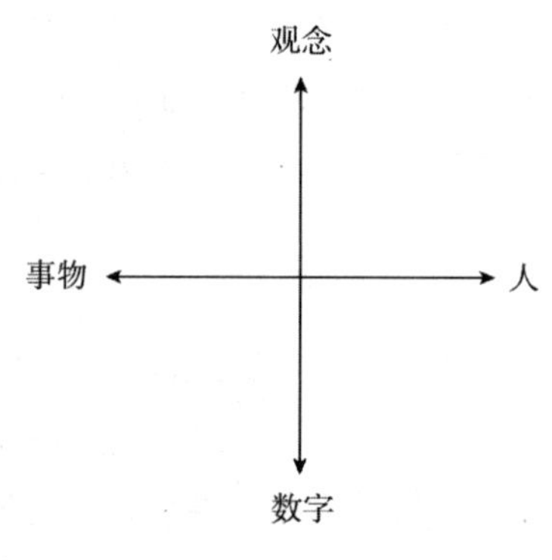

图 9-3　个人坐标

所谓观念，就是较为抽象的概念和思想；所谓数字，是指事物准确的数量。如果你喜欢独自看书，那么在人—物的维度上偏向物，而在观念—数字维度上则偏向观念；如果你喜欢和人讨论问题，那么在人—物的维度上偏向人，在观念—数字维度上偏向观念。有的同学会说，我喜欢运动，这应该是哪一类呢？运动的形式太多了，你喜欢哪种运动呢？一个人喜欢跑步，这是偏向物和数字的方向；另一个人喜欢打篮球，特别喜欢运用战术策略并享受团队的感觉，这就是偏向人和观念的方向。从这个角度上说，“物以类聚，人以群分”就是很自然的了。有着相同偏好的人，自然有相似的兴趣和特质，因而喜欢在一起。

通过分析自己喜欢的六件事情，仔细考虑自己的偏好是在这个坐标的哪一个象限中呢？接下来，将这六件事所在的位置相连，并把六边形叠加到上述坐标中(见图 9-4)，看一看你喜欢的六件事情所在的位置最接近于哪一种类型，其次是哪个类型，最后是哪个类型。把这三个类型代码写出来，和你做的测验比比看，有多大程度相同？如果相差很大，是什么原因？并去进一步发现我们真正的内在特征。

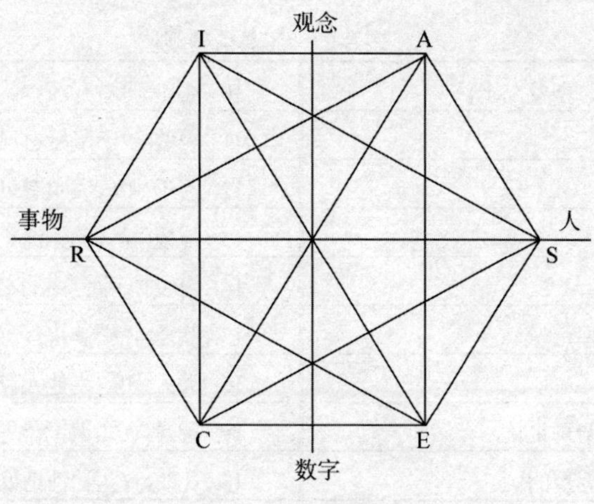

图 9-4　个人坐标举例

(二) 探索自我的价值观

给价值观下一个明确的定义是很难的，但基本上价值观是一套对事物、行为优劣、好坏的信念和判断。美国学者弗罗伦斯·克拉克洪(Florence Kluckhohn)认为：“价值观是个人对所求事物或明或暗的独特理念，并对行动目标及手段的选择具有影响力。”

价值观对我们每个人的影响都是巨大而深远的。比如，我国的传统文化强调“忠孝”的价值，以致形成很多中国人共有的价值观——孝。大量文学作品以及传统典籍都潜移默化地灌输“孝”的伟大和崇高价值，使得“孝”成为中国人的核心价值之一。在很多大学生进行的价值观判断练习上，大部分大学生将父母的幸福视为人生最重要的事情。

1. 终极价值观与工具价值观

美国心理学家米尔顿·罗克奇(Milton Rokeach)将价值观分为两大类：终极价值观(见表 9-1)、工具价值观(见表 9-2)。终极价值观被罗克齐视为“与人们的生存状态相关”的价值观，如和平、平等、自由等；工具价值观指日常活动中行动和表现的方式，如勇敢、创造性等。可以说，工具价值观是实现终极价值观的方式。

表 9-1　终极价值观

1. 舒适(富足)的生活	10. 令人振奋的生活(刺激、积极)
2. 成就感(持续的贡献)	11. 和平(没有战争和冲突)
3. 美丽的世界(艺术和自然美)	12. 平等(兄弟情谊、机会均等)
4. 家庭安全(照顾自己爱的人)	13. 自由(独立、自由选择)
5. 幸福(满足)	14. 内在和谐(没有内心冲突)
6. 成熟的爱(精神和性的亲密)	15. 国家安全(免遭攻击)
7. 快乐(快乐闲暇的生活)	16. 救世(救世的、永恒的生活)
8. 自尊(忠于自我)	17. 社会承认(尊重、赞赏)
9. 真挚的友谊(亲密的关系)	18. 睿智(对生活有成熟的理解)

表 9-2　工具价值观

1. 雄心勃勃(勤奋工作、奋发向上)	10. 心胸开阔(开放)
2. 清洁(卫生、整洁)	11. 勇敢(敢于坚持自己的信仰)
3. 正直(真挚、诚实)	12. 富于想象(大胆有创造性)
4. 符合逻辑(理性的)	13. 博爱(温情的、温柔的)
5. 负责(可靠的)	14. 自我控制(自律的、约束的)
6. 能干(有能力、有效率)	15. 欢乐(轻松愉快)
7. 宽容(谅解他人)	16. 助人为乐(为他人谋福利)
8. 独立(自力更生、自给自足)	17. 智慧(有知识、善思考)
9. 顺从(有责任感的、尊重的)	18. 礼貌(有礼、性情好)

你最重视哪些内容？尝试从终极价值观和工具价值观中各选出五项并按照对你的重要性排序，并想一想你选择它们的理由是什么？放弃其他内容的理由又是什么？

2. 工作价值观

与职业生涯规划密切相关的价值观叫工作价值观。马丁・凯兹(Martin Katz)定义了十种与工作有关的价值观(见表 9-3)。

表 9-3　凯兹的工作价值观

价　值　观	意　　义
1. 高收入	高收入意味着超出温饱的高品质生活，意味着除了基本的生活支出后还有可随意支配的钱。你可以用它来买奢侈品、旅行等。
2. 声望	人们知道你、尊重你、景仰你，听从你的意见或在公关事务上寻求你的看法。
3. 独立性	更多自己做决定的自由，而不需要被监督或听别人的指导。
4. 帮助他人	意味着愿意把帮助他人作为你主要的职业，而不仅在工作之余给别人提供方便或捐钱给慈善机构等。进一步说，你是否愿意付出毕生的努力来促进人们的健康、教育和福利。
5. 稳定性	即使社会不景气你也不用害怕失去工作和收入，你不会很轻易地被解雇，即便在经济衰退的时候。你的工作不会被飞速发展的技术所决定。
6. 多样性	意味着工作内容很丰富，有不同种类的活动和挑战，不断变更的场所、结识新人
7. 领导性	有权力和能力去指导他人，告诉他们怎么做，并评价他们的工作，常常渴望控制事情。他们希望提高影响人们而使团队工作有效率。
8. 有兴趣	坚持自己的职业必须是自己最感兴趣的领域，而不重视兴趣的人则不要求到与兴趣相关的领域工作，他们喜欢把兴趣作为业余爱好。
9. 休闲	在工作之余有大量闲暇的时间，很长的假期，或者自由选择休息的时间。工作能影响个人的休闲生活及规划。
10. 尽早工作	有些职业只需要很少的教育或训练，而一些则需要长时间昂贵的教育。一些人希望省下时间和支付高等教育的费用。

上述工作价值是我们可能从工作中所获得的东西，很显然，有些是相互冲突的。比如高收入和稳定性，领导性和休闲等。你最重视哪一项？你最渴望从工作中获得什么？请按照重要程度排出三项，并思考自己重视这几项的原因是什么。你能肯定这就是自己的价值观吗？你愿意告诉别人自己最重视的价值观吗？你打算按照这样的价值观来实践自己的人生吗？

（三）个人风格类型

如果在大学期间，每个人有一个重新选择专业的机会，你会如何决定？有人马上会给父母打电话商量，与朋友讨论，而有人则自己权衡利弊，基本决定后才征求他人意见；有人会多方面搜集信息，现实地考虑换专业的各种因素，而有人主要凭直觉做出整体的判断；有人根据变换专业后的各种可能的结果非常理性地决定，而有人则重点考虑父母亲感情上是否能接受而做决定。做出决定后，有人会根据计划一步一步地去完成转系的各个要求，而有人则凭着灵感和激情去面对。不同的人有不同的行事风格，不同的职业岗位要求不同的行为风格。大学生应当了解自己的个人风格，避免选择冲动的工作行业和环境。

心理学家卡尔·荣格(Carl Gustav Jung)提出了个人风格理论，从以下四个维度考虑个人风格。

(1) 内向—外向，是指我们与外在世界相互作用的方式和关注面。外向的人喜欢与他人在一起，希望成为大家的焦点，愿意与人交流，反应快，做事情也快；内向的人喜欢独处，不愿意成为被关注的焦点，看重事情的内在变化，只与少数人交流，慢节奏，听的比说的多，先思考，后行动。

(2) 感觉—直觉，是指认识外在世界的方式。感觉型的人眼见为实，注重实际、具体的事实，崇尚现实主义；直觉型的人相信灵感和推理，注意普遍性和整体性，喜欢学习新技能。

(3) 思维—情感，是指做决定的方式。思维型的人注重逻辑、公平和客观，有统一标准；情感型的人注重他人的同感，能够看到规则的例外，比较主观，重视价值和人际关系。

(4) 判断—知觉，是指处理事情的方式。判断型的人确立目标后，注重有步骤和有计划地按时完成任务；知觉型的人做事情注重突发的灵感，喜欢适应新环境，不看重规则和计划，做事有弹性和变通。

（四）生涯期望与暂定生涯目标

在了解自己的职业人格类型(兴趣)、价值观以及个人风格以后，我们可以遵从自己的这些特点，发展出自己对未来生涯的期望。生涯期望是对自己未来生涯形态和所从事职业的具体要求。自我探索的结果在于较为清楚地了解自己的各种需求，并将自己的内在需求做较为清晰的表达。

将职业人格类型与价值观、个人风格结合起来考察自己的内在需求，将会形成对于自己未来职业的初步定位。比如，本章开篇案例中，小黛通过职业人格类型的自我探索发现自己喜欢与他人相处，非常关心他人的疾苦与发展，因此明确自己是社会型的人；而通过价值观的探索，她明白自己对帮助他人和多样性都非常看重，因此她对自己未来职业生涯的期望就是能够从事帮助他人的工作。

通过对个人生涯期望的整理与澄清，我们了解自己对于未来工作形态的要求。想想看，在你的印象中，有哪些职业可以满足自己对工作的要求？这些职业是否可以成为你努力的目标？

第三节　职业信息搜集与环境评估

在形成自己的生涯期望后，接下来的工作就是了解有哪些职业、哪些具体的工作岗位可以满足自己的生涯期望。这个过程对于个人未来的职业生涯至关重要，但由于种种原因，很多大学生对于目前社会上的各种职业了解非常有限，因此，尽管有些人对自己比较了解，但是面对未来的职业选择还是很茫然。

一、职业信息搜集——探索未来世界

(一) 基础信息收集获取

1. 一般性信息

通过手机、网络、杂志等，我们可以获得一些关于各种职业的信息。有些大学生通过媒体报道，被某个知名人物的事迹和成就所打动，从而树立了自己的职业目标；人物自传类的书籍也是对主人公所从事职业的更为具体的描述。这要求我们在平时多浏览和关心那些与职业有关的信息报道。

2. 专业性信息

除了这种一般性的信息获取外，还有一些专门的渠道可以获得更为权威的职业信息。由劳动和社会保障部主管的《职业》杂志是国家级人力资源管理和求职招聘类专业刊物，其内容涉及各个行业员工招聘录用、培训与开发、工作绩效考核与评估、薪酬设计与管理、福利与保障等人力资源管理方面的内容，对于大学生了解各类职业很有帮助；《中国大学生就业杂志》是我国唯一一本专门针对大学生就业的杂志，除了对大学生的就业提出各种咨询建议外，也经常介绍一些职业的信息。如果明确了自己希望了解的行业范围，还可以浏览一些针对该行业的杂志书籍，比如希望了解教师行业，可以阅读《中国教师》等杂志；如果对企业经营感兴趣，就可以借阅《英才》《经理人》等杂志。

3. 权威性信息

对于职业介绍最为权威的资料当属由我国劳动和社会保障部、国家统计局联合组织编制的《中华人民共和国职业分类大典》，它将我国全部社会职业划分为 8 个大类，66 个中类，413 个小类，1 838 个细类(职业)，突出了职业应有的社会性、目的性、规范性、稳定性和群体性特征。大典中的每一个职业都由编码、名称、职业定义和职业描述以及归入该职业的工种组成，对职业的性质和工作活动的内容、范围，以及与工种的联系做了准确的界定和表述。

另外一点需要注意的是，即便同一种职业，在不同的组织中，也有一定的差异。在了解职业信息时还要考虑该职业在未来的发展趋势。

(二) 搜集职业信息

我们对于工作的信息除了可以从各类媒体书刊中获得，更可以从他人那里获得其直接的体验和感悟。来自周围亲戚朋友、师长校友的个人就业的亲身感悟，有助于我们对于工作形成更为理性和现实的认识。所以，大学生应当尽可能地抓住机会，走访正在自己理想职位上工作的人士，或者是本专业所对应职业的从业人员。最为理想的方式是几位同学组成一个校友访谈小组，有计划地分别访谈本专业已毕业的校友，他们所在的工作行业是本专业毕业生可能就业的领域。访谈后整理职业信息，可以和大家共享。

无论是个人行为还是团队访谈，都应当了解目前该工作职位的下列特点：

(1) 工作内容。这份工作主要做什么，是以人际沟通为主还是以技术操作为主。

(2) 成长路径。如何从最低层做到最高层，走技术路线和管理路线有何不同。

(3) 发展趋势。技术发展、文化特点和经济全球化是否会对本职位有影响。

(4) 薪水福利。工资报酬以工作时间和努力程度来决定还是以业绩好坏来决定，每月多少，不同岗位的差别有多大，各种福利保险的状况如何。

(5) 应有技能。要胜任此工作，我们必须会做什么。

(6) 教育培训。此岗位要求何种学历和学位，工作中是否有继续学习和参加培训的需要与机会。

(7) 如何获得此职位。是否必须有相关工作经验，是否提供实习机会。

(8) 工作环境。工作环境是否舒适，工作压力水平如何，上级的管理方式、客户服务方式和同事交往方式是怎样的，工作时间有无弹性，出差的时间和频率如何等。

(9) 需求单位。除了本单位外，还有哪些组织提供这一职位。

(10) 资格证书。除了学历和学位外，该工作还需要何种资格证书，哪里有相关培训。

(11) 对生活方式的影响。该职位如何影响家庭角色，对婚姻生活和个人休闲方式有何影响。

(12) 近期的准备。要获得这份工作，需要在大学里完成什么准备等。

(三) 积累实践经验

无论你阅读多少资料，甚至访谈多少从业人员，都没有你亲身经历一份工作更有助于你了解它。大学生在校期间应主动寻找机会从事各类兼职与实践活动，无论是有薪还是无薪的志愿者活动，都能给大学生带来真实的第一手的工作体验。即便这个活动与未来的职业有相当的距离，但在工作中每个人都有机会更深入地了解职业环境，更客观地评价自我。参加各类社团活动在某种意义上也可以视为一种实践。

二、环境评估

通过对目标职业的详细了解，我们可以初步确定自己未来的职业目标。下面我们应做的是对环境进行评估，看看有哪些有利于我们实现目标的因素，有哪些可能阻碍我们发展的不利因素。环境评估的意义在于通过分析和评估，理清助力和阻力，进而对环境进行管理，扩大有利因素而尽力避免不利因素。

(一) 个人环境

个人环境主要包括人际关系、父母对自己的期待和意见等。

1. 人际关系

在我们的社会中，人际关系网络的重要性是不言而喻的。大学生在校期间可以通过参加学生工作、社团活动以及参加各种志愿者活动或者实习兼职，从而创建属于自己的社会关系网络。通过校友走访，能结识可以提供职业信息的学长；通过参加社团活动，可以结识更多相关行业的从业人员。此外，也可通过亲戚、朋友等人脉资源找到相关工作机会，如亲戚中有人认识某中学的校长，这对于希望从事中学教师工作的同学来说，或许就意味着有一个推荐自己的机会。

2. 父母的意见

父母的意见对我们未来的发展有什么影响？父母对于我们的职业有何期望？他们希望我们从事什么职业？我们应当清楚父母为什么渴望我们从事某种行业而反对某种行业，明白父母考虑问题背后的动机。在确定自己的发展目标前，应该坦率、明确地和父母进行沟通，尽可能地争取他们对你所做决定的认同和支持。

我们需要向父母解释自己的观点，包括自己如何看待风险与稳定，表明自己理解并考虑父母的想法，同时说明风险也意味着成功的机会以及你做决定的理由。因此，最为重要的是和父母沟通，清楚地了解父母的深层想法，解除他们的担忧和顾虑，从而获得他们的支持。

(二) 社会环境

社会环境是指社会和文化因素对我们所选择职业的影响，具体包括该行业整体的就业机会、职业的社会地位和声望、政策是否支持等因素。

国家政策也是大学毕业生要考虑的重要因素。如国家鼓励的大学生志愿服务西部计划，支持大学生到西部去、到基层去、到祖国最需要的地方去，这对大学生来说，应当是考虑个人职业生涯发展时予以关注的重要因素。

第四节　大学生求职过程管理

生涯规划最终要落脚在职业选择过程中。大学生应当认真对待求职的各个环节，从而顺利实现个人目标。

一、精心做好求职简历——赢得面试机会

（一）求职简历的作用

一份好的个人简历可以起到以下作用：

(1) 为潜在的用人单位提供良好的第一印象；

(2) 全面勾画出个人的学识、技能、经验、兴趣与爱好；

(3) 归纳出能为用人单位工作的能力，即说明你能干什么；

(4) 突出个人的成绩与成就；

(5) 使用人单位较全面地了解你的个人情况；

(6) 为面试做好准备。

（二）精心设计与制作个人求职简历

对于求职应聘者来说，精心设计与制作一份好的个人简历意味着成功的开始。但当前很多大学生的简历有过度修饰之嫌，往往使用过多的溢美之词，结果显得花哨有余，实用不足。实际上一份好的个人简历最基本的要求是清晰、简练、突出重点、目的性强。另外，还可根据招聘单位的特点与要求“量体裁衣”特别制作一份个人简历，以表明对该用人单位的重视。要设计与制作好一份令人心动的个人简历应注意把握以下几点。

1. 真实

真实是个人简历最重要的、最基本的原则。简历中要如实地记录与描述个人的特点与成绩，切忌胡编乱造，更不能有意伪造事实，这也是大学生求职就业诚信的体现。另外，简历内容要务实，切忌一大堆空洞的形容描述或个人的心情期盼。

2. 全面

一份简历就是你个人经历的简单说明，要较全面地反映个人的基本情况，使阅读者能在短时间内较全面地了解你。好的简历最好是中英文两份或中英文对照。

简历的基本内容主要包括：①基本信息，包括姓名、年龄、性别、民族、家庭地址及户口所在地等；②学识信息，包括学历、专业、主要课程及成绩、外语及程度、计算机水平等；③阅历信息，包括活动经历、实践锻炼等；④个性信息，包括性格特质、自我评价、特长、兴趣、爱好等；⑤联系方式，包括地址、电话、E-mail 等；⑥附件信息，主要是各种证明材料。

3. 简练

不少大学生在准备个人简历时认为越详细越好，把各种材料都塞进去，结果打出来的简历多达十几页，有的甚至达几十页，这就不是简历了，简历就是要简单明了。招聘人员每天要阅读大量的求职简历，工作非常忙，第一次筛选时一般是用 1 分钟左右的时间粗略地阅读每一份简历。如果简历过长，阅读者可能缺乏耐心或没有足够的时间把简历读完。

4. 重点突出

求职者要分析不同单位、不同职位的要求，巧妙地突出自己的重点信息。尤其是要突出自己的优点，不能不分重点、面面俱到，要使读者能一目了然地抓住你的优点所在，给招聘者留下深刻而鲜明的印象。

5. 语言准确

个人简历属于实用型文体，句式以简明的短句为好，以叙述、说明为主，文采要平实、严肃，行文要准确、规范。简历中切忌使用拗口的语句与生僻的字词，更不要有病句、错别字。外文不要出现拼写和语法错误。

6. 新颖美观

一份好的个人简历还应具备精美的版式。一份设计精美、外观别致、新颖独到的个人简历会给招聘者留下良好的第一印象。简历设计要注意突出个人风格，要有自己的特色。段落不宜太长，正文字体大小适中，有适当的字体变化，字间距疏密得当；版心不宜过大，不要给人以过于密集的感觉，要考虑读者的阅读心理；封面可有学校的图案以及自己特有的设计风格；结尾若有空隙可插入新颖别致的尾花进行点缀，简历一般使用打印的文稿，若你能写一手好字，附上一封简短的手书求职信就再好不过了。

7. 评价客观

对自己的评价要客观公正，做到诚恳、谦虚、自信、礼貌，从一个侧面反映出自己积极进取的人格品质以及与团队合作的精神。对自我的评价既不要盲目夸大，也不要妄自菲薄。

二、自如应对求职面试

(一) 求职临阵怯场与对策

不少大学生害怕求职面试，一进面试考场心里就发慌，有的大学生甚至害怕进面试现场，担心不能充分展示自己，发愁考官的偏题、怪题，害怕用人单位对自己不满意，担心会有更优秀的求职者，害怕失去良机。因此，在面试现场就会精神高度紧张，心神不安，面红耳赤，谈吐失常，举止谨慎，导致面试发挥不好，效果不佳，直至丧失就业机会。况且，这种情况会产生不良的心理效应，直接影响以后的求职面试效果。

1. 导致大学生求职临阵怯场的主要原因

(1) 大学生过分看重其应试的重要性，害怕“一失足成千古恨”，面试时的成就动机过强，焦虑水平过高，直接影响到自己的自由发挥。

(2) 心理准备不充分，大学生没有做好失败的准备，一心只想成功，所以遇到难题就会手足无措。

(3) 应变能力弱，对于不熟悉的人，陌生的问题不能灵活机智地应对，缺乏随机应变的能力。

(4) 缺乏个性训练，尤其是对性格内向、自信不足的大学生来说，要想在陌生人面前流利地表达自己需要一番个性方面的训练。

2. 预防和调适大学生求职临阵怯场

(1) 熟悉面试的场景与程序。可通过专题报告、座谈会、经验交流会、录像等形式来熟悉面试场景，了解面试程序，发现面试时容易出现的问题。

(2) 学会放松训练。大学生要掌握放松的技巧，在紧张时能够运用深呼吸、暗示、注意力转移等手段放松自己，防止出现尴尬的局面。

(3) 适当降低求职的期望值。不把命运压在一次面试上，适当降低动机水平，减少焦虑，事先做好不成功的打算。即便是自己最理想的工作，在求职过程中不要有势在必得的心理。

(4) 加强口试练习。大学生非常熟悉笔试这种单一的考试方式，能在无干扰情况下思维流畅，而对于求职面试，坐在陌生人面前回答问题却不熟悉，思维就会遇到障碍。所以大学生要加强口语练习，可通过就某一问题的独白或辩论，或同学间相互提问等方式，不断提高自己的口语技能。

(5) 模拟练习训练。大学生可组织一些小组模拟求职面试的场景，邀请同学、朋友参加，通过角色扮演，增强体验，积累面试的直接经验，预演可能碰到的问题。

(二) 求职面试展风采

求职面试是大学生综合实力的体现，面试是一道关口，更是大学生展示自己风采的舞台。面试前，要做好心理准备，要考虑可能会遇到什么样的问题、自己准备怎样回答、回答时用什么样的口气等。

最为关键的是面试现场大学生如何充分展示自己，在面试时，大学生要注意给考官留下良好的第一印象，这是十分重要的。在面试现场，你的体态容貌、行为风度、言谈举止、音容笑貌等各方面的直接信息材料对第一印象有着至关重要的作用。为此，大学生求职面试时必须注意以下几点：

(1) 衣着整洁、得体，衣着要符合面试的场合，不要过于“新潮”，更不要穿着奇装异服，还要注意梳洗干净，发型庄重。

(2) 表情自然，彬彬有礼，进场说“您好”，离场说“谢谢”，步态稳重，坐姿端正。

(3) 面带微笑，考官提问与自己回答时要注视考官，但不要盯着对方，更不要左顾右盼。

(4) 回答问题时做到口齿清楚、表达流畅、说普通话。

(5) 切忌重复、啰唆、结巴，用简单明了的语言切中问题的要害。

(6) 快速认识考官，如发现考官是内行，可适当采用专业术语回答问题；若发现考官是外行，就用通俗的词语来回答问题。

(7) 问及自己的优点，要选择主要的回答，让考官留下深刻印象；若问及自己的缺点，选择一两个介绍即可，原则上“优点为主，缺点为辅”。

(8) 要诚实，若遇到不会的问题，坦诚地回答“我不知道”，千万不要不懂装懂，也不要牵强附会地胡编乱造。

心理知识之窗：求职面试结束时的礼仪

1. 礼貌地与主考官握手并致谢。
2. 轻声起立并将座椅轻轻推至原位。
3. 出公司大门时对接待人员表示感谢。

思考题

1. 什么是生涯规划？
2. 怎样做好生涯规划？
3. 大学生求职面试时应注意什么问题？

第十章

大学生的自我完善与幸福感提升

第一节　大学生的自我完善

自我完善从认识自己开始。我们要努力认识自己的智力高低、情感强弱、个体特征、长处短处，自己的目标和价值，以及实现自我的途径和方法等。只有充分地认识自己，才能更好地发挥自身的长处，克服弱点，充分地实现自己的人生价值。对自我认识得越深刻、越正确，人生就越自觉、就越容易在复杂多变的世界中活得更有意义。

一、克服认识自我的绊脚石——自卑与自负

(一) 自卑与自负概述

1. 自卑与自负的含义

(1) 自卑。自卑是一种因过多地自我否定而产生的自惭形秽的情绪体验。自卑心理的产生，主要来源于心理上的消极自我暗示，在青少年中比较常见。主要表现在对自己的能力、品质评价过低，还有一些特殊的情绪体验，如害羞、不安、内疚、忧郁、失望等，严重的人甚至会有轻生的念头。

(2) 自负。自负是自己过高地估计自己。自负往往以语言、行动等方式表现出来。有时甚至会表现得狂妄，容易造成他人的反感。

2. 大学生自卑与自负的表现

无论自卑与自负，都是大学生在发展过程中出现的两种自我认识的偏差。

(1) 自卑就是自我评价过低，自己瞧不起自己。自卑常以一种消极防御的形式表现出

来，如嫉妒、猜疑、羞怯、孤僻、迁怒、自欺欺人、焦虑、退缩等，它使人变得十分敏感，经不起任何刺激。自卑的浅层感受是别人看不起自己，有自卑心理的大学生在交往中常常是缺乏自信，畏首畏尾。遇到一点挫折，便怨天尤人；如果受到别人的嘲笑与侮辱，更是忍气吞声，觉得自己处处都低人一等。

(2) 自负的人仿佛通过放大镜来看自己的长处，甚至视缺点为优点，这是自我认识过高的表现。自负的大学生往往觉得自己事事都很优秀，处处都高人一等。

(二) 树立积极客观的自我认识

作为大学生需要树立积极客观的自我认识，避免形成自卑与自负的心理，尤其是自卑心理。故而需要做到以下几点。

1. 重新认识和评价自卑

自卑感是一种普遍存在的心理状态。著名的精神分析学家阿尔弗雷德·阿德勒(Alfred Adler)认为：所有的人都有那么一点自卑，不管是高官巨贾，还是市井平民，概莫能外，只是程度不同而已。他指出，因为我们都认为自己所处的地位是我们希望加以改进的，人类这种改进的欲求是无止境的。人类不可能超越宇宙的博大与永恒，也无法挣脱自然法则的制约，也许这就是人类自卑的最终根源。对每个人来说，都存在先天的生理或心理欠缺，这就决定了每个人的潜意识中都有自卑感存在。自卑并不一定是坏事，相反它是每个人在追求更加优越的地位和完美的人生过程中必然要出现的心理反应。自卑处理得好，会使自己超越自卑去寻求优越感，这时，就是在超越自我，超越灵魂的羁绊，自卑就变成了上天的考验和追求完美的动力。中国有句古话“知耻而后勇”便是这个道理。

2. 恰当运用心理防御机制

心理辞典：防御心理

所谓防御心理，是由自卑感派生出来的一种不能自觉投入生活、学习的不健康心理。主要表现在伪装、转嫁、回避和自暴自弃等方面。它可能严重束缚个体的精神活动，使个体变得不肯面对现实，丧失独立向上、自强不息的精神。要消除防御心理，必须从自卑感中解脱出来，进而使自我意识和人格健康发展。

自卑感是人的一种生存情境。自卑感的存在使人产生紧张感，从而人要努力通过补偿来摆脱它。在此意义上，自卑感成为一种动力。有了自卑感，就有了补偿的需要；而若没有自卑感，人就不会确立追求优越的目标。可以说，自卑感驱使人产生对优越的渴望。简而言之，人一旦体会到自卑感，就会力求补偿此不足而获得优越感，并力求完善。

采用自卑补偿法，在遇到挫折的时候，从多个角度辩证地看问题，形成“合理化认识”。如当某次考试成绩很差时，可以强调考试时临场发挥不好或考试环境不利等其他外在原因，以减轻自身的压力。同时，还可以利用自卑补偿法或转移等心理防御机制来保持心理完整或平衡，认识到某一方面的缺陷和不足可以通过其他方面的完美和丰富进行补偿和纠正。例如，你可能为自己长相平平而闷闷不乐，但可以用优异的成绩来补偿；你可能觉得自己学习成绩很一般，那可以通过训练书法、雕刻、绘画、唱歌等来获得他人所不及的特殊能力。理智地对待缺陷，寻找合适的补偿目标，从中吸取前进的动力，把自卑转化为一种发奋图强的动力。

3. 正确的自我暗示

自卑是消极的自我暗示，做事之前就对自己说“我不行”“我没什么用”“我不会干”，这种消极的暗示会导致不必要的精神紧张和心理负担，使我们在做事情时束手束脚、畏首畏尾，主动性、创造性受到压抑，自然就很难取得成功。因此，要勇敢地暗示自己“我能行”“别人能干的事，我也能干”“有志者事竟成”“事在人为”“坚持就是胜利”等，这样会增加自己战胜困难与挫折的力量，自卑也就逐渐丢在脑后。试着给自己定下要求：每天清晨起床从心底告诉自己“美好的一天开始了，生活需要奋斗，我能成功!”

有的人之所以有自卑感，是看不到自己的优点，只看到自己的缺陷。实际上每个人都有自己的闪光点，我们要做的是发现它、设法扩大它，从而树立自己的信心，更加肯定自己。

4. 积极与人交往，大胆地表现自己

自卑者大都孤僻、不合群，习惯把自己孤立起来，而积极的人际关系可以为他们提供必要的社会支持系统，有利于自身压力的减轻和排解，性格也会变得开朗起来。而且，在与人交往中也能更加客观地评价自己和他人，从而认识到自己的长处，扬长避短，在人群中树立一个新形象。

要针对自己的弱点制定一个逐步训练的计划，并坚持不懈地执行。如争取在集会上发言，主动接触陌生人；可以预先拟定话题，演练对话，提高语言技巧及社交手段。大胆地表现自己，相信自己的能力与价值。对于一次发言、一次竞赛、一次属于你的机会，要积极自信地去做、去尝试，因为只有行动才是达到成功的唯一途径，退缩与回避只能带来自责、懊悔与失意。用心告诉自己“我能行”，这会帮助你提高自信心，从而专心投入学习和生活中。

二、接纳自我

健康的心理要求一个人对自己保持一种接纳的态度，对自己的一切坦然地承认和接受，不欺骗自己，不拒绝自己，更不憎恨自己。实际上，接纳自己是一种心理状态，与客观环境和本人条件并不完全相关。有些人虽有缺陷，但能正确对待、敢于接受自己，依然乐观；有些人各方面都很优秀，却总是心理不平衡；有些人并不富裕，活得却很充实；有些人穷奢极欲，心理却总是空虚……

生活中，有些大学生朋友也可能会有类似的感受，他们不喜欢自己，觉得自己有很多缺点，甚至一无是处。事实上，我们可以让自己学会如何接纳自己——接受自己的现实，知道自己在某方面很好，但也有不少缺点；知道自己的坚强，但也存在感情上的脆弱；知道自己的聪慧，但也会有头脑糊涂的时候。

接纳自我是指个体在客观、全面地认识自己后，对自身以及自身所具特征所持的一种积极的态度，即能欣然接受自己的优点和缺点，不因自身优点而骄傲，也不因自己的缺点而自卑。

(一) 扬起生活的风帆——自尊自爱

接纳自我是自尊自爱的体现。一个接纳自我的人，他是尊重自己的，而且他相信自己的能力和潜力。自尊与自爱是当代大学生的重要心理品质，也是大学生接纳自我的表现。

1. 自尊的含义

自尊(self-esteem)也称自尊心或自尊感，是对社会评价与个人的自尊需要之间的关系的反应。由于受社会条件的影响，随着个性的形成，人产生了自尊的需要。个人生活在群体中总希望在其中占有一定的地位，享有一定的声誉，得到良好的社会评价。当社会评价满足个人的自尊需要时便产生肯定的自尊感，它促使人积极向上以追求实现更高的社会期望。如果社会评价不能满足一个人的自尊需要，甚至产生矛盾时，可能导致两种不同的结果：一种是产生自我压力感，从而使自己积极努力、迎头赶上，变压力为动力；另一种是产生自卑心理，怨天尤人，妄自菲薄，甚至自暴自弃。

2. 自尊的人的特点

心理学家纳撒尼尔·布兰登(Nathaniel Branden)指出，自尊是我们与生活相适应并且与生活的要求相适应的感受，自尊的人有以下特点：能从生活中获得快乐；接纳事实，真诚放松地接纳成就和不足；轻松地表达和接受赞扬、感动和感激；接受批评，坦然承认自己的错误；对新观念、新体验、新事物持开放积极的态度；面对压力积极地寻求解决办法；对生活中的各种情况和挑战具有应变能力；尊重他人，不带有敌意和挑衅；行为充满目标感，清楚自己在做什么。

高自尊的人往往表现得比较自信，自我价值感强，自我评价稳定性高，更倾向于给予自己积极的评价。而低自尊的人往往表现得缺乏信心，害怕失败，失败时认为自己很差，缺乏自我价值感，自我评价稳定性差，倾向于退缩和避免冒险。

(二) 相信自己，一切皆有可能——培养自信心

在大学的校园生活中，人总会有失意的时候。当你在学习、生活上遭受挫折的时候，怎样才能重新建立自信心呢？这里为你提供几条建议。

1. 客观、全面地认识自己

列举出自己的五大优点和五大缺点，将主要优点写在纸上并记在头脑中，每天早晨醒来时大声地说出一两条优点，在积极的自我暗示中达到增强自信心的目的。而对自己的每条缺点，则可以写出改正的基本方法，并通过与别人的讨论和协商判断出每种方法的优缺

点，最后从中选择出最合适、操作性最强的方法进行练习，并运用自我奖励的方法以有效地弥补自己的不足。

2. 每天照三遍镜子

清晨走出宿舍之前，对着镜子修饰仪表，整理着装，务必使自己的外表处于最佳状态。午饭后，再照一遍镜子，修饰一下自己，保持整洁。晚上就寝前洗脸时再照照镜子。消除对自己的仪表不必要的担心，更有利于你将注意力集中到工作、学习上。

3. 创造机会展示自己的长处和优点

在学校和日常生活中，可以积极参与班级管理工作，通过大家的肯定和关注树立起主人翁的责任感，由此获得自信心。同时，还可以参加各种社会公益活动，在助人的同时获取一种责任感和成功的体验，这种体验可以成为增强自信心的原动力。

4. 以数量化的方法改变看待问题的角度和观点

量化的方法可以有效地改变对待事情的态度和观点。例如，在考试不理想的时候可以这样想："最差是 10 分，那么今天最讨厌的事情是几分？""7 分。""那么剩下的 3 分为什么不讨厌呢？""因为 1 分是自己曾努力过，1 分是跟过去比有了一定的进步，还有 1 分是我可以从这次考试中吸取许多教训。""那么这样看来，讨厌的事仅占 7 分，剩下 3 分仍是自己的优点。"运用这样的方法，可以帮助你一分为二地看待自己和所发生的事情，既看到不好的一面，也看到好的一面，从而有效地提升自信心。

5. 积极与人交往

找一个患难相助、荣辱与共的朋友，这样在任何情况下你都不会感到孤独。在与人倾心交谈、双向互动的过程中，你可以了解更多关于自己和别人的内心情感，得到更多的信心和鼓励。

心理测试

自信心小测验

下面的小测试可以帮助你更好地了解自己的自信心。

(是　否)　1.没有人赞同我，我仍然会冷静地坚持到底。

(是　否)　2.我不满意自己的容貌。

(是　否)　3.当别人对我态度不好时，我的情绪不会受影响。

(是　否)　4.我很不欣赏自己。

(是　否)　5.我乐意接受别人对我的批评。

(是　否)　6.我总觉得自己不优秀。

(是　否)　7.我觉得自己是个有能力的人。

(是　否)　8.参加演讲比赛之类的活动时，我心里总没底。

(是　否)　9.我是个受欢迎的人。

(是　否)　10.我觉得自己缺乏魅力。

(是　否)　11.我不喜欢与他人攀比。

(是　否)　12.我总觉得自己将来很难有所作为。

(是　否)　13.我很少为了讨别人喜欢而打扮自己。

(是　否)　14.我经常勉强去做自己不愿意做的事。

(是　否)　15.我不喜欢他人安排或支配我的生活。

(是　否)　16.我认为自己的缺点很多，优点也很多。

(是　否)　17.我经常认真听取别人的意见。

(是　否)　18.我总是回避与别人交往。

(是　否)　19.我的记性非常好。

(是　否)　20.学习中遇到难题，我总是求助他人。

[结果解释]

奇数题回答“是”记 1 分，回答“否”记 0 分；偶数题回答“否”记 1 分，回答“是”记 0 分。

总分为 14～20 分：说明你更倾向于积极地看待自己，对自己信心较足，明白自己的优点，对自我的评价比较高。

总分为 7～13 分：说明你的自信心比较适中，对自己的评价不过高，也不过低，偶尔表现出缺乏信心的情况。

总分为 0～6 分：说明你对自己的评价比较低，显得对自己不太有信心。你过于谦虚或自我轻视，可能过分关注自己的缺点或不足。你需要多关注一些自己的优点和长处。

三、发展自我

(一) 进取心与自我发展

进取心和自我发展是人类在学习、生活过程中所产生的一种需要，也是人类群体和个体得以发展的动力。具备了较高的成就动机或进取心，个体就可以发展得更为完善。

(二) 培养自我的进取心

现实生活中，很多大学生因缺乏进取心而困惑，他们中的许多人渴望自己能够抓住宝贵的时光，在人生道路上不退缩、不停滞，能够持续地奋勇向前。然而，他们往往想得多，行动得少。有人会说：“我也知道要行动，但不知道从何着手，怎样行动。”对此，笔者提出如下有益于激发、强化或维持进取心的具体建议，供行动困惑者参考。

1. 目标激励

没有目标的航船，即使在海上高速运行，也无法判定它是在退缩还是在前进。目标对个人的进取心有很大的激励作用。动物实验表明，当兔子、白鼠与狗等跑过一段路程而接近目标时，它们会跑得更快。同样，人在奋斗途中不断接近所渴望的目标时，会获得更大的前进动力。一个未实现的目标恰如一根常悬于心中的鞭子，会时时抽打着处于停滞或退缩状态的人，促使其抓紧时机，积极行动。

人们天生有一种办事有始有终的驱动力，人们之所以会忘记已完成的工作，是因为欲完成的动机已经得到满足。

所以，当我们习惯性地给自己制定一个目标后，在这种驱动力下，我们就会主动地自觉地去完成我们当初设定的目标。

当然，能够带来最大激励效果的目标应该是明确的、有吸引力的、切实可行且不断发展的。要使目标明确，就是对自己希望达到什么、在什么时候达到，以及在什么时候达到什么程度都有明确的规定。目标既要有长远性，又要有近期性。长远性规划了未来的前景，而近期性则规划了一个人达到长远目标所必须完成的各项具体任务，最好对自己的每一天、每一小时甚至每一分钟内应做什么或做到何种程度均心中有数。要使目标具有吸引力，一个人所选择目标的实现能够充分体现自身的价值。要使目标切实可行，关键是制定目标应从个人与环境的现实情况出发，尤其应对自身与环境的局限性进行切实的估价。随着时间的推移，个人与环境都可能发生变化，因此在某种程度上，目标也并非绝对固定不变，而是应该依照情况的不同有所改进、有所调整、有所发展。

2. 超负激励

超负激励的实质，就是以超重的压力逼迫人们拿出更大的干劲去挑战头脑中自设的“极限”，从而不断激发其潜能与进取心。当然，超负激励应从个人自身的实际出发，采取循序渐进、逐步提高的办法。

3. 自我监督

所谓自我监督，就是个人要定期地对自己完成目标的情况进行检查与督促。每月、每周或每日都检查一下自己在此月、此周或此日的任务完成情况，以便更加准确、客观、全面地认识自我的能力水平与进取强度，认识所设定的目标对自身的适合程度，并能对次月、次周或次日的行动进行更有效的调整。譬如，若发现自己这个月未完成此月的预定目标，同时又感到此月尚有很多时间被荒废，则可以要求自己在下个月做更多的努力，不仅补充完成此月未完成的目标，而且完成下个月的预定目标。有的心理学家甚至建议，一个人应该建立一本“行动账簿”，在这本账簿中写下自己每天的行动计划，并在每天将要结束时，记下完成计划的程度以及完成的时间。

4. 自我调校

进取心与物理学中的力一样，也是一个矢量，不仅有大小，而且有方向。维持与巩固人的进取心，不但要保证进取心达到相当的强度，而且要保证它朝着正确的方向。

经常地修剪可使树木越长越挺拔，不断地调校则可使进取心越来越强。社会的变化往往会大大超出人们预先的想象，实际行动的成效也很可能与人们的预期大相径庭。大学生应时常根据主观与客观条件的变化调校自身的目标、计划、行动方式等。他们非常有必要根据各种实际情况将自身的精力、才华与时间进行不断的协调与整合，同时还应开阔视野，广集信息，掌握时代的特征，以便使自己的进取行动与时代同步，或走在时代的前列。

5. 注重过程

有行动未必就能成功，而没有行动则绝对不能成功。很多人的进取心之所以容易受挫，往往在于他们总是过于在意行动的结果，而忽视行动的过程。事实上，行动过程才是最重要的。只要付出了努力，纵然没达到目标，也无怨无悔。在进取途中遇到困难时，一个人也不宜老去想事情的结果，譬如去想一旦这个困难解决不了将带来怎样可怕的结果，因为如果不去行动，再怎么想结果皆无济于事，而且想多了往往会错过解决困难的时机。人遇到困难的时候，最需要考虑的是解决这一困难所必需的过程，并用行动执行这一过程。

俗话说：万事开头难。为激发、强化或维持进取心而开始行动是非常不易的，但是让这样的行动能善始善终则更为不易。处于退缩与停滞状态的大学生除了从上述建议中获得行动的启示，还需要在现实生活中敢于竞争、勇于表现、强化意志与增强信心，使自己的进取心能够冲破困难、挫折、惰性、迷惘、恐惧、痛苦与诱惑的阻拦，朝着心中既定的目标阔步向前。

(三) 制定一个自我发展计划

每一位大学生都可以以自我实现为人生目标，让自我实现成为激励自我发展的动力。

大学生不妨现在就给自己制定一个自我发展的计划，规划最近 3～5 年内想做的事情。然后，可以考虑一下近期需要做好的事情是什么，也就是说，为了实现自己的发展目标应该如何去努力。对这一问题的思考越细致越好。比如，有一位大学生正在为学业不理想而发愁，那么他就有必要制定一个学业发展计划，这个计划不一定要求很高，但是，它一旦实施就有必要一步一个脚印地做好。

制定计划时，如果有条件可以以书面形式写出来，放在容易看到的地方，并且，可以把计划告诉身边的同学和朋友，让他们为计划提点建议或出些主意，并监督计划的实施。

只要每天都在努力，每天进步一点儿，梦想将变成现实。不积小流，无以成江海，只有积少成多，不断积累，大学生才能获得自我的发展和实现人生的价值。

第二节　大学生对幸福的迷茫

一、幸福是什么

(一) 幸福的含义

当问及什么是幸福时，莎士比亚会说：“一个人眼中的幸福在另一个人看来是多么的痛苦啊！”显然，幸福是一种主观体验，是内心的感觉，这种感觉常常伴有快乐、满足等积极情绪体验，被用于描述人的生命价值和生活状态。不同的人有不同的幸福感。

一般来说，构成幸福的要素有以下三个：一是人的内心感觉；二是个人对幸福的价值认同；三是身体与心灵是否舒适和谐。从心理结构来看，幸福包括对幸福的认知和对幸福的体验。对幸福的认知是指对幸福的基本看法与评价，或称幸福感，它有很大的主观性，不同的人认知不同。

(二) 幸福所包含的内容

一般认为，幸福包括对现实生活的总体满意度，对自己的生命质量、生存状态的全面肯定。

1. 幸福是对自身生活满意程度的综合体现

大学生是否幸福，关键在于他对自己的生活和重要领域(比如学业、人际交往、社团活动、恋爱、就业等)是否满意，以及满意的程度如何，即生活满意度。大学生评价幸福的标准主要有如下几类。

(1) 以他人的价值体系和标准进行评价，不考虑自己主观的状态。用此种标准，往往以他人拥有的物质财富或取得成功的程度来界定幸福。如果把成功当作幸福的目的，往往就会增加痛苦和焦虑，使自己成为“所谓成功”的牺牲品。这也恰恰证明，为什么名牌大学的尖子生，并不感觉自己很幸福，反而时常体验着一种消极的、高焦虑的原因了。

(2) 以自己内在的情绪体验为评价幸福的标准，认为幸福就是积极情感与消极情感的叠加。这种单纯强调主观感受的标准，容易诱发不顾他人，只追求个人享乐的自私自利行为的出现。

(3) 以自己界定的标准对生活质量做出整体性评价。现实生活中我们多半以此评价自己的生活质量。幸福因人而异，不同的人有不同的幸福，不同的人追求不同的幸福。该观点侧重于幸福的主观标准，反映了幸福的本质。

2. 幸福是对自己的生命质量、生存状态的全面肯定

幸福是对自身存在与发展状况的一种切实的、比较稳定的积极的心理体验。幸福在很大程度上取决于人在特定条件下体验到的快乐感。一个人是否幸福首先在于其是否拥有心理健康，而心理健康的重要标志之一是能否获得情感上的平衡。因此，一个大学生在特定的时期内，所体验的正向情绪比负向情绪越多，他就越会感到幸福。正向情绪包括轻松、满足、快乐、喜悦等；负向情绪包括痛苦、紧张、焦虑、抑郁等。也就是说，幸福是由对生活的满意、正性情绪的体验和负性情绪的缺乏所构成，对整体生活的满意度越高，体验到的正性情绪越多，负性情绪越少，则幸福感越强。

幸福是一种有意义的快乐。同时，幸福感的较高表现是价值感，它是在满足感与快乐感同时具备的基础上，增加个人发展的因素，比如目标价值、成长进步等，从而使个人潜能得到发挥。

二、当代大学生幸福感现状

当代大学生的幸福状况有以下表现：

(1) 理想与信念的缺失，使得大学生的幸福无所依靠。理想、信念是统率人们灵魂的精神支柱。人只有有了理想才能称之为生活，失去理想与信念的生活充其量叫活着，并不是真正意义上的生活。

(2) 人生目标追求物欲化。有些大学生对幸福概念的理解出现了偏差，以为物质生活的丰富就是幸福的。于是，他们片面地追求享乐主义、拜金主义；不愿付出劳动；只求索取，不求奉献；把欲望的满足、利益的获得等同于幸福。有调查显示，30 多年前，80%的大学生认为“建立有意义的人生哲学”是重要的或必要的目标。而今天，这个比例下降到 41%。赚钱已经成为许多大学生的人生哲学，致使很多学生在盲目追求幸福的过程中，逐渐迷失了生命中最重要的部分，把生存的条件等同于生活，越来越计较物质需求的满足，精神世界越来越空虚，生活的幸福感不但没有提高反而不断下降。因此，大学生会经常遇到这样的情况，当自己梦寐以求的一个个证书拿到手以后，幸福感并没有得到相应的提高。

(3) 大学生压力大，而承受能力弱，导致不幸经常发生。幸福总是与不幸相比而言的，而这种不幸的感受往往与大学生面对的压力分不开。虽然很多 90 后、00 后的大学生，独立意识和竞争意识很强，但面临在校期间的学业压力、日后的工作压力，以及人际关系等，都缺乏足够的应对能力，这些往往是导致他们感受不幸福的重要原因。

第三节　大学生幸福之路

想获得持续圆满而幸福的人生，大学生对自身的修炼尤为重要。

一、知晓幸福方法，用行动表现幸福

如何变得更幸福、快乐，最简单的方式是学会用行为开拓新的思考方式，即用行为引导我们的情感和思维。

心理学家证明，一个人假装微笑可以提升其内部的快乐，即通过行为的改变，从而带来某些人格方面的改变。如果你想在某些重要方面改变自己，如果你想更快乐、更自信，一种有效的方法就是每天起床后开始做想做的事情，不要担心你做不了，你可以假装自信、乐观和外向。事实证明，随着新角色的扮演，假装会逐渐消失。例如，我们可以学会微笑，或者试着边大步地走路边摇晃你自己的手臂，同时眼睛向前望，很快我们就能提升自己的情绪，因为心理学发现左右仪态可以左右情绪。总之，如果你想改变忧郁的状态，那么你可以先假装快乐、自信，使其不断调节情感与思维，最终使你变得真正快乐而自信。

二、调整认知方式

(一) 认知方式的含义

认知方式是指个体在认知活动中所显示出来的独特而稳定的风格。认知方式与幸福感是相关的。研究表明，认知方式的改变能使一个人变得更幸福或者降低他的沮丧度。如果我们在困难面前都能以积极的心态去思考，不再长期担忧太多的事情，学会喜欢自己和相信自己，我们就会更容易拥有幸福。

(二) 如何调整认知方式

1. 集中注意力思考积极的事情

不要把自己卷入到一些细小的、烦琐的、无关紧要的争论之中，而应学会如何把注意力放在迈向我们目标的过程之中和如何进步上，每天用几分钟时间去思考那些与幸福有关的问题和体验上。

2. 不断学习

使自己处于学习或者社团活动之中，让自己的生活充实起来，无事可做往往容易使人心生烦恼。在学习和活动中体现自身的价值，获得快乐和兴趣，而这些感受会不断强化我们对自我的认可。

3. 学会并享受生活

自由是最大的幸福。在学习工作之余常运动、锻炼、娱乐、度假和旅游等，都有利于我们更多地享受生活，提高幸福感。

4. 学会感恩

感恩是个体的一种积极的人格特质或生活取向。研究表明，感恩具有广泛的适应性功能，特别是可以快速提升个人的幸福感。有人说：幸福是有一颗感恩的心，一个健康的身体，一份称心的工作，一位深爱你的人，一位信赖你的朋友。也有人说：感恩可以涤荡世间一切尘埃。感恩是一种生活的大智慧，感恩是一切良好非智力因素的精神底色，感恩让世界这样多彩，感恩让生命如此美丽！由此可见，拥有感恩的心才更能体会幸福。

感恩是个体幸福感重要的影响因素，感恩可有效提升个体的幸福感。因此，在大学期间开展感恩教育可以引导大学生摆脱“缺乏感恩意识”的误区，让大学生学会对自己周围的人，那些帮助过他们、鼓励过他们的人感恩，包括对父母、家庭的感恩，对其他亲人的感恩，对同学、老师和朋友的感恩，对国家与社会的感恩，对大自然的感恩。引导大学生感受关爱的温暖，感受世间的美好，感受生活的快乐和幸福。大学生增加感恩之心的策略主要有：①感恩记录。让大学生定期记录多件感恩事件，比如每周记录五件感恩事件或者能产生自豪和愉快情绪的事件。②表达感恩行为。表达感恩行为是指让大学生“感恩拜访”，即写信感恩施惠者，寄送或当众读给施惠者。

心理自助训练

“幸福”的十条要点

1. 遵从你内心的热情。比如选择对你有意义并且能让你快乐的课程，不要只是为了轻松地过关而选课，或是别人认为你应该上的课。

2. 多和朋友们在一起。亲密的人际关系，最有可能为你带来幸福感。

3. 学会面对失败。成功没有捷径，历史上有成就的人，总是敢于行动，也会经常失败。不要让对失败的恐惧，绊住你尝试新事物的脚步。

4. 接受自己的负面情绪。失望、烦乱、悲伤是人性的一部分。接纳这些，并把它们当成自然之事，允许自己偶尔地失落和伤感。然后问问自己，做些什么来让自己感觉好过一点。

5. 简化生活。更多并不总代表更好，你选了太多的课吗？参加了太多的活动吗？应求精而不在求多。

6. 有规律地锻炼。体育运动是你生活中最重要的事情之一。每周只要 3 次，每次只要 30 分钟，就能大大改善你的身心状况。

7. 睡眠。每天 7～9 小时的睡眠是一笔非常棒的投资，这会使你在白天更有效率、更有创造力。

8. 慷慨。现在，你的钱包里可能没有太多钱，你也没有太多时间，但这并不意味着你无法助人。“给予”和“接受”是一件事的两个方面，当我们帮助别人时，我们也在帮助自己。

9. 勇敢。勇气并不是不恐惧，而是心怀恐惧却依然向前。

10. 表达感激。生活中，不要把你的家人、朋友、健康、教育等一切当成理所当然，它们都是你回味无穷的礼物。记录他人的点滴恩惠，始终保持感恩之心。

思 考 题

1. 请用 20 个形容词描述你自己。
2. 简述大学生提升幸福感的策略。

参 考 文 献

[1] 邓超. 企业资源规划系统(ERP)规范应用指南[M]. 北京：电子工业出版社，2003.

[2] 周家华，王金凤. 大学生心理健康教育[M]. 第3版. 北京：清华大学出版社，2010.

[3] 林崇德，申继亮. 大学生心理健康读本[M]. 北京：教育科学出版社，2005.

[4] 贾晓明，陶敕恒. 大学生心理健康——走向和谐与适应[M]. 北京：北京理工大学出版社，2005.

[5] 宋宝萍. 大学生心理健康教育[M]. 西安：西安电子科技大学出版社，2007.

[6] 欧晓霞，曲振国. 大学生心理健康[M]. 北京：清华大学出版社，2006.

[7] 何彬生，刘波，吴建芳. 大学生心理与健康教育[M]. 北京：人民出版社，2006.

[8] 简鸿飞. 大学生心理健康[M]. 北京：北京理工大学出版社，2009.

[9] 刘丽君. 大学生心理健康教程[M]. 北京：化学工业出版社，2007.

[10] 张大均，吴明霞. 大学生心理健康[M]. 北京：清华大学出版社，2007.

[11] 仲稳山，倪亚兰，潘林元. 大学生心理健康维护[M]. 苏州：苏州大学出版社，2006.

[12] 倪亚红，杨雪花. 大学生心理健康教程[M]. 南京：东南大学出版社，2007.

[13] 孙一平，周章毅. 大学生心理健康教程[M]. 成都：四川大学出版社，2012.

[14] 李福涛，刘梅. 大学生心理健康教育[M]. 北京：清华大学出版社，2014.

[15] 刘梅，国云玲. 大学生心理健康及潜能开发[M]. 长春：吉林大学出版社，2010.